HANDREICHUNGEN

FÜR DEN UNTERRICHT

W0022708

A1

Deutsch als Zweitsprache

Pluspunkt Deutsch

Pluspunkt Deutsch A1

Deutsch als Zweitsprache
Handreichung für den Unterricht

Im Auftrag des Verlages erarbeitet von Joachim Schote und Friederike Jin (Phonetik)
Redaktion: Dieter Maenner

Illustrationen: Matthias Pflügner
Technische Umsetzung: MatMil Translations & Desktop Publishing
Umschlaggestaltung: SOFAROBOTNIK, Augsburg und München

www.cornelsen.de

1. Auflage, 3. Druck 2014

© 2010 Cornelsen Verlag, Berlin
© 2014 Cornelsen Schulverlage GmbH, Berlin

Druck: freiburger graphische betriebe

ISBN 978-3-06-024281-8

Inhalt

Vorwort

Vor Ihnen liegen die *Handreichungen für den Unterricht* zur Neubearbeitung des A1-Bandes von *Pluspunkt Deutsch*. In diesen *Handreichungen* wird das methodisch-didaktische Vorgehen bei der Arbeit mit *Pluspunkt Deutsch* beschrieben. Sie finden hier Tipps für den Unterricht, Vorschläge für die Binnendifferenzierung und Hinweise, wie Sie die Kursbuch-Übungen variieren können. Außerdem gibt es Anregungen für zusätzliche Aktivitäten außerhalb des Kursraums und Vorschläge, um die Kursteilnehmer (KT) zum eigenständigen Lernen zu motivieren. Die Anregungen aus den *Handreichungen* haben Vorschlagscharakter, sie sind ein Angebot, aus dem Sie eine Auswahl treffen können, die der jeweiligen Kurssituation angepasst ist. Ergänzende landeskundliche Informationen ersparen Ihnen umständliches Suchen und können direkt an die KT weitergegeben werden.

In den *Handreichungen für den Unterricht* finden Sie

- ein didaktisiertes Inhaltsverzeichnis für jede Lektion, in dem das Training der vier Fertigkeiten, der Wortschatz, die Grammatik und die Phonetik übersichtlich zusammengefasst sind,
- methodische Hinweise und Tipps zum Training der vier Fertigkeiten (Sprechen, Schreiben, Lesen und Hören),
- Vorschläge für Tafelbilder,
- Vorschläge für die zu wählenden Arbeitsformen,
- konkrete Hinweise zur Binnendifferenzierung.

Die *Handreichungen* enthalten zahlreiche Zusatzaktivitäten, zum Teil auch mit Kopiervorlagen, die Sie im Unterricht einsetzen können:

- Aktivitäten zur Förderung der Kommunikation (gelenkte und freie Rollenspiele, Kopiervorlagen für Wechselspiele),
- Aktivitäten zur spielerischen Einübung des Wortschatzes (z. B. Kopiervorlagen für Memoryspiele),
- Aufgaben zur spielerischen Einübung der Grammatik (auch mit Kopiervorlagen).

Diktate und Zwischentests zu den einzelnen Lektionen finden Sie im Cornelsen-Online-Angebot im Internet unter www.cornelsen.de/daf.

Die Kopiervorlagen sind oft in Kärtchenform gestaltet, die Sie ausschneiden können und am besten auf Karton kleben oder laminieren, um sie besser haltbar zu machen.

Erläuterungen zur Vorbereitung und zum Einsatz der Kopiervorlagen sind an der jeweiligen Stelle im Kommentar zu den Lektionen integriert.

Zur Konzeption der Neubearbeitung von *Pluspunkt Deutsch*

Wie die alte Ausgabe, ist auch die Neubearbeitung von *Pluspunkt Deutsch* speziell auf die Bedürfnisse und Erwartungen von Teilnehmern in Integrationskursen zugeschnitten. Sie sollen sich sprachlich verständlich machen können, sowohl im privaten als auch im öffentlichen Bereich. Auch sollen sie auf dem Arbeitsmarkt Fuß fassen. Ziel ist, ihnen die erforderlichen Hilfsmittel für einen permanenten oder längerfristigen Aufenthalt in Deutschland zu geben und sie fit für Alltag und Berufsleben zu machen.

Übergeordnet bleiben die Niveaustufen A1-B1 des Gemeinsamen europäischen Referenzrahmens maßgeblich, d. h. die drei Gesamtbände decken diese drei Stufen ab. Neu eingearbeitet wurden die Entwicklungen und Veränderungen der letzten Jahre. So findet das seit Januar 2008 vorliegende Rahmencurriculum für Integrationskurse Berücksichtigung[1] und ebenso der skalierte *Deutschtest für Zuwanderer (DTZ)* für die Niveaustufen A2/B1, mit dem die Kursteilnehmer den erfolgreichen Abschluss der Integrationskurse dokumentieren. Im A1-Band findet sich ein Modelltest für die Prüfung Start Deutsch 1. Die landeskundlichen Informationen z. B. zum Sozialsystem, zur Arbeitssuche oder zu Bundesländern und Städten wurden aktualisiert.

---

[1] Rahmencurriculum für Integrationskurse Deutsch als Zweitsprache, als Download erhältlich unter http://www.bamf.de

Die Teilnehmer

Seit Inkrafttreten des Zuwanderungsgesetzes 2005 und den ersten Integrationskursen im selben Jahr hat sich der Kreis der Teilnehmer an Integrationskursen verändert. Zu den Anspruchsberechtigten gehören heute nicht mehr nur Neuzuwanderer aus Nicht-EU-Staaten, sondern auch Bürger aus anderen EU-Staaten, eine immer größere Gruppe von Altzuwanderern und auch integrationsbedürftige Deutsche[2].

Das Teilnehmerprofil ist sehr uneinheitlich: Die KT kommen aus unterschiedlichen Kulturkreisen. Personen, denen hierzulande noch vieles fremd ist, lernen gemeinsam mit anderen, die schon lange hier leben und vielleicht auch einen deutschen Pass haben. Unterschiedlich ist somit auch die Motivation: Einige suchen eine erste Orientierung im Alltag oder auf dem Arbeitsmarkt, während andere KT hierzulande schon lange gearbeitet haben, aber aufgrund von Arbeitslosigkeit hoffen, durch verbesserte Deutschkenntnisse ihre Chancen auf dem Arbeitsmarkt zu verbessern. Für Eltern ist die deutsche Sprache wichtig, um ihre Kinder auf dem Weg durch das deutsche Schulsystem erfolgreich unterstützen zu können. So müssen sie z. B. in der Lage sein, mit den Lehrern ihrer Kinder zu sprechen oder den Kindern bei den Hausaufgaben helfen zu können.

Sehr unterschiedlich sind auch die Lernbiographien. Viele Teilnehmer an Integrationskursen haben keine Vorbildung, die ihnen beim Erlernen einer neuen Sprache hilft. Sie sind lernungeübt, das heißt sie haben nur wenige Jahre Schulbesuch hinter sich und eine geringe berufliche Qualifikation, sodass sie nicht oder kaum über Techniken verfügen, sich neues Wissen anzueignen bzw. es in die Praxis umzusetzen.

In der Unterrichtspraxis wird diese Heterogenität meist schon in den ersten Unterrichtsstunden deutlich. In den Anfängerkursen der Niveaustufe A1 lernen manchmal echte Nullanfänger gemeinsam mit Personen, die sich aufgrund ihres langjährigen Aufenthalts in Deutschland mündlich sehr gut verständigen können, bei der schriftlichen Sprachfertigkeit und der Grammatik aber große Probleme haben. Es kann geschehen, dass diese Nullanfänger, sofern sie lerngeübt sind, andere KT schon nach kurzer Zeit überflügeln.

Das Angebot für Integrationskurse ist differenziert: Neben den allgemeinen Integrationskursen gibt es Eltern- und Frauenkurse, Förderkurse, Alphabetisierungskurse, Jugendintegrationskurse und für eine kleine Gruppe besonders schneller Lerner Intensivkurse mit nur 400 Unterrichtsstunden. Darüber hinaus gibt es die Möglichkeit für zusätzlich geförderte 300 Unterrichtsstunden, in denen man die Integrationskurse ab Modul 4 wiederholen kann.

Die große Mehrheit nimmt an den allgemeinen Integrationskursen teil[3] und nur an sehr großen Institutionen oder in Ballungsräumen ist es möglich, ein so differenziertes Kursangebot zusammenzustellen, dass die Gruppen genau nach Herkunftsländern, Bildungsvoraussetzungen, Aufenthaltsdauer oder anderen Kriterien zu homogenen Gruppen zusammengesetzt werden können. In vielen Fällen sind die Kurse sehr heterogen und alle Teilnehmergruppen sind vertreten: Neuzuwanderer, Altzuwanderer, EU-Bürger, deutsche Staatsangehörige oder Einbürgerungswillige, Lerngeübte und Lernungeübte, Nullanfänger und Anfänger mit Vorkenntnissen, aber bislang ungesteuertem Spracherwerb.

---

[2] 2008 hatten 18% aller Absolventen von Integrationskursen die türkische Staatsangehörigkeit, danach kommen Personen mit deutscher Staatsangehörigkeit (7,6%), es folgen Personen mit der Staatsangehörigkeit der Russischen Föderation (7,1%), der Ukraine (4,3%) und Polens (4,1%). 42,1% aller Absolventen sind in der Gruppe „Sonstige Staatsangehörige" erfasst, was die hohe nationale Vielfalt in den Integrationskursen verdeutlicht. 4,4% aller Kursabsolventen waren Spätaussiedler. Vgl. hierzu: Bundesamt für Migration und Flüchtlinge, *Bericht zur Integrationskursgeschäftsstatistik für das Jahr 2008*, S. 6 (Erscheinungsdatum: 18.05.2009). Als Download erhältlich unter www.bamf.de. Im Folgenden abgekürzt: *Integrationskursgeschäftsstatistik*.

---

[3] 2008 saßen 67,4% aller neuen KT in den allgemeinen Integrationskursen mit 600 Unterrichtstunden, 13,1% in Eltern- und Frauenintegrationskursen mit 900 Unterrichtstunden und 3% in Förderkursen mit ebenfalls 900 Unterrichtstunden. Alphabetisierungskurse hatten 13,6% belegt, und Jugendintegrationskurse sowie sonstige spezielle Integrationskurse 0,9%. 0,4% aller neuen KT nahmen an den Intensivkursen mit 400 Unterrichtstunden teil. Die Gesamtzahl aller neuen KT betrug in diesem Zeitraum 121.275 Personen. Vgl. *Integrationskursgeschäftsstatistik*, S.3.

Unterschiedlich ist auch die soziale Situation. Menschen, die schon länger in Deutschland leben, können sich auf ein familiäres und soziales Umfeld stützen. Für andere, z. B. aus dem Ausland zugezogene Ehepartner, steht neben dem Spracherwerb und der möglichen beruflichen Integration die Notwendigkeit im Vordergrund, sich nicht nur an das neue Land, sondern auch an die neue familiäre Umgebung zu gewöhnen.

Zudem sollte man bei vielen KT bedenken, dass sie von den Unterrichtsstunden abgesehen kaum Zeit und Möglichkeiten haben, zu Hause alleine weiter zu lernen, auch wenn sie es eigentlich selbst wollen. Beengte Wohnverhältnisse, die kaum Rückzugsmöglichkeiten bieten, die Versorgung von Kindern und Familie oder auch eine Teilzeitbeschäftigung stehen dem kontinuierlichen Lernen im Wege.

So gibt es oft viele Hindernisse, die sich dem Erlernen der deutschen Sprache und der Gewöhnung an die Lebensumstände in Deutschland in den Weg stellen, was von den Kursleitern (KL) ein hohes Maß an Einfühlungsvermögen erfordert. Nur in seltenen Fällen können die KT für sich selbst eine unbelastete Lernatmosphäre genießen – sie sind nicht in Deutschland, um hier Sprachferien zu machen, wie dies z. B. für viele ausländische Schüler und Studenten gilt, die sich nur wenige Wochen in Deutschland aufhalten. Die KL brauchen Geduld, bis sich Fortschritte einstellen, sie können nicht immer erwarten, dass der im Unterricht gelernte Stoff zu Hause noch einmal selbstständig wiederholt wird. In der Unterrichtsplanung sind die unterschiedlichen Voraussetzungen zu berücksichtigen, damit alle KT motiviert werden und sich beim Erlernen der Sprache nicht entmutigen lassen.

Andererseits bieten sich gerade aufgrund der manchmal schwierigen Lebensverhältnisse der KT aber auch besondere Chancen. KT, die nur wenige Jahre regelmäßig eine Schule besuchen konnten, entdecken an sich neue Fähigkeiten, sodass der Lernprozess ein spannendes Erlebnis und wichtiger Entwicklungsschritt wird. Die immer sicherer werdende Beherrschung der deutschen Sprache und das Einleben in den deutschen Alltag lassen sich auch als Emanzipationsschritte für ein selbstbestimmtes Leben nutzen. Und das ist auch für den KL selbst unter schwierigen Lernbedingungen eine

Chance. Neben der Vermittlung der deutschen Sprache und Alltagsgewohnheiten hat er die Möglichkeit, die entsprechenden Potenziale der KT zu fördern und ihnen ein Gefühl von Heimat und Akzeptanz zu vermitteln. Mit passenden Übungen im Lehrbuch und ergänzenden Hinweisen in den *Handreichungen* möchte die Neubearbeitung von *Pluspunkt Deutsch* die dafür erforderlichen Hilfsmittel bereitstellen.

Das Lehrwerk und das Rahmencurriculum

Die Themen und die kommunikativen Situationen wurden den Vorgaben des Rahmencurriculums angepasst. Dort sind die Lernziele für die Kommunikation in 12 Handlungsfeldern beschrieben:

– Ämter und Behörden
– Arbeit
– Arbeitssuche
– Aus- und Weiterbildung
– Banken und Versicherungen
– Betreuung und Ausbildung der Kinder
– Einkaufen
– Gesundheit
– Mediennutzung
– Mobilität
– Unterricht
– Wohnen

Schon im A1-Band sind fast alle Handlungsfelder entsprechend der Niveaustufe berücksichtigt:

– Ämter und Behörden: Lektion 11
– Arbeit, Banken und Versicherungen: Lektion 7
– Betreuung und Ausbildung der Kinder: Lektion 14
– Einkaufen: Lektionen 6 und 12
– Gesundheit: Lektion 8
– Mobilität: Lektionen 9 und 13
– Wohnen: Lektionen 3 und 14
– Unterricht: Station 1

Die landeskundlichen Themen, die im Rahmencurriculum zu den jeweiligen Handlungsfeldern genannt werden, sind in *Pluspunkt Deutsch* in die Vermittlung der sprachlichen Fertigkeiten eingebaut.

Beispiel:

Beim Handlungsfeld Ämter und Behörden heißt es u. a.:

„Weiß, welches Amt bzw. welche Behörde für bestimmte Belange zuständig ist."[4]

Dazu gibt es auf der Auftaktseite von Lektion 11 eine passende Zuordnungsübung.

Ebenfalls den Integrationszielen dienen die Projekte in mehreren Lektion, z. B. zu den Themen Unsere Stadt (L. 9) sowie Ämter und Behörden (L.11). Hier werden die KT angeregt, ihren Wohnort näher kennen zu lernen.

Die Integrationskurse umfassen 400 (Intensivkurse) bis 900 Stunden (Förderkurse). Je nachdem, wie zügig man mit dem Lehrwerk arbeitet und das angebotene Zusatzmaterial, (Online-Übungen, die Kopiervorlagen in den Handreichungen, Unterrichtshilfe interaktiv) einsetzt, ist die Neubearbeitung von *Pluspunkt Deutsch* für normale Integrationskurse mit 600 Unterrichtsstunden sowie Frauen- und Elternintegrationskurse bzw. Förderkurse mit 900 Unterrichtsstunden geeignet.

Der Aufbau des Lehrwerks

Die drei Einzelbände A1, A2, B1 von *Pluspunkt Deutsch* umfassen jeweils:
– das Kursbuch,
– das Arbeitsbuch mit eingelegter CD mit den Hörtexten im Arbeitsbuch,
– die CDs mit den Hörtexten aus dem Kursbuch und den Übungen zur Phonetik,
– die *Handreichungen für den Unterricht*.

Außerdem gehören zum Lehrwerksverbund:
– Unterrichtshilfe interaktiv auf CD-ROM,
– *Pluspunkt Deutsch – Der Orientierungskurs* mit Handreichungen,
– Online-Übungen u. a. mit Angeboten zur Binnendifferenzierung und mit Angeboten z. B. für Frauen- und Förderkurse.

Die Kursbücher und Arbeitsbücher der Bände A1 und A2 sind jeweils auch in Teilbänden mit den Lektionen 1-7 bzw. 8-14 erhältlich.

Das Kursbuch (KB) der Neubearbeitung des A1-Bandes enthält 14 Lektionen mit jeweils 10

Seiten. Die erste, bilderreiche Seite bildet den Auftakt und führt hin zum Thema der jeweiligen Lektion. Wichtiger Wortschatz wird eingeführt und das Vorwissen der Lernenden aktiviert. Zum Abschluss der Auftaktseite gewährleistet eine mitteilungsbezogene Aufgabe, dass die Lernenden sich sprachhandelnd einbringen können. Es folgen jeweils sechs Seiten mit abwechslungsreichen Texten, Dialogen und Anregungen für Aktivitäten, die in übersichtliche, mit Buchstaben versehene Blöcke aufgeteilt sind. In den klar gegliederten Lernsequenzen werden die vier Fertigkeiten Hören, Sprechen, Lesen und Schreiben entwickelt und die Aussprache systematisch geschult.

Die grünen Kästen mit ⊞ enthalten die wichtigsten Regeln und Übersichten zur jeweils neu eingeführten Grammatik, die grünen Kästen mit ⬭ bieten zusätzliche Redemittel und die blauen Kästen mit ⓘ weitergehende Informationen zum Sprachgebrauch und zur Landeskunde.

Die beiden Seiten *Alles klar!* dienen der Ergebnissicherung und Selbstevaluation. Die Lernenden können ihre Lernfortschritte anhand der zusammenfassenden Übungen selbstständig überprüfen und feststellen, ob sie in den Bereichen Wortschatz, Kommunikation und Grammatik die Lernziele der Lektion erreicht haben. Die Phonetik- und Informationsübungen mit dem Titel *Flüssig sprechen*, die die *Alles klar!*-Seiten abschließen, enthalten wichtige Sätze und Redewendungen aus den Lektionen zum Hören und Nachsprechen. Auf der letzten Seite einer jeden Lektion, *Gewusst wie*, werden die wichtigsten Redemittel der Lektion und die neu eingeführte Grammatik übersichtlich zusammengefasst.

Diese abschließenden drei Seiten sind flexibel einsetzbar. Die *Alles klar!*-Seiten können als nachträgliche Lernkontrolle dienen oder auch als Ergänzung zu den Übungen auf den vorhergehenden Seiten, die *Gewusst wie*-Seiten dienen zum Nachschlagen und als Hilfe bei der Erläuterung der Grammatik. Entsprechende Hinweise finden Sie in den nachfolgenden Kommentaren zu den einzelnen Lektionen.

---

[4] Rahmencurriculum, S. 55.

Nach den Lektionen 4, 7 und 11 gibt es Stationen von jeweils zwei Seiten mit spielerischen Wiederholungsübungen zu Kommunikation, Wortschatz und Grammatik. Station 1 nach Lektion 4 enthält außerdem Übungen zur Sprache im Kurs, Station 4 einen Modelltest *Start Deutsch 1*.

Der Anhang umfasst Übungen zur Phonetik, die den einzelnen Lektionen zugeordnet sind, eine systematische Grammatik, eine Liste unregelmäßiger Verben, die Hörtexte, die nicht oder nicht vollständig in den Lektionen abgedruckt sind und eine alphabetische Liste mit dem Lernwortschatz inkl. Fundstelle im Buch. Auf den letzten Seiten finden Sie außerdem Bildkarten mit Zuordnungsübungen, in denen der wichtigste Wortschatz des Lehrwerks in Form von Illustrationen, Fotos und Piktogrammen dargestellt ist. Diese bieten Gelegenheit, den Wortschatz weiter zu festigen, zum anderen sind sie zum Nachschlagen.

Das Arbeitsbuch (AB) mit eingelegter Lerner-Audio-CD begleitet und unterstützt die Arbeit mit dem KB durch zusätzliches umfangreiches Übungsmaterial und enthält außerdem ausgewiesene Übungen zur Binnendifferenzierung. Verweise auf die Übungen im AB im KB ermöglichen eine schnelle Orientierung.

Das AB umfasst für jede Lektion 10 Seiten. Die ersten sieben Seiten enthalten Festigungs- und Vertiefungsübungen zum Lernstoff im KB, die letzte Übung mit dem Titel *Flüssig sprechen. Hören Sie zu und sprechen Sie nach* ist immer eine Übung zur Sprechflüssigkeit. Die achte Seite, *Deutsch Plus,* bietet weitere, mit dem Thema der Lektion verbundene Aufgaben, in denen vor allem Techniken und Strategien des Hör- und Leseverstehens geübt werden. Die *Deutsch plus*-Seiten eignen sich auch als Erweiterungsübungen für lerngeübte KT, wenn diese z. B. während des Unterrichts mit einer Übung schneller fertig sind als andere KT.

Das AB enthält viele mit einem ☉ oder ◉ ausgewiesene Übungen zur Binnendifferenzierung. Das Symbol ☉ zeigt an, dass die entsprechende Übung eine Vertiefungsübung für lernungeübte KT ist, das Symbol ◉ kennzeichnet Übungen für lerngeübte KT.

Wenn es in den KB-Lektionen verstärkt um Dialogsituationen ging, finden sich im AB zahlreiche Parallelübungen, u. a. Textkaraoke. Die KT hören nur einen Dialogteil, den anderen sprechen sie selbst.

Auf den beiden letzten Seiten ist der Lernwortschatz einer jeden Lektion in chronologischer Folge abgedruckt. Hier können die KT die Übersetzung in ihrer Muttersprache hinzufügen. Zusätzlich finden sich weitere Übungen mit Lerntipps für das Vokabeltraining und Phonetikübungen zu schwierigen Wörtern.

Die zweiseitigen AB-Stationen nach den Lektionen 4, 7, 11 und 14 enthalten Aufgaben zur Selbstevaluation.

Im Anhang des AB finden Sie Grammatikkarten, die eine visuell unterstützte Darstellung wichtiger Grammatikthemen mit spielerischen Übungen enthalten. Außerdem finden Sie die Hörtexte, die in den Übungen nicht oder nicht vollständig abgedruckt sind. Die Lösungen für die AB-Übungen befinden sich in einem Einleger, den die KT getrennt vom AB aufbewahren sollten. Weisen Sie die KT darauf hin, dass er ausschließlich zur nachträglichen Kontrolle dient.

Das AB ist so gestaltet, dass die KT die Übungen auch alleine zu Hause z. B. als Hausaufgabe machen können. Eine CD mit den Hörtexten liegt bei. In den ersten Stunden sollten die AB-Übungen im Unterricht gemacht werden, damit die KT die Arbeitstechniken kennen lernen und sich bei Fragen an den KL wenden können. Das erleichtert ihnen die Arbeit mit dem Buch zu Hause.

Methodisch-didaktische Überlegungen

Das Training der vier Fertigkeiten

a) Sprechen

Im Zentrum stehen Alltagsdialoge, dazu kommen Partnerinterviews (z. B. zu persönlichen Daten und zur Biographie) und – angepasst an das Niveau A1 – kleinere Diskussionen, z. B. zum Thema Nachbarschaft (L. 14). So wird den KT Gelegenheit gegeben, Erfahrungen auszutauschen, Probleme zu erkennen und Lösungsmöglichkeiten zu suchen.

In den Folgebänden werden diese Diskussionsrunden ausgebaut und vertieft.

Komplexere Szenarien, z. B. Einkaufen, Terminvereinbarung, um Hilfe bitten, werden mit Musterdialogen, Redemittelkästen, Sprechblasen und einem allmählichen Übergang von gelenkten zu freien Übungen umfassend trainiert.

Flüssig sprechen. Hören Sie zu und sprechen Sie nach. – dieser Titel der abschließenden Übungen auf den *Alles klar!*-Seiten und im AB (jeweils vor *Deutsch plus*) beschreibt ein zentrales Ziel von *Pluspunkt Deutsch*. Flüssiges und verständliches Sprechen soll mit diesen Übungen, den Textkaraoke-Übungen und den Übungen zur Phonetik im Anhang erreicht werden. Sicherheit beim Sprechen bedeutet für die KT nicht nur verständliches Sprechen, sondern sie erleichtert auch korrektes Hören, festigt die Rechtschreibung und hilft, grammatische Fehler zu vermeiden.

b) Schreiben

Mehrfach geübt wird das Ausfüllen von Formularen. Bei diesen Übungen geht es nicht allein um grammatisch oder lexikalisch korrekte Texte, sondern auch darum, den KT Lösungsmöglichkeiten für den Alltag anzubieten. Der Entschuldigungsbrief an die Schule (L. 8) und der Brief an die Hausverwaltung (L. 14) dienen demselben Ziel. Mit letzterem werden die KT mit dem Aufbau formeller Briefe vertraut gemacht. Darüber hinaus funktionieren viele Schreibübungen als Vorbereitung für das Sprechen.

c) Hören und Lesen

Bei den Hörtexten liegt der Schwerpunkt auf der Vorbereitung der Dialogübungen der KT, gelegentlich dienen sie ebenso wie Lesetexte in Verbindung mit entsprechenden Aufgaben zur Einführung von Wortschatz und Grammatik. Einige Texte sind nicht nur als Hörtexte auf der CD, sondern auch als Lesetexte in der Lektion abgedruckt, sodass sie je nach KT und Gruppe entweder als HV oder als LV einsetzbar sind.

Die Lesetexte haben zum Teil persönlichen Charakter, d. h. Personen sprechen z. B. über ihre Herkunft, ihre Familie oder über ihren Beruf, womit sie, wie viele Hörtexte, Wortschatz und Redemittel bereitstellen, mit

denen die KT über sich selbst berichten. In anderen Lesetexten liegt der Schwerpunkt auf Landeskunde, z. B. das Thema Essen in Deutschland. Diese Texte sind auch für interkulturelles Lernen geeignet, indem die KT die Gewohnheiten in Deutschland mit denen im Heimatland vergleichen.

Die *Handreichungen* bieten Hinweise, welche Texte besonders geeignet sind, um den KT Hör- und Lesestrategien zu vermitteln.

Wortschatz

Großes Gewicht liegt auf der Wortschatzarbeit, Visualisierung spielt eine große Rolle. Die Einführung von neuem Wortschatz im KB und die entsprechenden Übungen im AB sind nach Möglichkeit immer bildgestützt, die Abschlussseiten der Lektionen im AB bieten ebenso Gelegenheit zur weiteren Festigung wie die Bildkarten am Ende des KB.

Grammatik

Grammatik wird als Mittel zur Kommunikation verstanden, d. h. die Einführung von neuer Grammatik erfolgt situativ und wird hauptsächlich in Form von Dialogübungen oder Frage- und Antwortspielen geübt.

Jede Lektion behandelt ein oder mehrere Grammatikthemen. Soweit möglich und sinnvoll, sind größere Grammatikeinheiten in kleinere Einheiten eingeteilt. Die Verbkonjugation z. B. wird in zwei Stufen eingeführt: In Lektion 1 die erste und zweite Person Singular und Plural sowie die dritte Person Plural (Höflichkeitsform), in Lektion 2 die dritte Person Singular/Plural. Andere Themen wie z. B. Komparation und Deklination der Adjektive sind entsprechend den Vorgaben im Referenzrahmen auf alle drei Bände verteilt.

Diktate

Für die Diktate im Online-Angebot zu *Pluspunkt Deutsch* bieten sich verschiedene Einsatzmöglichkeiten an. Zu jedem Diktat geben wir Ihnen neben dem Volltext eine Variante zur Durchführung an. Zum Beispiel kann der/die KL sie vorlesen, sie sind als Partnerdiktat denkbar, als Laufdiktat, ein KT liest den ganzen Text vor oder mehrere KT abwechselnd Teile des Textes.

Auch die Korrektur lässt sich unterschiedlich gestalten: KL korrigiert die Texte, die KT kontrollieren ihre Texte gegenseitig oder jeder KT kontrolliert seinen eigenen Text mit Hilfe des Originaltextes.

Die Diktate befinden sich auch in editierbarer Form auf der *Unterrichtshilfe interaktiv*. So können Sie selbst Diktatvariationen ganz nach den individuellen Bedürfnissen Ihrer KT erstellen.

Zwischentests

Schwerpunkt der Zwischentests im Online-Angebot sind Wortschatz, Kommunikation und Grammatik. Jeder Test sollte nicht länger als 20 Minuten dauern. Die Aufgaben sind ausnahmslos geschlossen und so gestaltet, dass sie auch von lernungeübten KT lösbar sind, sofern der Stoff der betreffenden Lektion komplett durchgearbeitet und mit Hilfe der AB-Übungen gefestigt wurde. Ein KT sollte mindestens 60% der maximalen Punktzahl erreichen, damit der Test als erfolgreich bewertet werden kann.

Binnendifferenzierung und Gruppenarbeit

Wie eingangs dargelegt, sind Integrationskurse in der Regel sehr heterogen, weshalb Binnendifferenzierung ein wesentlicher Unterrichtsbestandteil ist. Das wird in den vorliegenden *Handreichungen* mit den Kopiervorlagen und im AB mit den Erweiterungs- und Vertiefungsübungen sowie der *Deutsch plus*-Seite berücksichtigt. Darüber hinaus sind auch die Projekte in den KB-Lektionen gut zur Binnendifferenzierung geeignet.

In den nachfolgenden Kommentaren finden Sie zu den Kopiervorlagen, den Projekten und zu einzelnen Übungen ausführliche Tipps für binnendifferenziertes Arbeiten. Sie finden Vorschläge zur Vertiefung und Erweiterung von Übungen sowie Hinweise, wie lerngeübte KT beschäftigt werden können, wenn sie mit Übungen im Unterricht schneller fertig sind.

Hier noch einige allgemeine Anmerkungen:

Lassen Sie die KT möglichst oft in Gruppen arbeiten, die je nach Aufgaben und Lernbedürfnissen unterschiedlich zusammengesetzt sein können. Manchmal, z. B. wenn die KT über ihr Heimatland berichten sollen, kann es sinnvoll sein, KT aus denselben Herkunftsländern Informationen sammeln zu lassen, die sie dann anschließend den anderen KT präsentieren. In anderen Fällen, z. B. bei Spielen oder Interviews ist es sinnvoll, dass KT unterschiedlicher Nationalität zusammenarbeiten. Ebenso ist es manchmal hilfreich, dass lerngeübte und lernungeübte KT zusammenarbeiten. Entsprechende Hinweise finden Sie in den Kommentaren zu den Lektionen.

Lassen Sie die Gruppen arbeitsteilig arbeiten. Bei geeigneten Lesetexten z. B. beschränken sich lernungeübte KT auf die globalen Fragen, lerngeübte KT beschäftigen sich mit den Fragen zum Detailverstehen, und, sofern der Text es erlaubt, notieren weitere Gruppen z. B. Informationen zu im Text vorkommenden Zahlen oder beschäftigen sich mit einem grammatischen Phänomen im Text. Am Ende werden die Ergebnisse im Plenum zusammengetragen, sodass jede Gruppe von der Arbeit der anderen Gruppen profitiert.

Auch in den Gruppen selbst ist Binnendifferenzierung möglich, z. B. beim Hörverstehen. Bilden Sie z. B. Gruppen mit lerngeübten und lernungeübten KT. Lassen Sie die KT bei geeigneten Hörtexten die Texte ein weiteres Mal hören, nachdem die vorgegebenen Aufgaben gelöst wurden. Die lerngeübten notieren während des Hörens weitere Fragen, die die anderen KT dann beantworten.

Lassen Sie die KT selbst entscheiden, wie viel sie machen wollen. Wenn lernungeübte KT z. B. mit freien Sprech- oder Schreibübungen Probleme haben, sollten sie sich auf die stärker gelenkten beschränken.

Lernen lernen

Im Konzept des *Bundesamtes für Migration* spielt Lernen lernen eine große Rolle: „Der Unterricht in Deutsch als Zweitsprache stellt … mehr die Bewusstmachung von Strategien zur Informationsbeschaffung, Kommunikations- und Lernstrategien – um nur einige zu nennen – in den Mittelpunkt als die Vermittlung von einzelnen Informationen, Verhaltensregeln und Lerninhalten."[5]

---

[5] Rahmencurriculum, S. 8.

Auch dies ist in *Pluspunkt Deutsch* berücksichtigt: Im vorliegenden A1-Band gibt es im AB auf den letzten Seiten Lerntipps für das Wortschatztraining, für die Folgebände sind u.a. Tipps für Hör- und Lesestrategien und für die Prüfungsvorbereitung vorgesehen. Darüber hinaus gibt es in den vorliegenden *Handreichungen* an geeigneten Stellen Hinweise und Anregungen für Lernstrategien und Tipps, das Lernen zu strukturieren, die Sie je nach Zusammensetzung der Gruppe in den Unterricht integrieren können.

An dieser Stelle soll noch einmal die Projektarbeit erwähnt werden. Indem die KT z. B. selbst nach Adressen von Behörden suchen oder sich über Öffnungszeiten informieren, erhalten Sie Kompetenzen, um auch in anderen Situationen Informationen zu finden.

Nicht unbedingt in den ersten Stunden, aber zu einem Zeitpunkt, wo die KT mit der deutschen Sprache besser vertraut sind, sollten Sie sie anregen, ein Lerntagebuch zu führen, in dem sie ihre Lernergebnisse, Fortschritte, Erfolgserlebnisse, Dinge die sie vertiefen möchten, und offene Fragen notieren. Nehmen Sie sich Zeit, die ersten Notizen gemeinsam mit den KT zu erarbeiten, sodass sie das Lerntagebuch später selbstständig weiterführen können.

Interkulturelles Lernen

Integration umfasst nicht nur den Spracherwerb, sondern bedeutet auch die Entwicklung eines Verständnisses für die Kultur, in die man sich integriert. Das heißt nicht, dass man die eigene Kultur vollständig aufgeben muss. Es bedeutet aber, dass man bereit ist, gewohnte Sichtweisen in Frage zu stellen, die Perspektive zu wechseln und sich auf eine andere Kultur einzulassen. Das hilft Missverständnisse im Alltag und Ausgrenzung zu vermeiden und es gibt Sicherheit im Umgang mit anderen. Der A1-Band regt mehrfach dazu an, dass die KT Vergleiche mit ihrem Heimatland anstellen, z. B. zur Familie, zum Essen oder durch den Vergleich ihres Lebens früher und heute. In den Folgebänden und in dem Maß, wie die Sprachkompetenz der KT wächst, werden diese Anregungen vertieft und differenziert. Den KT sollen so Hilfsmittel an die Hand gegeben werden, sich mit den kulturellen Unterschieden auseinanderzusetzen.

Phonetik

Aussprache und Flüssigkeit

Eine gute Aussprache gibt Selbstvertrauen. Mit einer guten Aussprache werden die Lernenden besser verstanden und können auch ihre Gesprächspartner besser verstehen, denn die Aussprache und das Hörverstehen sind eng miteinander verbunden. Das trägt zum Gelingen der Kommunikation bei, denn damit ein Wort in der Kommunikation erfolgreich verwendet werden kann, muss es phonetisch erkennbar sein. Ganz wichtig ist aber auch die Tatsache, dass Muttersprachler leicht die Geduld und das Interesse verlieren, wenn die Fremdsprachler phonetisch und intonatorisch so sprechen, dass man nur mühsam folgen kann. Kontakte, die nicht unbedingt notwendig sind, die aber das Sprachenlernen fördern und zum sozialen Wohlbefinden beitragen, wie z. B. Kontakte zu Nachbarn, Arbeitskollegen oder Miteltern in Schule und Kita, werden durch eine schlechte Aussprache erschwert oder sogar verhindert.

Wie können wir unseren KT helfen, zu einer guten, verständlichen und angenehmen Aussprache zu gelangen (wohlgemerkt: nicht die 100% muttersprachlich-deutsche Aussprache ist das Ziel)? *Pluspunkt Deutsch* bietet Übungen in zwei Bereichen an:

Phonetik

Im Anhang finden Sie systematisch aufeinander aufgebaute Übungen zur Phonetik/Aussprache von Lauten und Wörtern. Diese Übungen beginnen mit der rhythmischen Grundstruktur des Deutschen und dem Wortakzent, dann werden die Vokale behandelt und abschließend die Konsonanten und Konsonantenverbindungen. Die Übungen sind den Lektionen zugeordnet und arbeiten so weit wie möglich mit dem Wortschatz der jeweiligen Lektion Dadurch kommt ein doppelter Übungseffekt zustande: die KT wiederholen „nebenbei" den Wortschatz der Lektion und wenden bei der weiteren Arbeit an der Lektion die neu gelernten, phonetischen Phänomene verstärkt an.

Das phonetische Programm im Anhang ist fakultativ. Sie können, je nach Zusammensetzung der Gruppe die relevanten Übungen auswählen. Die rhythmische Grundstruktur, der

Wortakzent und die meisten Vokale sind jedoch gerade für Teilnehmer, die aus nicht-europäischen Sprachen kommen von großer Bedeutung. Ein sorgfältiges Erarbeiten zu Beginn des Kurses erspart Umwege und Probleme auf höherem Sprachniveau.

Hinweise zum Phonetikanhang finden Sie in den *Handreichungen* ab Seite 118.

Flüssigkeitstraining

Die genaue Aussprache einzelner Laute ist wichtig. Für ein Gelingen der Kommunikation sind jedoch die größeren Strukturen, der Rhythmus, die Sprachmelodie und die Flüssigkeit nicht nur von Wörtern, sondern von ganzen Äußerungen von mindestens ebenso großer Bedeutung. In *Pluspunkt Deutsch* finden Sie in jeder Lektion Übungen, die die Sprechflüssigkeit von wichtigen Redemitteln und Wörtern trainieren: „Flüssig sprechen", im Kursbuch und „Flüssig sprechen" und „Wichtige Wörter" im Arbeitsbuch.

Die Übungen veranschaulichen (eigentlich ver"klang"lichen) typische Intonationsmuster der deutschen Sprache. Sie können sie deshalb für eine explizite Arbeit an der Intonation des Deutschen nutzen (Hinweise finden Sie in den *Handreichungen* immer am Ende der Kommen-tare zu den einzelnen Lektionen). Sie können aber auch den Lernern durch das Nachsprechen einen mehr intuitiven Zugang zum Sprachklang des Deutschen ermöglichen. Das kommt insbesondere dem weniger kognitiv und mehr auditiv ausgerichteten Lernertyp entgegen.

Auftaktseite

Lernziele und Lerninhalte:

Sprechen: sich vorstellen, nach dem Namen und dem Herkunftsland fragen
Schreiben: Namenskarten
Lesen/Hören: Begrüßungsdialoge
Wortschatz: Länder

Kannbeschreibungen GER/Rahmencurriculum:

Kann Kontakt aufnehmen.

Arbeitsbuch: Ü 1-3

A   Guten Tag

Lernziele und Lerninhalte:

Sprechen: Begrüßungsdialoge, nach dem Befinden fragen, sich begrüßen und sich verabschieden
Schreiben: Sätze schreiben: *Wer ist das? – Das ist ...*
Lesen/Hören: Begrüßungsdialoge – formell und informell
Wortschatz: Redemittel für Begrüßungen
Grammatik: *W*-Fragen: *Wie* und *Wer*

Kannbeschreibungen GER/Rahmencurriculum:
Kann sich und andere vorstellen.
Kann jemanden ansprechen.
Kann die Anredeform klären.
Kann Gespräche und Begegnungen adäquat beenden.
Kann fragen, wie es einer Person geht.

Arbeitsbuch: Ü 4-13
Vertiefungsübungen Ü 6 und 9: Orthographie,
Erweiterungsübung Ü7: Fragen ergänzen

B   Was machst du?

Lernziele und Lerninhalte:

Sprechen: Interview mit *W*-Fragen
Schreiben: Verbendungen markieren, das Verb *sein* ergänzen
Grammatik: Konjugation der regelmäßigen Verben im Präsens und von *sein*: *ich, du, wir, ihr, Sie*

Arbeitsbuch: Ü 14-20
Vertiefungsübung Ü 16: Die richtige Verbform erkennen, Erweiterungsübung Ü 17: Verben ergänzen

C   Buchstaben

Lernziele und Lerninhalte:

Sprechen: das Alphabet nachsprechen, den eigenen Namen buchstabieren
Hören: das Alphabet, Buchstaben und Namen hören und notieren

Arbeitsbuch: Ü 21-23
Vertiefungsübung Ü 21: Buchstaben im Alphabet ergänzen

D   Zahlen bis 20

Lernziele und Lerninhalte:

Sprechen: von 1 bis 20 zählen, einfache Rechenaufgaben mit Zahlen bis 20: *Wie viel ist ...*
Schreiben: Zahlen in Buchstaben schreiben
Hören: Autokennzeichen notieren

Arbeitsbuch: Ü 24-25

E   Was sind Sie von Beruf?

Lernziele und Lerninhalte:

Sprechen: nach Berufen fragen, den eigenen Beruf sagen
Lesen: Informationen in Stellenanzeigen erkennen: Beruf, Firma, Telefonnummer
Hören: Berufe erkennen
Wortschatz: Berufe

Kannbeschreibungen GER/Rahmencurriculum:
Kann die wichtigsten Informationen von Stellen-anzeigen verstehen.

Arbeitsbuch: Ü 26-29, Ü 30: Flüssig sprechen
Vertiefungsübung Ü 29a: Verben ergänzen
Erweiterungsübung Ü 27: männliche und weibliche Formen von Berufen ergänzen
Portfolioübung Ü 29b: Name, Heimatland, Beruf

Arbeitsbuch – Deutsch plus Ü 31: Hörtext *In der Sprachschule,* Anmeldeformular ausfüllen, Ü 32: Reaktionen auf die Frage *Wie geht's?*

Arbeitsbuch – Wörter lernen: Ü 33-36
Lerntipps: Verben im Satz lernen, Sätze und Verben auf Kärtchen schreiben, Wörter und Sätze thematisch sammeln

Phonetik: Rhythmisch sprechen

Kopiervorlagen in den Handreichungen:

KV 1: Zahlen-Domino
KV 2A/B: Berufe-Memory

In Lektion 1 geht es um Kennenlernen, Begrüßungen und Verabschiedungen sowie Herkunft und Beruf. Die KT lernen das Alphabet und die Zahlen bis 20.

Auftaktseite

Lernziele und Lerninhalte:

Sprechen: sich vorstellen – nach dem Namen und dem Herkunftsland fragen

Schreiben: Namenskarten

Lesen/Hören: Begrüßungsdialoge

Wortschatz: Länder

Die Auftaktseite dient dem ersten Kennenlernen. KL stellt sich vor: *Ich heiße ...?* Zeigen Sie auf sich selbst, schreiben Sie Ihren Namen an die Tafel. Ergänzen Sie diese erste Begrüßung auch durch: *Guten Morgen / Guten Tag / Guten Abend.*

1

Anschließend hören und lesen die KT den Dialog in 1 und die eigentliche Begrüßungsrunde beginnt: Wiederholen Sie noch einmal den ersten Satz: *Ich heiße ...* und fragen Sie dann einen KT: *Wie heißen Sie?* Wiederholen Sie dies für jeden einzelnen KT und lassen Sie ihnen für die Antwort Zeit. Greifen Sie unterstützend ein, wenn jemand große Mühe hat, die Begrüßung zu formulieren.

Dann fragen sich die KT gegenseitig nach ihren Namen. Schreiben Sie die Namen der KT an die Tafel oder lassen Sie die KT selbst ihren Namen schreiben. Lassen Sie etwas Platz für das Herkunftsland, nach dem in der nächsten Übung gefragt wird.

Variante

Bilden Sie einen Kreis. Sagen Sie *Ich heiße ... Und Sie?* Werfen Sie danach einen kleinen, weichen Ball einem KT zu, der antworten soll. Danach werfen sich die KT gegenseitig den Ball zu und fragen nach ihren Namen.

Dieses Ballspiel hat gegenüber den traditionellen Reihum-Vorstellungsrunden den Vorteil, dass die KT wirklich zuhören und reagieren. In Reihum-Vorstellungsrunden konzentrieren sich KT sehr schnell auf die von ihnen erwartete Antwort und weniger auf die Namen der anderen KT. Außerdem enthält diese Aktivität ein spielerisches, auflockernden Element.

2

Woher kommen Sie? Die KT hören und lesen zunächst den Dialog aus 2a, danach fragen sie sich gegenseitig (z. B. mit dem Ball aus der oben genannten Variante). Beginnen Sie wieder: *Ich komme aus Deutschland. Woher kommen Sie?*

Schreiben Sie den Antwortsatz *Ich komme aus ...* noch einmal an die Tafel und ergänzen Sie ihn mit *Deutschland.* Im Verlauf der Frage- und Antwortrunde ergänzen Sie dann die Namensliste an der Tafel mit den Herkunftsländern. Achten Sie auf Länder mit Artikel. In der Übung sind die Türkei, die Ukraine und der Iran beispielhaft genannt, schreiben Sie diese aber zunächst ohne Artikel an die Tafel. Es ist auch noch nicht erforderlich, KT aus diesen Ländern schon hier zu korrigieren, wenn sie den Artikel weglassen. Das Thema wird auf der Auftaktseite von Lektion 2 noch einmal aufgegriffen.

3

Erstellen Sie danach Namenskärtchen. Hierfür sollten Sie Filzstifte und Kärtchen bereithalten. Schreiben Sie Ihren Namen auf ein Kärtchen und bitten Sie die KT, dasselbe zu tun. So schaffen Sie in etwas das Klassenbild, das auf dem Foto oben auf der Auftaktseite dargestellt ist. Bei der letzten Aktivität bewegen sich die KT entsprechend dem Foto zu 3 im Raum und fragen sich gegenseitig nach Namen und Herkunftsland.

Die KT sollten die Namenskärtchen auch zu den nächsten Kursterminen mitbringen, da es erfahrungsgemäß längere Zeit dauert, bis alle Namen im Kurs bekannt sind.

Schon mit den Übungen der Auftaktseite können Sie sich ein erstes Bild darüber verschaffen, wie leistungsstark die KT sind. Anhand der Namenskärtchen erhalten Sie Hinweise auf die Schreibfertigkeit, Sie sehen, wie gut sie die Sätze in den Sprechblasen lesen können und ob sie Schwierigkeiten mit dem lateinischen Alphabet haben. Ist das der Fall, empfehlen wir, Block C, Buchstaben, vorzuziehen. Ebenso erfahren Sie, ob die KT einfache Arbeitsanweisungen verstehen.

Arbeitsbuch: Ü 1-3

A Guten Tag

Lernziele und Lerninhalte:

Sprechen:	Begrüßungsdialoge, nach dem Befinden fragen, sich begrüßen und sich verabschieden
Schreiben:	Sätze schreiben: *Wer ist das? – Das ist ....*
Lesen/Hören:	Begrüßungsdialoge – formell und informell
Wortschatz:	Redemittel für Begrüßungen
Grammatik:	*W*-Fragen: *Wie* und *Wer*

Dieser Block hat zwei Teile. Die Übungen 1 und 2 basieren auf einer Situation, die die KT vielleicht schon kennen: ein kurzer Begrüßungsdialog beim Einzug in die neue Wohnung.

In den Übungen 3-5 wird das Thema Begrüßung erweitert.

1/2

Betrachten Sie vor der Präsentation des Hörtextes das Foto. Vielleicht können einige KT bereits Sätze auf Deutsch zu dem Foto formulieren. Danach hören die KT den Dialog, ohne mitzulesen. Fragen Sie anschließend: *Wie heißen die Personen?* und spielen Sie den Dialog noch einmal vor, die KT lesen ihn mit, um Ihre Frage zu beantworten. Anschließend hören die KT den Dialog ein drittes Mal. Stoppen Sie die CD nach jedem Satz, damit die KT ihn nachsprechen. Danach lesen sie zunächst den Originaldialog mit verteilen Rollen, anschließend variieren sie ihn mit ihren eigenen Namen.

Gegenüber der Begrüßungssituation auf der Auftaktseite gibt es hier zwei Erweiterungen: *Ich bin neu hier ...* und *Ich bin ...* plus Name. Beachten Sie auch das Nachfragen: *Entschuldigung ...* Damit haben die KT ein erstes Redemittel, um auch im Kurs oder außerhalb des Kurses nachzufragen, wenn sie etwas nicht verstanden haben.

Übung 2 enthält eine weitere Variante: *Ich bin ... – Das ist ...* Das Ballspiel verläuft nach demselben Muster wie die auf der Auftaktseite beschriebene Variante.

Nutzen Sie die Schreibübung 2a noch einmal dazu, die Schreibfertigkeit der KT zu überprüfen.

Variante

Die Sätze *Ich bin neu hier* und *Ich wohne schon lange hier* bieten eine weitere Möglichkeit, dass Sie die KT und die KT sich gegenseitig besser kennen lernen. Schreiben Sie an der Tafel zunächst: *Ich bin neu in Deutschland – Ich wohne schon lange in Deutschland.* Zeigen Sie dann auf sich selbst und sagen Sie: *Ich wohne schon lange in Deutschland.* Werfen Sie dann einem KT den Ball zu und fragen Sie: *Und Sie?* Nachdem der KT die Frage beantwortet hat, wirft er den Ball dem nächsten KT zu usw.

3

Die KT betrachten zunächst die Fotos, um sich mit den Situationen vertraut zu machen. Bitten Sie evtl. einen KT, der bereits etwas Deutsch spricht, kurz etwas zu den Fotos zu sagen: *Das sind zwei Personen / zwei Frauen* o.ä.

Danach hören die KT die Dialoge zweimal: Einmal mit Pause und einmal ohne Pause zwischen den einzelnen Dialogen und lösen 3a. (Lösung: 1B, 2C, 3D, 4A, 5A, 6D)

Erläutern Sie für 3b den Unterschied formell / informell in einfachen Worten: Wann sagt man *du* und wann sagt man *Sie?* Lassen Sie die KT die unterscheidenden Merkmale in den Dialogen unterstreichen, möglichst mit verschiedenfarbigen Stiften für die formelle bzw. die informelle Variante: *du* und *Sie, dir* und *Ihnen* und die Begrüßungsformeln: *Hallo/Guten Tag – Auf Wiedersehen/ Tschüss.* Sammeln Sie die formellen und informellen Dialogelemente in einer Tabelle.

du	Sie
...	...

Variante für lernungeübte KT:

Schreiben Sie einen oder zwei der Dialoge an die Tafel, oder bereiten Sie die Dialoge auf einer OHP-Folie entsprechend vor. Lassen Sie in jedem Dialog nur eine Lücke frei, z. B …

+ *Hallo!*	+ *Guten Tag.*
Wie heißt du?	*Wie heißen Sie?*
– *Mahmut.*	– *Ich heiße Anna*
Wer bist ...?	*Blank. Und ...?*
+ *Ich bin Laura.*	+ *Ich bin Peter Müller.*

Willkommen!

4/5

Zunächst erfolgt die Festigung des soeben gelernten Unterschieds formell/informell, in 5 variieren die KT die Situationen mit ihren eigenen Namen. Auf der Illu ist nur die informelle Variante abgedruckt, die KT sollten aber auch die formelle Variante üben. (Lösung 4: 1. Hallo Tim. Wie geht es dir? – 2. Tschüss Alexander. Bis später. – 3. Danke, gut und Ihnen? – 4. Ich heiße Maria und du? – 5. Auf Wiedersehen, Herr Schneider. – 6. Ich bin Peter Meier und wie heißen Sie?)

Variante formell/informell

Die KT schreiben zwei Kärtchen: Auf dem einen steht nur der Vorname auf dem anderen Herr / Frau + Nachname.

Teilen Sie den Kurs in zwei Gruppen. Die KT bewegen sich frei im Raum. Die eine Gruppe trägt je eines der Kärtchen nach eigener Wahl vor sich her. Damit entscheiden die KT selbst, ob der Dialog informell oder formell sein soll. Aufgabe der KT aus der anderen Gruppe ist es, die KT mit den Kärtchen in der gewünschten Form anzusprechen. Nach einiger Zeit werden die Rollen gewechselt.

Arbeitsbuch: Ü 4-13

Vertiefungsübungen Ü 6 und 9: Orthographie

Erweiterungsübung Ü 7: Fragen ergänzen

B Was machst du?

Lernziele und Lerninhalte:

Sprechen: Interview mit *W*-Fragen

Schreiben: Verbendungen markieren, das
              Verb *sein* ergänzen

Grammatik: Konjugation der regelmäßigen
              Verben im Präsens und von *sein:*
              ich, du, wir, ihr, Sie

In Block B lernen die KT mit der Verb-konjugation das erste große Thema aus der deutschen Grammatik kennen. Sie sollten dieses Thema intensiv behandeln und sich für die Erklärungen Zeit nehmen. Je mehr sich die KT am Anfang mit den Verben beschäftigen, desto weniger Probleme haben sie später. Die dritte Person wird in Lektion 2, Block A behandelt.

1

Die Zuordnung der Bilder und Sätze (Ü 1a) erfolgt im Plenum (Lösung: 4-3-1-2). Schreiben Sie anschließend den ersten Minidialog an die Tafel und markieren Sie die Verbendungen. Schreiben Sie die Verben *mach-st* und *lern-e* separat an die Tafel und erläutern Sie die Struktur des Verbs (Stamm und Endung). Die KT lösen die Aufgabe in Gruppenarbeit, während Sie eine Liste der Verben (*machen, lernen, heißen, kommen*) in allen behandelnden Formen an der Tafel erstellen. Weisen Sie auf die unterschiedlichen Endungen hin und erläutern Sie die Personalpronomen anhand des grünen Infokastens.

2

Anschließend lösen die KT 2a in Partnerarbeit. Dabei sollten Sie lernungeübten KT Zeit lassen und Unterstützung bieten. Währenddessen können lerngeübte KT die Verbformen auf den vorangegangenen Seiten markieren.

In 2b wird die Konjugation von *sein* eingeführt, das Verb kennen die KT bereits aus Übung A2. Weisen Sie vor der Lösung von 2b auf den Infokasten hin und besprechen Sie die Formen. Schreiben Sie diese abschließend noch einmal an die Tafel und lassen Sie die KT die Fragen und Antworten von 2b in Zweier- und Dreiergruppen mit den eigenen Namen variieren.

3

Zusammenfassung des bisher gelernten Stoffs in Interviewform. Für lernungeübte KT sollten Sie die Fragen noch einmal im Plenum erarbeiten und an der Tafel sammeln. Der Gruppenarbeit sollte ein Modellinterview, das Sie mit einem eher lerngeübten KT vor dem Plenum machen, vorausgehen. Während der Gruppenarbeit sollten Sie den lernungeübten KT besondere Aufmerksamkeit widmen, lerngeübte KT können auch schon einen kleinen Text über sich selbst schreiben, oder – sofern sie Vorkenntnisse haben und auch schon die dritte Person Singular kennen – einen kleinen Text über ihren Lernpartner.

Alles klar: Ü 6, 7

Arbeitsbuch: Ü 14-20

Vertiefungsübung Ü 16: Die richtige Verbform erkennen

Erweiterungsübung Ü 17: Verben ergänzen

C Buchstaben

Lernziele und Lerninhalte:

Sprechen: das Alphabet nachsprechen, den eigenen Namen buchstabieren

Hören: das Alphabet – Buchstaben und Namen hören und notieren

1

Gehen Sie mit den KT die Buchstaben des Alphabets durch, lesen Sie diese laut vor und erklären Sie die Besonderheiten der Umlaute und den Buchstaben ß, der in anderen Sprachen unbekannt ist. Anschließend hören die KT das Alphabet von der CD und sprechen es nach.

2/3

Kontrolle, ob KT in der Lage sind, die Buchstaben beim Hören zu erkennen. Bei 3 sollen die KT ihre Lösungen, d.h. die Namen, sowohl laut buchstabieren als auch zusammenhängend vorlesen, bevor sie abschließend den Dialog mit ihren eigenen Namen variieren. (Lösung Ü2: 2.G, 3.Z, 4.J, 5.D, 6.V, 7.R, 8.Q, 9.H, 10.W, 11.E, 12.S; Lösung Ü3: 2. Katja Schmidt, 3. Markus Langer, 4. Susanne Müller)

Häufig bereitet die Aussprache bestimmter Buchstaben Schwierigkeiten. Das deutsche *r* z. B. ist fast immer ein Problem, KT mit spanischer Muttersprache erkennen oft nicht den Unterschied zwischen *b* und *w*, während KT mit russischer Muttersprache mit dem *e* oder mit den Umlauten Probleme haben. Widmen Sie derartigen Problemen bei den KT besondere Aufmerksamkeit. Ziel der Übung sollte es sein, dass KT die Buchstaben erkennen und so aussprechen können, dass man sie versteht, wenn sie z. B. in einer Behörde ihren Namen buchstabieren müssen.

Varianten

– KL liest die Buchstaben von Städtenamen in beliebiger Reihenfolge vor, z. B. a-m-z-n-i = Mainz, die KT sollen die Städtenamen herausfinden. Anschließend buchstabieren KT verschiedene Städtenamen.

– Bringen Sie eine Karte von Deutschland mit in den Kurs (wenn nicht vorhanden, Umschlagseite im Kursbuch) und üben Sie die Ortsnamen. Die KT nennen und buchstabieren die Namen der Orte, die sie schon einmal gehört haben.

– Die KT buchstabieren den Namen des Wohnbzw. Kursortes bzw. der Institution, an der der Kurs stattfindet, z. B. Volkshochschule.

Alles klar: Ü 3

Arbeitsbuch: Ü 21-23

Vertiefungsübung Ü 21: Buchstaben im Alphabet ergänzen

D Zahlen bis 20

Lernziele und Lerninhalte:

Sprechen: von 1 bis 20 zählen – Dialogspiel: einfache Rechenaufgaben mit Zahlen bis 20: *Wie viel ist ...*

Schreiben: Zahlen in Buchstaben schreiben

Hören: Autokennzeichen notieren

1/2

Zunächst hören und lesen die KT die Zahlen laut. Lassen Sie die KT die Zahlen evtl. im Chor, dann einzeln wiederholen, zunächst nur von eins bis zehn, anschließend dann bis zwanzig. Übung 2 in Einzelarbeit mit individueller Unterstützung durch KL.

3

Hier erfolgt mit der Kombination von Zahlen und Buchstaben eine Erweiterung. Die KT notieren beides nach dem Hören. Die Gestaltung dieser Übungen enthält nebenbei auch landeskundliche Informationen: über Hausnummern in Deutschland und Kraftfahrzeugkennzeichen in den deutschsprachigen Ländern.

4

Spielerische Rechenaufgaben schliessen den Block ab. Die Übung sollte für lernungeübte KT stärker gelenkt sein, um zu verhindern, dass sie über 20 hinauskommen. Geben Sie die Rechenaufgaben evtl. komplett an der Tafel vor. Oder Sie halten eine Kopie mit Rechenaufgaben bereit, die nicht über 20 hinausgehen, mit der lernungeübte KT in Gruppen arbeiten. Lerngeübte KT formulieren ihre Rechenaufgaben frei.

In jedem Fall sollten Sie mehrere Beispiele geben und die Sätze mit den neuen Wörtern *Wie viel, plus, minus, ist gleich* (s. blauer Infokasten) deutlich vorsprechen.

Varianten

– Schreiben Sie einige Zahlen an die Tafel und deuten Sie auf eine der Zahlen, ein KT sagt dann die Zahl laut. Oder die KT selbst schreiben Zahlen an die Tafel und fordern andere zum Sprechen auf.

– Schreiben Sie eine Zahlenreihe an die Tafel, z. B. 2 - 4 - 6 … 20 oder 3 - 6 … 18, die die KT dann vervollständigen.

KV 1 Im Anhang findet sich ein Zahlen-Domino zum Üben der Zahlen von 1 bis 20 als Kopiervorlage. Schneiden Sie die Kärtchen aus und kleben sie auf Karton. Alle Karten werden gemischt und an die KT verteilt. Eine Karte mit zwei ausgefüllten Feldern kommt aufgedeckt auf den Tisch. Die KT legen jetzt reihum an. Das Ergebnis der Rechenaufgabe auf der rechten Seite befindet sich auf der linken Seite eines anderen Kärtchens. ist Die KT können auch ihre Karten offen auf den Tisch legen und sich gegenseitig unterstützen (zu zweit oder in Kleingruppen).

Alles klar: Ü 4

Arbeitsbuch: Ü 24-25

E Was sind Sie von Beruf?

Lernziele und Lerninhalte:

Sprechen: nach Berufen fragen, den eigenen Beruf sagen

Lesen: Informationen in Stellenanzeigen erkennen: Beruf, Firma, Telefonnummer

Hören: Berufe erkennen

Wortschatz: Berufe

Mit den Berufsbezeichnungen taucht zum ersten Mal die Arbeitswelt auf. Außerdem wird mit den Berufen die Vorstellungsrunde, die auf der Auftaktseite begann, fortgeführt.

1

Für diese Übung bietet sich Gruppenarbeit an. Mehrere Varianten sind denkbar: Gruppen nur mit lernungeübten KT/Nullanfängern, die die Aufgabe gemeinsam mit KL lösen, und Gruppen mit lerngeübten KT/Anfängern mit Vorkenntnissen, die die Aufgabe alleine lösen.

Oder: Vielleicht gibt es in Ihrem Kurs KT, die zwar lernungeübt sind, aber Vorkenntnisse haben, und solche, die zwar lerngeübt sind, aber keine Vorkenntnisse haben. In gemischten Gruppen können sich diese unterschiedlichen KT gegenseitig unterstützen. (Lösung: 3-1-5-2-4-6)

2

Hier sollen die KT Wortschatz aus 1 wiedererkennen. Die Berufe Friseurin und Koch, die im Hörtext vorkommen, sind neu. (Lösung: Sekretärin/Koch)

3

Die KT lernen sich weiter kennen. Neu ist die Frage W*as bist du/sind Sie von Beruf?* Sammeln Sie die Berufe der KT an der Tafel. Natürlich ist es mitunter sehr schwierig, die eigenen Berufe auf Deutsch zu übersetzen. KT, die ein Wörterbuch dabei haben, sollen dieses benutzen, Sie können dann bereits sehen, wie vertraut sie mit der Wörterbucharbeit sind. Oder sie stellen ihren Beruf pantomimisch dar.

Machen Sie dann ein Frage- und Antwortspiel. Bilden Sie zunächst Zweier- oder Dreiergruppen, in denen die KT fragen und antworten. Bei lerngeübten KT/Anfängern mit Vorkenntnissen ist auch die dritte Person Singular möglich: *Was ist Alla von Beruf? – Alla ist Köchin.* Ein Kettenspiel mit Fragen und Antworten im Plenum schließt diese Übung ab.

4

Hier werden KT reduzierte Stellenanzeigen mit Kerninformationen präsentiert. Das ist auch ein erster Schritt, der auf komplexere, realistische Stellenanzeigen vorbereitet. Indem die KT die Informationen in der Tabelle notieren, wird das selektive Lesen geübt.

Für lernungeübte KT ist eine genaue Anleitung wichtig. Schreiben Sie die Tabelle an die Tafel, lassen Sie die KT die Informationen in der ersten Anzeige markieren und ergänzen Sie sie mit den KT. Die weiteren Anzeigen in Partnerarbeit mit individueller Unterstützung durch KL. Lerngeübte KT können gleich mit der Partnerarbeit beginnen, abschließende Besprechung der Lösungen im Plenum.

KV 2 Eine weitere Wortschatzübung zum Thema Berufe findet sich in Form eines Memorys in Kopiervorlage 2A/B. Aufgabe ist es, die Bildkarten und die Berufsbezeichnungen einander zuzuordnen.

Schneiden Sie die Wortkarten und Bildkarten aus, kleben Sie die Wortkarten auf weiße Kärtchen und die Bildkarten auf Kärtchen in einer anderen Farbe. Danach werden die Kärtchen verdeckt auf den Tisch gelegt. Die KT decken reihum zuerst ein weißes und dann ein andersfarbiges Kärtchen auf. Wer ein passenden Kartenpaar gefunden hat, darf beide Kärtchen behalten und weiterspielen (zwei weitere Karten aufdecken). Wer am Schluss die meisten Kärtchenpaare hat, hat gewonnen.

Diese Übung ist besonders für lernungeübte KT geeignet.

Alles klar: Ü 1, 2, 5
Arbeitsbuch: Ü 26-29, Ü 30: Flüssig sprechen
Vertiefungsübung Ü 29a: Verben ergänzen
Erweiterungsübung Ü 27: männliche und weibliche Formen von Berufen ergänzen
Portfolioübung Ü 29b: Name, Heimatland, Beruf

Arbeitsbuch – Deutsch plus: Ü 31: Anmeldeformular ausfüllen, Ü 32 Reaktionen auf die Frage *Wie geht's?*

Arbeitsbuch – Wörter lernen: Ü 33-36
Lerntipps: Verben im Satz lernen, Sätze und Verben auf Kärtchen schreiben, Wörter und Sätze thematisch sammeln

Phonetik: Rhythmisch sprechen, siehe Seite 118 in den *Handreichungen*

Flüssig sprechen
Alles klar Ü 8

Die Alles-klar-Nachsprechübungen haben einen speziellen, vielleicht zunächst etwas ungewöhnlichen Charakter, der den Hörsinn stark anspricht: Die Texte sind nicht im Buch abgedruckt und sie werden mit leichter, entspannender Gitarrenmusik eingeleitet und begleitet. Die KT sollen sich bequem hinsetzen, vielleicht auch die Augen schließen und sich ganz auf das Hören und Sprechen konzentrieren.

Die Alles-klar Nachsprechübungen sind immer zweiteilig aufgebaut. Die Lerner hören zunächst alle Fragen oder Sätze einmal ohne Pause. Im zweiten Teil ist nach jeder Frage eine Pause zum Nachsprechen. Lassen Sie die Lerner, jeder/jede für sich hören und (halb)laut sprechen, ein exaktes Chorsprechen mit gleichzeitigem Einsatz und Tempo ist in dieser Übung nicht erwünscht.

Fragen sind gerade am Anfang des Sprachenlernens besonders wichtig. Deshalb trainiert diese erste Flüssigkeitsübung die Struktur der W-Fragen.

Tipp: Sie können die Alles-klar-Übung, in denen Fragen präsentiert werden, auch immer umfunktionieren in eine Frage-Reaktionsübung. Die TN hören die Fragen und beantworten sie jede/jeder (halb)laut für sich. Das trainiert die für die Kommunikation so wichtige flüssige Reaktion.

Das *Flüssig sprechen* im Arbeitsbuch (Ü 30) trainiert die Begrüßungsformeln.

2 Alte Heimat, neue Heimat

Auftaktseite
Lernziele und Lerninhalte:

Sprechen:	über Länder und Kontinente sprechen
Wortschatz:	Länder und Kontinente
Grammatik:	Fragen mit *wo/woher?* Präpositionen *in* und *aus*

Arbeitsbuch: Ü 1-2
Portfoliotext Ü 2c: Herkunft, Heimatland

A Nationalität und Sprache
Lernziele und Lerninhalte:

Sprechen:	die eigene Nationalität sagen, sagen, welche Sprachen man spricht, den Lernpartner vorstellen: Name, Land, Nationalität, Sprache, Würfelspiel mit Verben
Hören/Lesen:	Hör- und Lesetexte: Personen aus fünf Ländern stellen sich vor.
Wortschatz:	Redemittel für Begrüßungen
Grammatik:	Konjugation der regelmäßigen Verben und von *sein* im Präsens (neu: dritte Person), Personalpronomen *er, sie, sie (Plural)*, Verb mit Vokalwechsel: *sprechen*

Arbeitsbuch: Ü 3-7
Portfolioübung Ü 7: Herkunft, Nationalität, Sprachen

B Unser Deutschkurs
Lernziele und Lerninhalte:

Sprechen:	nach Gegenständen fragen, Gegenstände benennen, Fragen und Antworten mit *Wie viele*
Schreiben:	Pluralendungen markieren
Hören:	Wörter erkennen
Wortschatz:	Gegenstände im Kursraum
Grammatik:	bestimmter und unbestimmter Artikel im Nominativ – Singular und Plural

Arbeitsbuch: Ü 8-12
Vertiefungsübung Ü 9a: Gegenstände im Kursraum, Erweiterungsübung Ü 11: unbekannte Wörter in der Wortliste suchen

C Zahlen, Zahlen, Zahlen
Lernziele und Lerninhalte:

Sprechen:	Zahlen hören und nachsprechen
Schreiben:	Zahlen in Ziffern schreiben
Hören:	Telefonnummern nach dem Hören notieren
Wortschatz:	Zahlen ab 20

Arbeitsbuch: Ü 13-18
Vertiefungsübung Ü 15: Zahlen schreiben

D Wie ist Ihre Adresse?
Lernziele und Lerninhalte:

Sprechen:	persönliche Informationen ge-ben: Name, Herkunftsland, Adresse, Telefonnummer, Sprachen
Lesen/Hören:	Telefongespräch mit einer Kita
Wortschatz:	Adresse
Grammatik:	*W*-Fragen

Kannbeschreibungen GER/Rahmencurriculum:
Kann sich nach Betreuungseinrichtungen erkundigen.
Kann über seine/ihre Herkunft sprechen.

Arbeitsbuch: Ü 19-22, Ü 23: Flüssig sprechen
Vertiefungsübung Ü 19: passende Antworten auf W-Fragen finden
Erweiterungsübung Ü 21: einen Text über eine Person schreiben
Portfolioübung Ü 22: Name, Adresse, Telefonnummer, Alter, Beruf

Arbeitsbuch – Deutsch plus Ü 24: Adresse und Telefon, Ü 25: Wörterbucharbeit

Arbeitsbuch – Wörter lernen: Ü 26-29
Lerntipps: Artikel farbig markieren, neue Wörter in Paaren lernen

Phonetik: Wortakzent

Kopiervorlagen in den Handreichungen:

KV 3: Konjugationswürfel
KV 4: A/B: Wechselspiel: Woher kommt ...

In Lektion 2 sprechen die KT über Nationalität und Sprachen, Länder und Kontinente, sie lernen Wortschatz für die Gegenstände im Kursraum, sie lernen, die eigene Adresse mit Telefonnummer zu sagen, sowie Zahlen ab 20. Die Grammatik behandelt den bestimmten und den unbestimmten Artikel, Singular und Plural sowie die Personalpronomen in der 3. Person Singular.

Auftaktseite

Lernziele und Lerninhalte:

Sprechen: über Länder und Kontinente sprechen

Wortschatz: Länder und Kontinente

Grammatik: Fragen mit *wo/woher?* – die Präpositionen *in* und *aus*

1

Die Auftaktseite zeigt Bilder der verschiedenen Kontinente. Bringen Sie eine Weltkarte mit, vielleicht wissen die KT, wo auf den Kontinenten die abgebildeten Orte/ Baudenkmäler liegen (Lösung: Afrika: Foto 3, Sphinx in Kairo, Ägypten; Asien: Foto 6, buddhistischer Naritasan Tempel, Narita, Japan; Australien: Foto 5, Opernhaus in Sydney, Europa: Foto 1, Brandenburger Tor, Berlin; Nordamerika: Foto 4; Südamerika: Foto 2 = Rio de Janeiro mit der Christusstatue auf dem Cocovardo, Brasilien.)

2

Hier aktivieren die KT zunächst ihr Weltwissen. Ausgangspunkt können die Länder sein, aus denen die Fotos stammen, anschließend nennen die KT wie zu Beginn von Lektion 1 noch einmal ihre Heimatländer, wobei es dieses Mal um die Bewusstmachung der Präpositionen *in* und *aus* und um die Länder mit Artikel geht. Besonders für lernungeübte KT oder Null-anfänger sollten Sie einige Sätze an der Tafel vorgeben und die Präpositionen *in* und *aus* im Zusammenhang mit den Fragewörtern *wo* und *woher* erläutern.

Wo?	Woher?
Wo liegt Deutschland?	*Woher kommt Tamara?*
– *In Europa.*	– *Aus Russland.*

Bereiten Sie für lernungeübte KT eine OHP-Folie mit Lückensätzen vor, z.B.

Stefan kommt ___ Österreich.

Österreich liegt ___ Europa.

Schreiben Sie auch eine Liste der Länder mit Artikel an die Tafel, aus denen Ihre KT kommen bzw. notieren Sie vier bis fünf wichtige bzw. häufig in Deutschland genannte

Länder mit Artikel (neben den Ländern in dem Infokasten z.B. der Libanon, der Sudan).

Varianten

– Sammeln Sie anhand der Umschlagseite des Kursbuches gemeinsam mit den KT die Nachbarländer Deutschlands an der Tafel. Fordern Sie anschließend lerngeübte KT auf, die Nachbarländer ihres Heimatlandes zu nennen.

– Wenn in Ihrem Kurs sehr viele Nationalitäten bzw. Herkunftsländer vertreten sind, können Sie in einem einfachen Satz auch die Hauptstädte einbeziehen.

Schreiben Sie z.B. folgenden Satz an die Tafel:

Ich komme aus Deutschland. Deutschland liegt in Europa. Die Hauptstadt ist/heißt Berlin.

Arbeitsbuch: Ü 1-2
Portfoliotext Ü 2c: Herkunft, Heimatland

A Nationalität und Sprache

Lernziele und Lerninhalte:

Sprechen: die eigene Nationalität sagen, sagen, welche Sprachen man spricht - den Lernpartner vorstellen: Name, Land, Nationalität, Sprache – Würfelspiel mit Verben

Lesen/Hören: Hör- und Lesetexte: Personen aus fünf Ländern stellen sich vor

Wortschatz: Nationalitäten – Sprachen

Grammatik: Konjugation der regelmäßigen Verben und von *sein* im Präsens (neu: dritte Person) – Personalpronomen *er, sie, sie (Plural)* – Verb mit Vokalwechsel: *sprechen*

In diesem Block lernen die KT Nationalitäten und Sprachen und die Konjugation in der dritten Person kennen.

Alte Heimat, neue Heimat

1

Die Lesetexte aus 1b werden in 1a zunächst als HV eingeführt. Die KT hören die Texte zweimal. Im Anschluss an die Lektüre beantworten die KT die Fragen von 1b und ergänzen die Tabelle in 1c.

Nach den Stellenanzeigen aus Block D in Lektion 1 bietet sich zum zweiten Mal mit etwas komplexeren Texten Gelegenheit, das Leseverstehen zu trainieren. Teilen Sie den Kurs dafür in Gruppen auf und unterstützen Sie insbesondere lernungeübte KT.

Erläutern Sie, dass die Lösungen von Übung 1b eine Hilfe sind, die Tabelle in 1c zu ergänzen. Lassen Sie die KT beispielhaft die Schlüsselwörter in den ersten beiden Texten zu Land, Nationalität und Sprache unterstreichen (lernungeübte KT sollten die Schlüsselwörter in allen Texten unterstreichen), bevor sie die Tabelle ergänzen. Lerngeübte KT erhalten zusätzlich die Aufgabe, W-Fragen zu je einem Text zu schreiben, die ihre Lernpartner dann beantworten.

Lösungen1b: 1 F, 2 R, 3R, 4F, 5F;

1c:

Name	Rosa	Jean-nette	Chan	Kemal	Wojtek
Land	Mexiko	Frank-reich	China	Türkei	Polen
Natio-nalität	Mexika-nerin	Fran-zösin	Chinese	Türke	Pole
Sprache	Spa-nisch	Fran-zösisch	Chine-sisch	Türkisch	Polnisch
	Deutsch		Deutsch	Englisch	

2

Einführung der Personalpronomen *er* und *sie* sowie *sie* im Plural mit Konjugation der regelmäßigen Verben. Die KT lösen zunächst die Aufgaben im Plenum, anschließend schreiben sie die Texte 2 (Jeannette) und 5 (Wojtek) aus der vorangegangenen Übung in die dritte Person Singular neu. Unterstützen Sie insbesondere lernungeübte KT z. B. mit folgendem Tafelanschrieb:

Jeannette _____ Französin und komm__ aus Paris. _____ bleib__ ein Jahr in Deutschland und lern__ Deutsch.

3

Sammeln Sie für diese Transferübung die Namen, Länder und Nationalitäten der KT an der Tafel. Anschließend fragen sich die KT gegenseitig.

Weisen Sie auf den Grammatikkasten zum Verb *sprechen* hin. Hier kommt erstmals ein Verb mit Vokalwechsel vor. Verzichten Sie hier noch auf nähere Erläuterungen, das Thema wird in Lektion 4, Block C ausführlich behandelt.

Wenn die KT mit der Konjugation von *sprechen* vertraut sind, können sie auch die Texte 1, 3 und 4 aus Übung 1 in diesem Block in die 3. Person Singular umformen.

In seltenen Fällen kann das Thema Land, Nationalität und Sprache für einige KT sensibel sein. Sollte sich abzeichnen, dass im Kurs Spannungen auftreten, sollten Sie die Übung 3 nur kurz behandeln und dem Spiel in Übung 4 mehr Zeit widmen.

4

Mit dieser spielerischen Aktivität wird die Verbkonjugation noch einmal etwas freier geübt. Bringen Sie Würfel in den Unterricht mit. Es werden Gruppen mit je vier Mitspielern gebildet. Wie angegeben, entsprechen die Punktzahlen einer Person. Die KT würfeln und bilden die korrekte Form, z.B.: *er kommt*. In einer zweiten Runde bilden die KT einen Satz.

Im Falle lernungeübter KT sollten die Verben, die in der korrekten Form zu nennen sind, evtl. inkl. Ergänzung, vor Beginn des Spiels für jeden Spieler festgelegt werden.

In **KV 3** finden Sie einen Konjugationswürfel zum Selberbasteln. Statt der Zahlen stehen die Personalpronomen auf den Würfelflächen. Spielen Sie in Gruppen und bringen Sie Scheren und Kleber mit. Jede Gruppe bekommt eine Kopie der KV und bastelt sich einen Würfel.

KV 4 Im Anhang finden Sie ein Wechselspiel, bei dem die KT sich gegenseitig Fragen zu verschiedenen Personen (Herkunft, Nationalität, Sprache, Beruf) stellen und beantworten.

Arbeitsbuch: Ü 3-7
Portfolioübung Ü7: Herkunft, Nationalität, Sprachen

B Unser Deutschkurs

Lernziele und Lerninhalte:

Sprechen:	nach Gegenständen fragen, Gegenstände benennen, Fragen und Antworten mit *Wie viele*
Schreiben:	Pluralendungen markieren
Hören:	Wörter erkennen
Wortschatz:	Gegenstände im Kursraum
Grammatik:	bestimmter und unbestimmter Artikel im Nominativ – Singular und Plural

In diesem Block geht es um Gegenstände im Kursraum, die Grammatik behandelt den bestimmten und unbestimmten Artikel im Nominativ sowie Singular und Plural.

1

Der Wortschatz zum Kursraum in 1a ist auch ein wichtiges Hilfsmittel, um dem Unterricht besser folgen zu können. Zunächst hören die KT die Begriffe und sprechen sie nach bzw. kreuzen in 1b an, was sie hören (Lösung: Heft, Stuhl Kugelschreiber, Lampe, Tasche, Tisch, Tafel)

Anschließend zeigen die KT auf die Gegenstände in ihrem eigenen Kursraum oder heben sie hoch: *das Buch, der Stift, die Tasche etc.*

Sie können bei 1c auch direkt mit Gegenständen aus Ihrem Kursraum beginnen, z.B. mit Ihrem eigenen Buch und einen KT fragen: *Was ist das? Wie heißt das auf Deutsch?*, der wie im Kursbuch vorgegeben antwortet und das Wort buchstabiert. Dies bietet Ihnen auch Gelegenheit, bei lernungeübten KT noch einmal zu überprüfen, wie sicher sie jetzt beim Alphabet sind.

2

Hier lernen die KT die Artikel kennen. Notieren Sie die Wörter aus der Übung mit bestimmtem und unbestimmtem Artikel an der Tafel, nachdem die KT 2a und 2b gelöst haben. Ergänzen Sie die Liste mit weiteren bereits bekannten Nomen, z.B. *der Kontinent – ein Kontinent, die Sprache – eine Sprache, das Land – ein Land.* Ziehen Sie auch die Übersicht auf der Gewusst wie-Seite heran und erläutern Sie die Begriffe maskulin, feminin und neutral.

Besonders lerngeübte KT fragen oft, ob es Regeln für das Genus gibt. Weisen Sie darauf hin, dass es keine oder nur sehr unzuverlässige Regeln gibt und dass die KT Nomen immer zusammen mit Artikel (und Pluralform) lernen sollen.

Setzen Sie die Reihe in 2c mit anderen Gegenständen und fiktiven Preisen fort, zunächst im Plenum, anschließend in Partnerarbeit. Beziehen Sie auch Gegenstände aus Ihrem Kursraum ein, die nicht im Kursbuch vorkommen, z. B. der Schwamm, der Papierkorb, das Plakat, das Foto, der Rucksack etc. Sammeln Sie diese Wörter mit Artikel an der Tafel, damit die KT Sätze bilden können.

Besonders KT mit slawischer Muttersprache haben oft große Probleme mit dem Artikel, weshalb sie am Anfang besonders viele Beispiele brauchen.

Übung 2 bietet sich für einen weiteren Lerntipp an: Die KT schreiben die Wörter mit Artikel und Plural auf Kärtchen, wobei sie die Artikel farbig markieren: maskulin z.B. blau, feminin rot und neutral grün. Ziehen Sie dazu die entsprechenden Tipps mit Übungen im Arbeitsbuch (Ü 27) heran.

Variante

Veranstalten Sie im Kurs einen Flohmarkt, wozu kein großer Aufwand erforderlich ist. Teilen Sie den Kurs in zwei Gruppen auf. Die eine Gruppe schreibt für ihre Bücher, Hefte, Stifte etc. Preisschilder (bis 20,- €) und stellt diese und die Gegenstände vor sich auf den Tisch, die anderen gehen von Tisch zu Tisch und fragen nach den Preisen. Nach einiger Zeit wechseln die Gruppen. So entsteht ein Frage- und Antwortspiel: *Was ist das? – Wie heißt das auf Deutsch? – Das ist ein/eine .... Wie viel kostet der/die/das ...? – Der/die/das kostet ...*

Hier werden nicht nur die Artikel geübt, sondern auch die Zahlen wiederholt und weiter gefestigt.

3

Pluraleinführung. Zunächst markieren die KT die Endungen in 3a, lernungeübte KT mit Unterstützung durch KL. Erläutern Sie für 3b die Pluraleinträge in der Wortliste. Weisen Sie darauf hin, dass es im Plural nur einen Artikel gibt und darauf, dass die KT Nomen nicht nur zusammen mit dem Artikel, sondern immer auch mit der Pluralform lernen sollten.

Anschließend machen die KT 3b in Partnerarbeit. Danach sammeln lerngeübte KT in der chronologischen Wortliste zu den Lektionen 1 und 2 im Arbeitsbuch weitere Nomen in Partnerarbeit und notieren sie im Singular und im Plural. Lernungeübte KT, die evtl. auch Probleme haben zu verstehen, was ein Nomen ist, erhalten stattdessen zusätzliche Erläuterungen durch KL und mehr Zeit für 3b.

4

Spielerischer Abschluss dieses Grammatikthemas. Neu ist das Fragewort *Wie viele*, das Sie einleitend anhand einiger Beispiele erläutern sollten. Die Übung ist sowohl als Kettenspiel im Plenum als auch in Gruppen möglich.

Bei der Einführung des Plurals wurde im Kursbuch auf eine systematische Darstellung aller Pluralformen verzichtet. Primäres Ziel ist es, die KT für den Unterschied von Singular und Plural zu sensibilisieren und insbesondere für lernungeübte KT ist eine derartige Systematisierung wenig hilfreich. Eine vollständige und systematische Übersicht finden Sie außer im Grammatikanhang auch auf der *Gewusst wie*-Seite, eine entsprechende Übung im Arbeitsbuch (Ü 10).

Alles klar: Ü 3, 6
Arbeitsbuch. Ü 8-12

Vertiefungsübung Ü 9a: Gegenstände im Kursraum

Erweiterungsübung Ü 11: Unbekannte Wörter in der Wortliste suchen

C Zahlen, Zahlen, Zahlen

Lernziele und Lerninhalte:

Sprechen:	Zahlen hören und nachsprechen
Schreiben:	Zahlen in Ziffern schreiben
Hören:	Telefonnummern nach dem Hören notieren
Wortschatz:	Zahlen ab 20

1/2

Die ersten beiden Übungen sind ähnlich wie die beiden ersten Übungen in L. 1, Block D: Die KT hören, sprechen und schreiben Zahlen in Buchstaben. Erläutern Sie, dass man die Zahlen ab zwanzig von rechts nach links spricht, was nicht wenigen KT Schwierigkeiten bereitet. Dafür eignet sich folgende Darstellung:

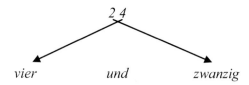

Erfahrungsgemäß verwechseln die KT oft die Zahlen zwischen 40 und 49 bzw. 50 und 59 und Zahlenpaare wie 69-96, 84-48, 23-32 usw., weshalb diese Zahlen verstärkt geübt werden sollten.

3

(Lösung: Thomas: 238 91 72, Birte: 0175 867 54 55, Matteo: 089 53 22 67, Herr Mai: 833 45, Tamara: 0711 22 63 55 08, Sandra)

Telefonnummern sind oft schwer zu verstehen, sie sind aber im Alltag überaus wichtig. Deshalb empfehlen sich weitere Übungen:

– Ein KT nennt eine Telefonnummer, die sein Lernpartner, oder bei Plenumsarbeit, ein anderer KT an der Tafel notieren muss.

– Die KT schreiben eine Telefonnummer auf ein Kärtchen oder einen Zettel. Sofern sie nicht ihre eigene Telefonnummer aufschreiben, notieren sie sie zugleich im Heft, denn im weiteren Spielverlauf muss jeder KT seine Nummer wiedererkennen.

Sammeln Sie die Kärtchen ein und verteilen Sie sie neu, so dass jeder KT eine andere, neue Telefonnummer erhält.

Die KT nennen dann die Telefonnummer, die sie erhalten haben, die Person, die die Nummer geschrieben hat, meldet sich.

Variante

Bevor das Spiel beginnt, schreiben Sie eine fiktive Telefonnummer an die Tafel und geben als Beispiel: *Meine Telefonnummer ist ...*, indem Sie den Possessivbegleiter *meine* betonen, der für das Zahlenspiel benötigt wird.

Schreiben Sie dann folgendes Dialogmodell an die Tafel:

A *Wer hat die Nummer 66 44 89?*

B *Ich. / Das ist meine Nummer.*

A *Wie ist die Nummer?*

B *66 44 89*

A vergleicht die wiederholte Nummer auf seinem Kärtchen.

So üben die KT sowohl sprechen als auch verstehen.

4

Hier geht es um dreistellige Zahlen, für die sich ebenfalls mehrere Varianten oder Spiele anbieten, z.B. Rechenaufgaben. Ein KT schreibt Ziffern an die Tafel, die ihm andere KT aus dem Plenum zurufen, Zahlenreihen, z.B. 100 – 150 – 200 – 250 etc., der KL oder ein KT schreibt Zahlen in Buchstabenform an die Tafel, die die KT mündlich „übersetzen".

Alles klar: Ü 5

Arbeitsbuch: Ü 13-19

Vertiefungsübung Ü 15: Zahlen schreiben

D Wie ist Ihre Adresse?

Lernziele und Lerninhalte:

Sprechen: persönliche Informationen geben: Name, Herkunftsland, Adresse, Telefonnummer, Sprachen

Lesen/Hören: Telefongespräch mit einer Kita

Wortschatz: Adresse

Grammatik: *W*-Fragen

1

Zunächst lernen die KT Vokabeln für Adressenangaben kennen, die sie in den folgenden Übungen benötigen. Auch in Partnerarbeit möglich, anschließende Besprechung im Plenum. Schreiben Sie zusätzlich eine weitere fiktive Adresse aus dem Kursort an die Tafel, bei der die KT dann den Wortschatz zuordnen. Oder Sie bereiten Kärtchen mit verschiedenen Adressen vor, die KT machen die Zuordnung in Gruppenarbeit.

2

2a ist ein selektives HV, das noch einmal das Thema Zahlen aus Block C aufgreift. Die KT hören aus einem längeren Dialog Informationen heraus und notieren sie. Zweimaliges Hören. KT, die große Probleme mit dem Hörverstehen haben, sollten den Text auch lesen, bevor sie die Aufgabe lösen.

Je nachdem, ob die KT lerngeübt oder lernungeübt sind, hören oder lesen sie den Text, um 2b zu lösen. Lerngeübte KT decken den Text während des Hörens ab, lernungeübte hören ihn zunächst und lesen ihn dann.

3

Mit der abschließenden Partnerübung erhalten die KT weitere Kompetenzen, um über sich selbst zu berichten bzw. nach Informationen zu fragen. Neu sind die Fragen und Antworten zu Adresse und Telefonnummer.

Lerngeübte KT können anschließend über ihren Lernpartner im Plenum berichten oder einen Text schreiben. Schreiben Sie dafür passende

Alte Heimat, neue Heimat

Beispielsätze an die Tafel, evtl. inkl. Verbindung von Straßennamen und Präpositionen:

Die Telefonnummer ist .... Er/Sie hat die Telefonnummer...

*Er/Sie wohnt **in der** Lessingstraße / **im** Amselweg. Die Hausnummer ist 28.*

Er/Sie wohnt Lessingstraße 25 etc.

Fassen Sie alle bisher behandelnden W-Fragen noch einmal zusammen und sammeln Sie alle bekannten Fragepronomen an der Tafel: *was, wer, wie, welche, wo* und *woher*. Die KT ergänzen passende Fragen.

Anschließend können Sie anhand der Übersicht auf der *Gewusst wie*-Seite die Satzstellung in *W*-Fragen erläutern. Dies ist jedoch nicht zwingend notwenig, denn das Kursbuch bietet auch später noch Gelegenheit dafür. In Lektion 3 werden *Ja/Nein*-Fragen eingeführt und in Lektion 5 wird die Satzstellung ausführlich behandelt.

Alles klar: Ü 1, 2, 4, 7

Arbeitsbuch: Ü 19-22, Ü 23: Flüssig sprechen

Vertiefungsübung Ü 19: passende Antworten auf *W*-Fragen finden

Erweiterungsübung Ü 21: einen Text über eine Person schreiben

Portfolioübung Ü 22: Name, Adresse, Telefonnummer, Alter, Beruf

Arbeitsbuch – Deutsch plus: Ü 24: Adresse und Telefon, Ü 24 Wörterbucharbeit

Arbeitsbuch – Wörter lernen: Ü 26-29

Lerntipps: Artikel farbig markieren, neue Wörter in Paaren lernen

Phonetik: Wortakzent, siehe Seite 118 in den *Handreichungen*

Flüssig sprechen

Alles klar Ü 8

Auch in dieser Lektion geht es um W-Fragen. Die Fragen enthalten z.T. schwierige, lange Wörter. Sie können bei Bedarf diese Wörter zunächst an die Tafel schreiben und sie mit dem Wortakzent phonetisch üben: *Adresse, Telefonnummer, Muttersprache, Nationalität, buchstabieren, Plural*.

Anschließend machen Sie dann die Flüssig sprechen-Übung, bei der die TN erst die ganzen Fragen hören und beim zweiten Mal nachsprechen. So wird neben den Fragen auch der Wortschatz intensiv gefestigt.

Das *Flüssig sprechen* im Arbeitsbuch (Ü 23) übt die Sätze, die für eine Personenvorstellung wichtig sind.

Auftaktseite
Lernziele und Lerninhalte:

Sprechen: Möbel Zimmern zuordnen, seine Meinung über Möbel sagen

Wortschatz: Möbel, Wohnung, Adjektive

Grammatik: Personalpronomen im Nominativ für Sachen

Kannbeschreibungen GER/Rahmencurriculum:
Kann ausdrücken, inwieweit ihm/ihr etwas gefällt oder missfällt. Kann Kontakt aufnehmen.

Arbeitsbuch: Ü 1-3
Vertiefungsübung Ü 3: bestimmter Artikel / Personalpronomen.

A Das ist kein Sofa
Lernziele und Lerninhalte:

Sprechen: beschreiben, was in einem Zimmer fehlt

Schreiben: Möbel in einem Text ergänzen

Grammatik: Negation mit *kein*, *Ja/Nein*-Fragen

Arbeitsbuch: Ü 4-7
Erweiterungsübung Ü 7: Fragen und Antworten mit *kein*

B Was brauchen wir?
Lernziele und Lerninhalte:

Sprechen: berichten, was man hat und was man nicht hat

Hören: Dialog über Gegenstände, die in einer Wohnung fehlen

Wortschatz: Gegenstände in der Wohnung

Grammatik: das Verb *haben* – Akkusativ mit unbestimmtem Artikel

Arbeitsbuch: Ü 8-14
Vertiefungsübung Ü 8b: Akkusativ mit unbestimmtem Artikel, Ü 10: Konjugation von *haben*
Erweiterungsübung Ü 13: Akkusativ mit unbestimmtem Artikel
Portfolioübung Ü 14: die eigenen Möbel

C Farben und Adjektive
Lernziele und Lerninhalte:

Sprechen: Farben in einem Zimmer beschreiben, die Lieblingsfarbe nennen, sagen, wie man die Möbel in dem Zimmer findet

Wortschatz: Farben, Redemittel für positive und negative Meinungsäußerungen

Grammatik: Akkusativergänzung mit bestimmtem Artikel

Kannbeschreibungen GER/Rahmencurriculum:
Kann ausdrücken, inwieweit ihm/ihr etwas gefällt oder missfällt.

Arbeitsbuch: Ü 15-20

Vertiefungsübung Ü 21: Buchstaben im Alphabet
Vertiefungsübung Ü 18: Akkusativ mit bestimmtem Artikel
Erweiterungsübung Ü 19: Nominativ und Akkusativ mit bestimmtem Artikel

D Hier wohnt ...
Lernziele und Lerninhalte:

Sprechen: sagen, wo Personen in einem Haus wohnen und arbeiten, berichten, wo man wohnt

Schreiben: notieren, wo Personen in einem Haus wohnen

Wortschatz: Ortsadverbien, Ordinalzahlen im Dativ

Arbeitsbuch: Ü 21-22

E So wohnen wir
Lernziele und Lerninhalte:

Sprechen: die eigene Wohnung beschreiben

Schreiben: Lücken in einer Wohnungsbeschreibung ergänzen

Lesen/Hören: Informationen von drei Familien über ihre Wohnverhältnisse

Lesen: Anzeigen Familien zuordnen, Abkürzungen in Wohnungsanzeigen verstehen

Wortschatz: Abkürzungen in Wohnungsanzeigen, Adjektive

Kannbeschreibungen GER/Rahmencurriculum:
Kann die wichtigsten Abkürzungen in Wohnungsanzeigen verstehen.

Arbeitsbuch: Ü 23-26, Ü 27: Flüssig sprechen
Vertiefungsübung Ü 24: Fragen und Antworten zur Wohnung

Arbeitsbuch – Deutsch plus: Ü 28: Wohnungsanzeigen zuordnen, Ü 29: Dialog über Möbelkauf

Arbeitsbuch – Wörter lernen: Ü 30-32
Lerntipps: Zettel mit Wörtern an Möbelstücke in der Wohnung kleben, Adjektive in Paaren lernen

Phonetik: Die Vokale *a, e, i, o, u*
Kopiervorlagen in den Handreichungen:
KV 5A/B: Wechselspiel: Hier wohnt ...
KV 6: Adjektiv-Domino

Lektion 3 ist die Lektion rund ums Wohnen. Die KT lernen Möbel, Häuser und Wohnungen zu beschreiben und sie lernen Wohnungsanzeigen zu verstehen. Außerdem werden Adjektive und Redemittel zur Meinungsäußerung eingeführt. Die Grammatik behandelt die Personalpronomen *er, sie* und *es* für Sachen, die Negation mit *kein*, den Akkusativ sowie *Ja/Nein-Fragen*.

Auftaktseite

Lernziele und Lerninhalte:

Sprechen: Möbel Zimmern zuordnen –
seine Meinung über Möbel sagen

Wortschatz: Möbel, Wohnung, Adjektive

Grammatik: Personalpronomen im Nominativ
für Sachen

Der Wortschatz Möbel wird eingeführt sowie
Adjektive, mit denen die KT die Möbel
beschreiben.

1

Fordern Sie die KT auf, bereits bekannte Worte
aus der Wortliste zu nennen und sammeln Sie
die Lösungen von 1a an der Tafel. (Lösung: 1
der Kühlschrank, 2 die Spüle, 3 der Herd, 4 das
Bild, 5 der Fernseher, 6 das Regal, 7 der Sessel,
8 das Sofa, 9 die Kommode, 10 das Bett, 11 der
Teppich, 12 der Schrank.)

Ergänzen Sie auch die Tabelle von 1c an der
Tafel, nachdem die KT die Aufgabe in Partnerarbeit gelöst haben. Sofern die sprachlichen
Möglichkeiten der KT es zulassen, bietet sich
ein interkultureller Vergleich an: Welche Möbel
stehen im Schlaf- oder Wohnzimmer im
Heimatland? Gibt es Unterschiede zwischen den
einzelnen Ländern?

2

Schreiben Sie Gegensatzpaare an die Tafel: *alt-
modern/neu*, *groß-klein*, *schön-hässlich* und
erläutern Sie sie anhand von Gegenständen im
Kursraum.

Schreiben Sie auch die Sätze in den
Sprechblasen an die Tafel und unterstreichen
Sie die Personalpronomen. In Lektion 2 wurden
lediglich *er* und *sie* mit Personen geübt. Jetzt
lernen die KT, dass man die Personalpronomen
auch für Sachen verwendet. Zusätzlich
schreiben die KT die Sätze ins Heft und
unterstreichen die Personalpronomen.

Anschließend bilden die KT Sätze wie in der
Übung angegeben im Plenum, danach
Gruppenarbeit. Die KT können anschließend
auch über die Meinung ihrer Lernpartner im
Plenum berichten. Geben Sie dafür geeignete

Redemittel vor, z. B.: *Nelly sagt, der Schrank ist
modern.*

Varianten

– Fordern Sie die KT auf, Prospekte von
Möbelhäusern mit in den Unterricht zu
bringen. Lernungeübte KT bilden mit Hilfe
der dort abgebildeten Möbel weitere Sätze
nach dem Muster der Sprechblasen in 2,
während im Falle lerngeübter KT auch kleine
Diskussionen möglich sind: *Nelly sagt, der
Schrank ist schön, aber ich finde, er ist
hässlich* u.ä.

– Je nachdem, wie Ihr Kursraum ausgestattet
und eingerichtet ist, lassen sich die Adjektive
und die Personalpronomen evtl. auch mit
Bildern oder Möbelstücken im Kursraum
üben.

Alles klar: Ü 5

Arbeitsbuch: Ü 1-3

Vertiefungsübung Ü 3: bestimmter Artikel/
Personalpronomen

A Das ist kein Sofa

Lernziele und Lerninhalte:

Sprechen: beschreiben, was in einem
Zimmer fehlt

Schreiben: Möbel in einem Text ergänzen

Grammatik: Negation mit kein, Ja/Nein-
Fragen

Nachdem die KT in Lektion 2 die Artikel
kennen gelernt haben, wird nun die Negation
kein eingeführt. Weiterer Schwerpunkt sind die
Ja/Nein-Fragen.

1

Zunächst sagen die KT, was auf den Bildern in
1 in den Räumen ist, anschließend fragt KL:
Was fehlt? und die KT antworten: *Da fehlt ein
Sofa, eine Kommode* etc. Formen Sie dann die
Sätze um und schreiben Sie sie an die Tafel: *Da
fehlt ein Sofa – Da ist **kein** Sofa.* Anschließend
ergänzen die KT die Lücken in Einzel- oder
Gruppenarbeit. (Lösung: keine Kommode/kein
Herd)

Erläutern Sie dann anhand des Infokastens die Analogie von *ein* und *kein* und heben Sie den Unterschied beim Plural hervor.

Sammeln Sie weitere auf den Bildern fehlende Dinge, mit denen die KT Sätze mit *kein* bilden (außer Blumen z. B. auch Fernseher, Schrank, Teppich, Waschmaschine, Spülmaschine.)

2

Die Einführung der *Ja/Nein*-Frage knüpft an die Einführung von *kein* an. Im Anschluss an 2a schreibt KL die Frage und die Antworten aus dem Infokasten und weitere *Ja/Nein*-Fragen an die Tafel und unterstreicht das Verb, um die Verbstellung in der Ja/Nein-Frage zu erläutern.

Zeigen Sie dann z. B. ein Buch und fragen Sie einen KT: *Ist das ein Buch?* Fragen Sie dann einen anderen KT z. B.: *Ist das ein Heft?* Beide KT sollten lerngeübt sein, so dass sie korrekt mit *Ja/Nein, das ist ein/kein ...* antworten können. Schreiben Sie Ihre Beispielfragen auch an die Tafel. Danach machen die KT 2b in Einzelarbeit mit individueller Unterstützung durch KL, Auswertung im Plenum.

Die *Ja/Nein*-Fragen sollten im Plenum und in Partnerarbeit mit zusätzlichen Frage- und Antwortrunden weiter geübt werden.

Stellen Sie auch die *Ja/Nein*-Fragen und die *W*-Fragen einander gegenüber und erläutern Sie die Verbstellung (vgl. Kommentare zu Lektion 2, Block D in den Handreichungen).

Arbeitsbuch: Ü 4-7
Erweiterungsübung Ü 7: Fragen und Antworten mit *kein*

B Was brauchen wir?

Lernziele und Lerninhalte:

Sprechen: berichten, was man hat und was man nicht hat

Hören: Dialog über Gegenstände, die in einer Wohnung fehlen

Wortschatz: Gegenstände in der Wohnung

Grammatik: das Verb haben – Akkusativ mit unbestimmtem Artikel

Schwerpunkt sind die Akkusativergänzung mit dem unbestimmten Artikel und *kein* sowie das Verb *haben*.

1

Zum HV gibt es zwei Aufgaben: globales Verstehen (1a) und detailliertes (1b). Im Dialog und in den Aufgaben von 1b werden Sätze mit Akkusativergänzung eingeführt.

(Lösung: 1a: Stühle, Regal, Spülmaschine, Teppich; 1b: 1R, 2F, 3R, 4F)

Lassen Sie die KT die Endungen von *ein* und *kein* in den Sätzen von 1b unterstreichen, nachdem die Aufgabe gelöst ist, und schreiben Sie die Sätze an die Tafel. Erläutern Sie den Akkusativ anhand dieser Sätze und des Infokastens. Schreiben Sie weitere Beispiele mit Schwerpunkt auf maskulinen Nomen an die Tafel *(Angelika hat keinen Schrank/braucht einen Schrank)* etc., um hervorzuheben, dass sich der Akkusativ nur bei maskulinen Nomen vom Nominativ unterscheidet. Weitere Modelle zur Erklärung:

Eine Frau	sucht	einen Mann.
wer?	→	wen

Ein Mann	sucht	eine Frau.
wer?	→	*wen?*

Ich	habe	keinen Fernseher.
wer?		*was?*

Schreiben Sie diese Sätze an die Tafel, markieren Sie die Nominativ- und Akkusativergänzung und schreiben Sie die zugehörigen *W*-Fragen. Erläutern Sie, dass man nach den Satzteilen fragen kann: mit *wer* und *wen* bei Personen und mit *was* bei Sachen. Bereiten Sie eine Fotokopie mit weiteren Sätzen vor, auf der die KT *wer, wen* und *was* bei den entsprechenden Satzteilen ergänzen.

2

Weisen Sie anhand des Infokastens auf die Besonderheiten der Konjugation von *haben* hin. Lerngeübte KT schreiben Sätze mit allen drei Verben in der Aufgabe, lernungeübte KT sollten

3

Meine Wohnung

sich zunächst auf ein Verb und drei Nomen (mask., fem. neutral) beschränken.

3

Mit dem Frage- und Antwortspiel findet die Einführung des Akkusativs ihren kommunikativen Abschluss. Für lerngeübte KT kann es wie folgt erweitert werden:

+ *Hast du einen Kühlschrank?*

– *Nein, ich habe keinen Kühlschrank.*

+ *Kaufst du einen Kühlschrank? usw.*

Kombination von Nominativ und Akkusativ:

+ *Hier fehlt ein Kühlschrank!*

– *Ja, ich habe keinen Kühlschrank / Ich kaufe bald einen Kühlschrank.*

Variieren Sie die Dialoge dann mit anderen Nomen.

Alles klar: Ü 6, 7

Arbeitsbuch: Ü 8-14

Ü 8b: Akkusativ mit unbestimmtem Artikel

Ü 10 Konjugation von *haben*

Erweiterungsübung Ü 13: Akkusativ mit unbestimmtem Artikel

Portfolioübung Ü 14: Die eigenen Möbel

C Farben und Adjektive
Lernziele und Lerninhalte:

Sprechen: die Farben in einem Zimmer beschreiben – die Lieblingsfarbe nennen – sagen, wie man die Möbel in dem Zimmer findet

Wortschatz: Farben, Redemittel für positive und negative Meinungsäußerungen

Grammatik: Akkusativergänzung mit bestimmtem Artikel

In diesem Block werden die Farben eingeführt und anhand von Minidialogen *Wie findest du den/die ...? – Ich finde den/die ... schön/hässlich* etc. die Akkusativergänzung mit dem bestimmten Artikel.

1/2

– Das Bild bietet über die Beschreibung der Farben hinaus zahlreiche weitere Sprechanlässe – insbesondere für lerngeübte KT oder KT mit Vorkenntnissen:

– Diese KT können auch sagen, was links, rechts oder in der Mitte ist oder was fehlt (Fernseher, Radio CD-Player, Schreibtisch etc.).

– Schlagen Sie Variationen für Fragen und Antworten zu den Lieblingsfarben vor, z. B.: *Welche Lieblingsfarbe hast du? – Meine Lieblingsfarbe ist blau* vs. *Blau ist meine Lieblingsfarbe.*

– Der Frage- und Antwortrunde zu Lieblingsfarben folgt eine weitere Fragerunde. KT1 fragt KT2: *Welche Lieblingsfrage hat KT3?.* Dann fragt KT2 KT3: *Welche Lieblingsfarbe hast du?,* KT 3 antwortet und KT2 berichtet: *Er/Sie hat die Lieblingsfarbe ...* So lassen sich noch einmal das Verb *haben* und die Personalpronomen üben.

3

Zunächst geht es um den bestimmten Artikel im Akkusativ. Schreiben Sie beispielhaft drei Fragen an die Tafel: *Wie findest du den Schrank?* (Sprechblase), *Wie findest du die Lampe?, Wie findest du das Regal?* Die KT antworten. Schreiben Sie die Antworten in zwei Varianten an die Tafel, z. B.: *Ich finde den Schrank schön. – Der Schrank ist schön.* Fordern Sie die KT dann auf, Fragen und Antworten ins Heft zu schreiben und die Endungen bei den Artikeln zu markieren. So wird ihnen bewusst, dass es wie beim unbestimmten Artikel nur bei maskulinen Nomen eine Änderung gibt.

Machen Sie anschließend auf die Redemittel bei den Smileys aufmerksam, um unbekannten Wortschatz zu klären.

Die anschließenden Fragen und Antworten erfolgen im Plenum. Heften Sie evtl. einen kleinen Merkzettel an die Wand, auf den Sie immer wieder verweisen, wenn die KT Fehler machen:

*der → **den***

die → die

das → das

die → die

Varianten

– Lernungeübte KT machen mit dem Frage- und Antwortspiel in Partnerarbeit weiter, mit individueller Unterstützung durch KL.

– Lerngeübte KT erweitern währenddessen das Frage- und Antwortspiel in Gruppenarbeit: KT1 fragt KT 2: Wie findet KT3 den Schrank?, KT2 fragt KT3: *Wie findest du den Schrank?*, KT3 antwortet und KT 2 berichtet.

– Minidialoge mit Nominativ und Akkusativ und dem Verb *haben*

+ *Wo ist das Buch?*

– *Ich habe das Buch* etc.

Weitere Dialoge für lerngeübte KT bzw. KT mit Vorkenntnissen:

+ *Wie viel kostet der Schrank?*

– *Er kostet 200 Euro.*

+ *Gut. Ich kaufe den Schrank.*

oder:

– *Er kostet 1.200 Euro.*

+ *Das ist aber teuer! Ich kaufe den Schrank nicht!*

Alles klar: Ü 1, Ü 3

Arbeitsbuch: Ü 15-20

Vertiefungsübung Ü 18: Akkusativ mit bestimmtem Artikel

Erweiterungsübung Ü 19: Nominativ und Akkusativ mit bestimmtem Artikel

D Hier wohnt …

Lernziele und Lerninhalte:

Sprechen:	sagen, wo Personen in einem Haus wohnen und arbeiten – berichten, wo man wohnt
Schreiben:	notieren, wo Personen in einem Haus wohnen
Wortschatz:	Ortsadverbien – Ordinalzahlen im Dativ

In diesem Block wird weiterer Wortschatz zu Haus und Wohnung eingeführt. Außerdem geht es um Ortsangaben.

1

Zunächst betrachten die KT das Foto. Klären Sie unbekannten Wortschatz, indem Sie die KT fragen: *Wer wohnt im 2. Stock?/ Was ist im Erdgeschoss?*

Beachten Sie, dass die KT hier Strukturen aktiv verwenden müssen, die erst später bewusst gemacht werden: *im* (L. 9) und Ordinalzahlen (L. 11). Genauere Erklärungen zur Grammatik sind hier aber noch nicht erforderlich. Es ist das primäre Lernziel, dass die KT Informationen zum Thema Haus und Wohnungen verstehen und auch selbst geben können.

Bei den Ordinalzahlen ist zunächst wichtig, dass die KT sich diese lexikalisch merken. Lesen Sie die Ordinalzahlen im Infokasten laut vor und lassen Sie sie von den KT wiederholen. Schreiben Sie die Ordinalzahlen auch in Buchstaben an die Tafel. Weitere Unterstützung bietet Übung 22a im Arbeitsbuch. Da einige KT vielleicht in Hochhäusern wohnen und um Übung 3 vorzuentlasten, sollten Sie auch die Ordinalzahlen von 4-10 einführen. Die Ortsadverbien *links* und *rechts* können Sie auch anhand der Sitzordnung oder der Position diverser Gegenstände im Raum verdeutlichen. *Oben* und *unten* erläutern Sie z. B. wie folgt, je nachdem, wie der Kursraum eingerichtet ist: *Oben sind die Lampen, der Teppich/der Boden ist unten.*

Anschließend ergänzen die KT die Sätze in Einzelarbeit (mit individueller Unterstützung durch KL für lernungeübte KT)und lesen sie vor.

2/3

Ü 2 in Partnerarbeit mit anschließender Frage- und Antwortrunde im Plenum, Ü 3 als Kettenspiel im Plenum. Vorschläge für weitere Frage- und Antwortmöglichkeiten in Ü 2:

Was ist im Erdgeschoss?

Ist im Erdgeschoss ein Asienladen?

Meine Wohnung

Wo gibt es einen Gemüseladen?

Wohnt Familie Usta im 2. Stock?

Erarbeiten Sie mit den KT abschließend ein Wörternetz zum Thema Haus, indem Sie dieses Wort auf eine OHP-Folie in die Mitte schreiben, die Sie dann gemeinsam mit den KT mit weiteren Wörtern ergänzen: zunächst von der aktuellen Kursbuchseite, dann mit weiteren, schon bekannten Wörtern oder auch neuen. Bewahren Sie die OHP-Folie auf und erweitern Sie das Wörternetz, nachdem die KT auch den Wortschatz von Block E kennen.

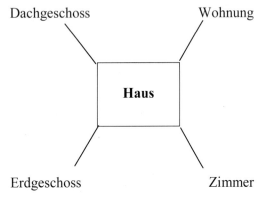

Damit präsentieren Sie den KT erstmals die Lerntechnik Lernen mit Wörternetzen. Man beginnt mit einem Oberbegriff, hier *Haus*, von dort aus verzweigt sich das Wörternetz zu weiteren Begriffen, die erneut Oberbegriffe sein können. Durch die visuelle Strukturierung kann man sich die Vokabeln leichter merken. Außerdem sind Wörternetze zur Wiederholung geeignet.

Geben Sie den KT den Tipp, neue Wörter immer im Zusammenhang zu lernen, z. B. mit Wörternetzen, in denen sie alle bekannten Wörter eines Themas in einen für sie logischen Zusammenhang gruppieren.

KV 5 Kopiervorlage 5 zeigt ein Haus mit Erdgeschoss, drei Stockwerken und Dachgeschoss. Wechselweise ist angegeben, wer wo wohnt, bzw. welche Geschäfte im Erdgeschoss sind. Zwei KT erhalten jeweils eine Kopie. Sie fragen sich gegenseitig und tragen die fehlenden Informationen in ihre Kopie ein.

Arbeitsbuch: Ü 21-22

E So wohnen wir

Lernziele und Lerninhalte:

Sprechen:	die eigene Wohnung beschreiben
Schreiben:	Lücken in einer Wohnungsbeschreibung ergänzen
Lesen/Hören:	Informationen von 3 Familien über ihre Wohnverhältnisse in einer Tabelle notieren
Lesen:	Anzeigen den Familien zuordnen, Abkürzungen in Wohnungsanzeigen verstehen
Wortschatz:	Abkürzungen in Wohnungsanzeigen, Adjektive

In diesem Block wird der Wortschatz zu Haus und Wohnung und zu Adjektiven erweitert, außerdem geht es um das für das Leben in Deutschland wichtige Lernziel, Wohnungsanzeigen zu verstehen.

1

Nutzen Sie diese Übung, um das Leseverstehen zu trainieren. Insbesondere lernungeübte KT sollten mit individueller Unterstützung durch KL die Schlüsselwörter unterstreichen, bevor sie die Tabelle ergänzen. Sollten einige KT damit eher fertig sein, können sie *W*-Fragen zu den Texten schreiben und sich gegenseitig fragen und antworten.

Lösung:

	Fam. Kramer	Fam. Sundell	Fam. Fahl
Wohnort	*Köln*	*Wunstdorf*	*Steinbach*
Kinder	*3*	*2*	*4*
Zimmer	*4*	*5*	*8*
m²	*100*	*120*	*2259*

2

Die Übung im Format der Prüfung Start Deutsch 1 dient zugleich als Vorentlastung von Übung 3, da einige der dortigen Abkürzungen bereits vorkommen. (Lösung: A Herr und Frau Sundell, B Familie Kramer)

3

Die Liste mit den Abkürzungen ist nicht vollständig und evtl. gibt es regionale Unterschiede. Bringen Sie deshalb ein Anzeigenblatt oder eine Tageszeitung Ihres Kursortes mit Wohnungsanzeigen in den Unterricht mit und besprechen Sie diese mit den KT.

(Lösung: 1D, 2E, 3F, 4A, 5B, 6C, 7I, 8J, 9G, 10H, 11L, 12K)

Varianten

– Die KT bilden mit den Abkürzungen in Ü 2 und 3 vollständige Sätze, um die Wohnungen zu beschreiben.
– Jeder KT schreibt einen kleinen Wohnungstext auf einen Zettel, z. B.:

Die Wohnung hat 3 Zimmer, Küche, Bad und einen Balkon. Sie ist im 3. Stock und kostet 800 Euro Warmmiete.

Mit diesem Text schreibt der Lernpartner dann eine Anzeige.

– In Wohnungsanzeigen ist meistens mindestens der Stadtteil, oft auch die Straße angegeben. Bringen Sie außer dem Anzeigenblatt/der Tageszeitung auch einen Plan Ihres Kursortes mit. So haben die KT Gelegenheit, den Ort mit Hilfe der Anzeigen besser kennen zu lernen.
– Ratespiel 1: Verschiedene Gruppen bearbeiten verschiedene Anzeigen. Eine Gruppe nennt einen Stadtteil, in dem eine Wohnung angeboten wird, die anderen Gruppen suchen den Stadtteil auf dem Stadtplan.
– Ratespiel 2: Jede Gruppe formuliert eine Anzeige aus einer Zeitung zu einem Text um, den ein KT vorliest. Die anderen Gruppen suchen die entsprechende Wohnungsanzeige in der Zeitung.

4

Einführung weiterer Adjektive und Festigung des Lernwortschatzes. Notieren Sie die bisher bekannten Gegensatzpaare von der Auftaktseite an der Tafel und evtl. auch *richtig-falsch* (dieses Gegensatzpaar kennen die KT aus den Arbeitsanweisungen), nachdem die KT 4a und b gelöst haben. Sammeln Sie weitere Gegen-satzpaare,

die im Lehrwerk nicht vorkommen, den KT aber vielleicht schon bekannt sind (z. B. *schnell-langsam, lang-kurz*). Geben Sie den KT den Lerntipp, Adjektive in Paaren zu lernen. Verweisen Sie dazu auch auf AB-Übung 31. Fordern Sie die KT im Anschluss an 4c auf, einen kurzen Text nach dem Muster von 4b über ihre eigene Wohnung zu schreiben.

Variante

Reduzieren Sie für lernungeübte KT 4c. Verzichten Sie auf die Possessivpronomen und geben Sie maximal drei Sätze vor, z. B.:

Die Wohnung ist groß/klein. Sie hat 1/2/3... Zimmer. Ich bezahle / Wir bezahlen ... Euro Miete.

KV 6 Kopiervorlage 6 enthält ein Dominospiel mit Adjektiven. Aufgabe der KT ist es, die Kärtchen mit den passenden Gegensatzpaaren in eine Reihe zu legen.

Alles klar: Ü 1, Ü 2, Ü 4
Arbeitsbuch: Ü 23-26, Ü 27: Flüssig sprechen
Vertiefungsübung Ü 24: Fragen und Antworten zur Wohnung

Arbeitsbuch – Deutsch plus: Ü 28: Wohnungsanzeigen zuordnen,
Ü 29: Dialog über Möbelkauf

Arbeitsbuch – Wörter lernen: Ü 30-32
Lerntipps: Zettel mit Wörtern an Möbelstücke in der Wohnung kleben, Adjektive in Paaren lernen

Phonetik: Die Vokale *a, e, i, o, u,* siehe Seite 118 in den *Handreichungen*

Flüssig sprechen

Alles klar Ü 8

In Lektion 3 wurde die grammatische Struktur der Ja/Nein-Fragen gelernt. Die Nachsprechübung übt und festigt diese wichtige Struktur.

Die Ja/Nein-Fragen haben im Deutschen sehr häufig eine typische Intonationskontur, die Sie anhand dieser Fragen sehr gut verdeutlichen und einüben können: auf dem letzten betonten Wort geht die Stimme nach unten, um dann bis zum Frageende anzusteigen:

3

Meine Wohnung

Sind Sie neu hier?

Diese Melodiekontur können Sie zur Unterstützung an die Tafel zeichnen, mit einer Handbewegung verdeutlichen oder auch durch eine Bewegung mit dem ganzen Körper anschaulich machen (Gehen Sie z. B. beim Sprechen der Silbe „neu" in die Knie.)

Natürlich können Sie auch diese Fragen in einem weiteren Durchgang von den KT beantworten lassen.

Das *Flüssig sprechen* im Arbeitsbuch (Ü 27) trainiert die Sätze, mit denen man (s)eine Wohnung beschreiben kann.

Auftaktseite

Lernziele und Lerninhalte:

Sprechen: über die eigene Familie berichten
Hören: Verwandtschaftsbeziehungen erkennen
Wortschatz: Familie

Arbeitsbuch: Ü 1-3

A Familie Hoffmann

Lernziele und Lerninhalte:

Sprechen: über die eigene Familie berichten, Fragen und Antworten
Hören: anhand eines Hörtextes auf einem Familienfoto Verwandtschaftsbeziehungen erkennen.
Wortschatz: Familie
Grammatik: Possessivartikel in der 1.-3. Person Singular, 3. Person Plural (formelle Anrede)
Kannbeschreibungen GER/Rahmencurriculum:
Kann die eigene Familie beschreiben

Arbeitsbuch: Ü 4-7
Vertiefungsübung Ü 6: Personalpronomen und Possessivartikel
Erweiterungsübung Ü 7: Possessivartikel
Portfolioübung Ü 10: über die eigene Familie schreiben

B Ein Freizeitprogramm

Lernziele und Lerninhalte:

Sprechen: Sehenswürdigkeiten in Berlin, Hamburg, München und im Wohn- oder Kursort
Hören: Dialoge über die Planung von Freizeitprogrammen verstehen
Schreiben: einen Tagesplan beschreiben
Wortschatz: Freizeitaktivitäten
Grammatik: *zuerst, dann, danach*, Inversion
Projekt: Sehenswürdigkeiten im Kurs-/Wohnort
Kannbeschreibungen GER/Rahmencurriculum:
Kann gemeinsame Aktivitäten vereinbaren

Arbeitsbuch: Ü 11-18
Vertiefungsübung Ü 17b: Verabredungsdialog
Erweiterungsübung Ü 18: Sehenswürdigkeiten im Wohnort

C Der Sonntag bei Familie Kuhn

Lernziele und Lerninhalte:

Sprechen: Verben mit Vokalwechsel, Fragen und Antworten
Schreiben: falsche Information in einem Text korrigieren, Text mit Verben mit Vokalwechsel: *Was macht Laura?*

Grammatik: Verben mit Vokalwechsel

Arbeitsbuch: Ü 19-23
Vertiefungsübung Ü 21: Verben mit Vokalwechsel
Erweiterungsübung Ü 23: Verben mit Vokalwechsel

D Familien früher

Lernziele und Lerninhalte:

Sprechen: die Familie der Großeltern beschreiben
Hören: Radiointerview zu Familien in Deutschland früher
Grammatik: Präteritum von haben und sein

Arbeitsbuch: Ü 24-27, Ü 28: Flüssig sprechen

Arbeitsbuch Deutsch plus
Ü 29: Familienstammbaum, Ü 30/31: eine Postkarte lesen und schreiben

Arbeitsbuch – Wörter lernen: Ü 32-34

Lerntipp: Familienwörter in Paaren lernen – Minidialoge mit Karten lernen

Phonetik: *er* und *e* in der Endung

Kopiervorlagen in den Handreichungen:
KV7: Familienbeschreibung aus der Sicht verschiedener Personen mit Grafiken

In Lektion 4 lernen die KT, über die eigene Familie und über Freizeit- und Besuchsprogramme zu sprechen und mit *zuerst, dann* und *danach* zusammenhängende Texte zu schreiben. Die Grammatikthemen sind Possessivartikel im Singular und in der 3. Person Plural (formelle Anrede), Verben mit Vokalwechsel und *haben* und *sein* im Präteritum.

Auftaktseite

Lernziele und Lerninhalte:

Sprechen:	über die eigene Familie berichten
Hören:	Verwandtschaftsbeziehungen erkennen
Wortschatz:	Familie

1

Auf der Auftaktseite lernen die KT zunächst die wichtigsten Familienwörter. Die Lösung von 1 können die KT den Unterschriften unter den Fotos entnehmen. Die Aufgabe dürfte auch für lernungeübte KT zu bewältigen sein, sodass Sie Ihnen die Chance geben sollten, bei der Plenumsarbeit stärker zu Wort zu kommen. Der Possessivartikel *mein-* ist den KT bereits bekannt, er kommt u.a. im Titel von Lektion 3 vor.

2

Bevor die KT den Text hören, betrachten sie noch einmal die Fotos, um sich den neu gelernten Familienwortschatz einzuprägen. Lesen Sie auch die Vornamen im Kasten laut vor, damit die KT diese als Namen erkennen. Die KT hören den Text zweimal. Mit Rücksicht auf lernungeübte KT, die z. B. langsam schreiben, oder KT, die Probleme beim Hörverstehen haben, sollten Sie die CD beim zweiten Hören nach jedem zweiten Satz kurz stoppen. (Lösung: Heinz/Hilde, Rolf/Heike, Markus/Tanja)
Anschließend berichten die KT über die Familie. *Die Mutter heißt Heike.* Sie können auch einen Beispielsatz mit dem Genitiv-s geben, müssen dann aber dessen Funktion erläutern: *Ninas Mutter heißt Heike.*

3

Schreiben Sie als Hilfestellung auch die Pluralformen der Familienwörter und geeignete Redemittel an die Tafel:
Meine Familie ist klein/groß. Ich habe ...
Brüder und ... Schwestern/keine Geschwister.
Mein Vater/meine Mutter heißt ...
Sie wohnen in ... etc.
Die Frage nach der Familiengröße, oder – etwas abgewandelt – wer zur Familie zählt, kann zu einem interkulturellen Vergleich anregen. Während hierzulande nur die Kernfamilie zusammen mit Großeltern und den weiteren Verwandten 1. Grades als Familie gilt, ist dieser Begriff in anderen Kulturen viel weiter gefasst.

Arbeitsbuch: Ü 1-3

A Familie Hoffmann

Lernziele und Lerninhalte:

Sprechen:	über die eigene Familie berichten – Fragen und Antworten
Hören:	anhand eines Hörtextes auf einem Familienfoto Verwandtschaftsbeziehungen erkennen.
Wortschatz:	Familie
Grammatik:	Possessivartikel in der 1.-3. Person Singular, 3. Person Plural (formelle Anrede)

Neben der Erweiterung des Familienwortschatzes werden die Possessivartikel im Singular und in der 3. Person Plural (formelle Anrede) eingeführt.

1

Die Personen kennen die KT bereits von der Auftaktseite, neu sind die Familienwörter im Infokasten, die auch in den Hörtexten auftauchen. Erläutern Sie einleitend diese Wörter anhand des Stammbaums. Lernungeübte KT oder KT mit HV-Problemen lösen 1a, indem sie die Texte zunächst hören und dann lesen, die anderen KT decken die Texte beim Hören ab.
(Lösungen: Text 1: Hilde Hoffman, Text 2: Heike Hoffmann, Text 3: Bernd Hoffmann, Text 4: Rolf Hoffmann.)
Anschließend ergänzen die KT die Sätze in 1b.

2

Erläutern Sie die Verwandtschaftsbeziehungen noch einmal nach folgendem Muster: Schreiben Sie die Namen der Personen auf den Fotos von 1b und die Verwandtschaftsbeziehungen an die Tafel, lassen Sie Platz, um nachträglich die Possessivartikel einzutragen:

Heike Hoffmann:
(ihr) Mann: Rolf – (ihre) Töchter: Tanja und Nina – (ihr) Sohn: Markus

Hilde Hoffmann:
(ihr) Sohn: Rolf – (ihr) Enkel: Markus – (ihre) Enkelinnen: Tanja und Nina

Bernd Hoffman:
(sein) Bruder: Rolf – (seine) Nichten): Tanja und Nina – (sein) Neffe: Markus

Rolf Hoffmann:
(seine) Kinder: Markus, Tanja und Nina – (seine) Frau): Heike

Erläutern Sie die Possessivartikel an einem Beispiel und fügen Sie diese dann gemeinsam in das Tafelbild ein. Besonders große Probleme bereitet oft der Unterschied von *sein* und *ihr*. Bitten Sie einen männlichen und einen weiblichen KT, sich mit ihren Büchern vor die Klasse zu stellen. Zeigen Sie auf die Bücher und sagen Sie: *Das ist sein Buch/Das ist ihr Buch.* Wiederholen Sie dies z. B. mit zwei Stiften und zwei Taschen, damit den KT auch die Endungen bewusst werden.

Erklären Sie die Endungen auch mit Ihren eigenen Sachen. Nehmen Sie z. B. Ihr Buch oder Ihre Tasche hoch und erklären Sie: *Da ist mein Buch, meine Tasche* etc. und schreiben Sie diese Sätze an die Tafel. Weisen Sie auf die Analogie zu *ein* und *kein* hin. Anschließend ergänzen die KT die Tabelle in Ü 2.

3/4/5

Weitere Festigung der Possessivartikel. Übung 3 ist als Gruppen- oder Kettenübung möglich, 4 in Einzelarbeit mit individueller Unterstützung durch KL. Es folgt das mein/dein-Spiel in Gruppen mit individueller Unterstützung durch KL. Für lernungeübte KT empfiehlt sich am Anfang eine stärkere Lenkung. Lassen Sie die KT zunächst 3-4 Gegenstände, die sie auf dem Tisch haben, mit Possessivartikel auf kleine Zettel schreiben: *mein Buch/meine Bücher/ meine Uhr* etc., die für die ersten beiden Frage- und Antwortrunden als Referenz dienen.

Fordern Sie die KT auch auf, Familienfotos mitzubringen und mit dem erweiterten Wortschatz dieses Blockes wie in Übung 3 auf der Auftaktserie noch einmal über ihre Familie zu sprechen.

KV 7 Kopiervorlage 7 dient zur Festigung von Familienwortschatz und Possessivartikeln (für lernungeübte KT). Sie enthält einen kurzen Text über die Familie Schulz. Der Text beschreibt die Familie aus der Sicht von Ursula. Zunächst ergänzen die KT die Informationen anhand des Textes in Grafik 1 , anschließend die Informationen aus der Sicht von Samuel Schulz in Grafik 2. Die Wörter *Schwager* und *Schwägerin*, *Schwiegermutter* und *Schwiegervater* sind neu. Erläutern Sie diese Worte gegebenenfalls.

Variante

Dein/Ihr können Sie wie folgt üben:

Die KT nehmen jeweils zwei oder drei Sachen, die anderen KT gehören. Dann bewegen sie sich im Raum und fragen und antworten, z. B.: *Ist das dein Buch Tamara? – Ja, das ist mein Buch/Nein das ist nicht mein Buch.* Die erste Runde ist informell und die KT reden sich mit Vornamen und *du* an, die zweite ist formell und die KT reden sich mit Nachnamen an.

Alles klar: Ü 1, 3, 6
Arbeitsbuch: Ü 4-10
Vertiefungsübung Ü 6: Personal- und Possessivartikel
Erweiterungsübung Ü 7: Possessivartikel
Portfolioübung Ü 10: über die eigene Familie schreiben

B Ein Freizeitprogramm
Lernziele und Lerninhalte:

Sprechen:	Sehenswürdigkeiten in Berlin, Hamburg, München und im Wohn- oder Kursort
Hören:	Dialoge über die Planung von Freizeitprogrammen verstehen
Schreiben:	einen Tagesplan beschreiben
Wortschatz:	Freizeitaktivitäten
Grammatik:	*zuerst, dann, danach*, Inversion (Wortstellung)
Projekt:	Sehenswürdigkeiten im Kurs-/Wohnort

Meine Familie

Hier erhalten die KT Informationen zu den drei größten deutschen Städten, es geht um Freizeitprogramme und die KT lernen, wie man mit *zuerst, dann, danach* Sätze zu einem Text verbinden kann.

1

Lerngeübte KT können den Dialog ordnen, ohne ihn zuerst zu hören. Anschließend kontrollieren sie ihre Lösungen mit der CD. Lernungeübte KT lösen die Aufgabe nach dem Hören. Anschließend Partnerarbeit: Die KT variieren den Dialog mit ihren eigenen Namen und mit einer anderen Stadt als Berlin. (Lösung 2-5-4-1-3)

2

Fordern Sie die KT nach der Zuordnung in 2a auf, die Stichwörter mündlich in ganzen Sätzen zu formulieren: *Sie machen eine Radtour etc.* Schreiben Sie diese Sätze an die Tafel.

Anschließend hören die KT das Wochenendprogramm von Marines und bringen die Aktivitäten mit Hilfe der Fotos in die richtige Reihenfolge (Lösung 2b: A-D-B-C-E)

2c: Schreiben Sie dann die drei Adverbien an die Tafel und erläutern Sie anhand des Infokastens und eines Tafelbilds die Inversion. Betonen Sie die Stellung des Verbs auf Position 2.

	1	*2*	
Sie		*kaufen*	*zuerst Lebensmittel.*
Zuerst		*kaufen*	*sie Lebensmittel.*

Anschließend schreiben die KT eigene Texte. Wenn lerngeübte KT längere Zeit und Unterstützung durch KL brauchen, können lerngeübte KT weitere Texte mit Aktivitäten schreiben, die Sie vorgeben können oder die die KT selbst nennen, z. B.: *Der Sonntag: Ich frühstücke spät. Danach mache ich einen Spaziergang. Dann besuche ich ein Museum etc.* Oder, falls der Wortschatz der KT noch nicht ausreichend ist: Die KT schreiben die Aktivitäten aus 2a in einer anderen Reihenfolge.

3

Hier erhalten die KT Informationen über Berlin, Hamburg und München. Geben Sie den KT weitere Informationen zu diesen Städten. Bei derartigen landeskundlichen Themen ist es möglich, dass z. B. lernungeübte KT, die schon lange in Deutschland leben, gegenüber lerngeübten KT, die noch nicht lange in Deutschland sind, einen Wissensvorsprung haben und mehr über Berlin, Hamburg und München wissen. Geben Sie diesen KT die Chance, von diesen Städten zu erzählen.

Information zur Landeskunde

Berlin ist mit ca. 3,4 Millionen Einwohnern die größte deutsche Stadt. Seit 1999 sind hier die Bundesregierung und der Bundestag.

Es gibt zahlreiche Sehenswürdigkeiten z. B. rund ums Regierungsviertel: das Bundeskanzleramt, das Brandenburger Tor, das Holocaust-Mahnmal, die Straße Unter den Linden. Die Buslinie 100 kommt auf ihrer Strecke vom Bahnhof Zoo bis zum Alexanderplatz an den wichtigsten Sehenswürdigkeiten vorbei. Berlin ist ein eigenes Bundesland.

Hamburg ist mit 1,7 Mio. Einwohnern die zweitgrößte deutsche Stadt. Sie hat den größten Hafen Deutschlands und den zweitgrößten Europas. Außer den genannten Sehenswürdigkeiten gibt es z. B. noch die St. Michaelis Kirche (Michel), die mit ihrem 136 m hohen Turm das Wahrzeichen Hamburgs ist, den Fischmarkt von St. Pauli und den Jungfernstieg an der Alster mit eleganten Geschäften. In der Speicherstadt ist u.a. die größte Modelleisenbahn der Welt. Hamburg ist wie Berlin ebenfalls ein Bundesland.

München ist mit 1,3 Millionen Einwohnern die drittgrößte deutsche Stadt und die Hauptstadt Bayerns. Weitere Sehenswürdigkeiten sind z. B. der Marienplatz und der Englische Garten.

Das Oktoberfest auf der Theresienwiese beginnt Mitte September und dauert 16-18 Tage. Es hat 6 Millionen Besucher, zum großen Teil Touristen, u.a. aus Italien, den USA, Japan und Australien.

Zum Hörtext von 3b und 3c gibt es Aufgaben zum globalen Verstehen und zum Detailverstehen. Spielen Sie den Text bei 3c mit Pausen vor, die KT machen sich Notizen. Anschließend schreiben sie die Sätze und berichten im Kurs. (Lösungen 3b: Hamburg, 3c: Zuerst machen sie einen Stadtbummel. Dann machen sie eine Hafenrundfahrt. Danach besuchen sie die Speicherstadt.)

Geben Sie lernungeübten KT Unterstützung, indem Sie die wichtigsten Redemittel und die Sehenswürdigkeiten an die Tafel schreiben.

Zuerst machen Sie ...   *die Speicherstadt*

Dann ...   *einen Stadtbummel*

Danach besuchen sie ... eine Hafenrundfahrt.

Lerngeübte KT können weitere Sätze mit dem bilden, was Firas sagt: *Firas findet die Innenstadt schön, der Hafen ist interessant* o.ä.

Ziehen Sie auch die AB-Übungen 17 und 18 heran, um Dialoge die über Sehenswürdigkeiten und Freizeitprogramme mündlich zu üben.

4

Mit dem abschließenden Projekt lernen die KT den Wohn- bzw. Kursort näher kennen. Sofern es an Ihrer Institution einen Computerraum gibt, sollten Sie unter der im Infokasten angegebenen Internetadresse mit den KT gemeinsam Informationen suchen. Fordern Sie die KT auf, einen Stadtplan mitzubringen oder von der Touristeninformationen oder dem Rathaus Informationen zu holen. Machen Sie mit den Informationen über den Ort ein Lernplakat:

Museen, historische Gebäude, besondere Plätze, Kunst, Kultur etc.

Es handelt sich um das erste Projekt im Lehrwerk, in dem sich die KT über ihren Kursort informieren. (weitere Projekte finden sich in den Lektionen 9, 11 und 14 von *Pluspunkt Deutsch*). Projekte sind für Binnendifferenzierung sehr gut geeignet, z. B. indem die KT unterschiedliche Aufgaben erhalten: KT, die außerhalb der Unterrichtszeit wenig Zeit haben oder nur wenig Deutschkenntnisse haben, informieren sich über Öffnungszeiten und Eintrittspreise, andere sammeln z. B. Informationen über Museen, Theaterprogramme etc. Wenn dann die Ergebnisse im Kurs vorgetragen werden, profitieren alle KT.

Variante

Das Lernplakat kann als Ausgangspunkt für folgende Aktivität dienen. Fragen Sie die KT: *Sie bekommen Besuch aus Ihrer Heimat. Was machen Sie?* Die KT antworten mit *Wir besichtigen .../Wir besuchen ...* und üben so noch einmal den Akkusativ.

Alles klar: Ü 4

Arbeitsbuch: Ü 11-18

Vertiefungsübung Ü 17b: Verabredungsdialog

Erweiterungsübung Ü 18: Sehenswürdigkeiten im Wohnort

C Der Sonntag bei Familie Kuhn
Lernziele und Lerninhalte:

Sprechen: Verben mit Vokalwechsel, Fragen und Antworten

Schreiben: falsche Informationen in einem Text korrigieren, Text mit Verben mit Vokalwechsel: *Was macht Laura?*

Grammatik: Verben mit Vokalwechsel

Schwerpunkt dieses Blocks sind die Verben mit Vokalwechsel.

1

Zunächst lesen die KT den Text leise. Anschließend betrachten die KT die Bilder und diskutieren: *Was machen die Personen? – Wer macht was?* Dann ergänzen sie die Sätze in 1a.

Lerngeübte KT oder KT mit Vorkenntnissen, die mit 1a schneller fertig sind, können zusätzlich komplexere Sätze mit *nicht/kein* bilden, z. B.: *Herr Kuhn isst keine Schokolade, er schläft, Frau Kuhn fährt nicht nach Potsdam, sie sieht einen Film und isst Schokolade* etc.

(Lösung: 2. Frau Kuhn isst Schokolade und sieht einen Film. 3. Tobias liest ein Buch. 4. Laura fährt nach Potsdam und trifft eine Freundin.)

4

Meine Familie

Nachdem die KT 1a gelöst haben, ordnen sie in Gruppen Infinitive und konjugierte Formen der Verben zu. Sammeln Sie die konjugierten Formen + Infinitive an der Tafel. Weisen Sie auf die Schreibweise von *nehmen, sehen und lesen* hin. Auch fortgeschrittene Lerner machen hier oft noch orthographische Fehler.

Erläutern Sie den Vokalwechsel, den die KT bereits aus Lektion 2 kennen, wo *sprechen* eingeführt wurde. Erinnern Sie die KT daran und schreiben Sie die Konjugationsformen dieses Verbs komplett an die Tafel und unterstreichen Sie den Vokalwechsel in der 1. und 2. Person Singular. Erläutern Sie dann den Vokalwechsel a → ä anhand des Verbs *fahren* z. B. wie folgt: *Ich fahre nach Berlin, Laura fährt nach Potsdam.*

Auch ein Frage- und Antwortspiel kann als Kettenübung die Runde machen: *Ich fahre nach Hamburg. Wohin fährst du? – Ich fahre nach ... Wohin?* etc.

2

Schriftlich als Einzel- oder Partnerarbeit, mit individueller Unterstützung durch KL. Anschließend berichten die KT im Kurs.

3

Die abschließende Übung ist wieder ein Frage- und Antwortspiel, das als Partner- oder Plenumsübung geeignet ist. Für Fragen und Antworten mit *essen* sollten Sie einige weitere Lebensmittel an der Tafel vorgeben.

Auch mit *lesen* und *sehen* sind Fragen und Antworten möglich: *Liest du gerne Krimis/ Romane/Zeitung ...? – Siehst du gerne Kinofilme/Fernsehfilme/Nachrichten ...?*

Variante

Die KT machen Partnerinterviews mit den Verben und berichten dann im Kurs über ihren Lernpartner. So üben sie die dritte Person Singular. Für lernungeübte KT sollten 3-4 Fragen vorgegeben werden, z. B.: *Liest du gern Bücher? – Siehst du gern Filme – Fährst du gern Auto?*

Alles klar: Ü 2, 7

Arbeitsbuch: Ü 19-23

Vertiefungsübung Ü 21: Verben mit Vokalwechsel

Erweiterungsübung Ü 23: Verben mit Vokalwechsel

D Familien früher
Lernziele und Lerninhalte:

Sprechen: die Familie der Großeltern beschreiben

Hören: Radiointerview zu Familien in Deutschland früher

Grammatik: Präteritum von *haben* und *sein*

Im letzten Block wird noch einmal das Thema Familie aufgriffen. Das Grammatikthema sind die Präteritumsformen von *haben* und *sein*. Die Einführung des Perfekts erfolgt in Lektion 10. Da das Präteritum von *haben* und *sein* sehr frequent und wichtig ist, auch in Unterrichtssituationen, wird es hier vorgezogen.

1/2

Am Anfang steht ein Hörtext mit Fragen zum Detailverstehen. Die KT hören das Interview zweimal, bevor sie die Aufgabe lösen. Dann unterstreichen sie in Partnerarbeit die Verben in 1a, KL schreibt sie an die Tafel und erläutert die Konjugation anhand des Infokastens. Anschließend lösen die KT 1b in Einzel- oder Partnerarbeit mit individueller Unterstützung durch KL, Besprechung der Lösungen im Plenum. (Lösung 1a: 1 F, 2 R, 3 R, 4 F)

Übung 1c dient dazu, den Unterschied von *haben* und *sein* hervorzuheben, während Übung 2 den KT wieder Gelegenheit bietet, über die eigene Familie zu sprechen, dieses Mal mit dem Präteritum von *haben* und *sein* im Fokus. Diese Übung sollte stark gelenkt sein, um zu verhindern, dass die KT andere Verben als *haben* und *sein* verwenden, wenn sie weitere Informationen über ihre Großeltern geben wollen. Das könnte selbst lerngeübte KT und KT mit Vorkenntnissen, aber ungesteuertem Spracherwerb an dieser Stelle überfordern. Machen Sie zur Regel, dass jeder KT nicht mehr als zweimal fragt und antwortet, schreiben Sie geeignete Fragen an die Tafel, z. B.:

Hatten deine Großeltern viele Kinder? – Wie viele Kinder hatten sie?

War Ihre Wohnung groß/klein? etc.

Partner- oder Gruppenarbeit, anschließend berichten die KT über ihre Lernpartner im Kurs. So werden auch noch einmal die Possessivartikel in der 3. Person Singular geübt.

Varianten

– Nach dem Muster von AB-Übung 26, die als Vorentlastung dienen kann, machen die KT in Partnerarbeit ein Frage- und Antwortspiel:

  Warst du schon in Hamburg? – Nein, aber ich war schon in München.

– In Dreier- und Vierergruppen kann auch die Pluralformen geübt werden:

  Wart ihr schon in ...?

– Die KT berichten über ihr Leben früher und kombinieren *haben* und *sein*:

  Wir waren sechs Kinder. Unsere Wohnung war klein. Wir hatten wenig Platz. Ich hatte ein/kein ...

Gruppenarbeit, individuelle Unterstützung lernungeübter KT.

Alles klar: Ü 5, 8

Arbeitsbuch: Ü 24-27, Ü 28: Flüssig sprechen

Arbeitsbuch – Deutsch plus: Ü 29: Familienstammbaum, Ü 30/31: eine Postkarte lesen und schreiben

Arbeitsbuch – Wörter lernen: Ü 32-34

Lerntipps: Familienwörter in Paaren lernen – Minidialoge mit Karten lernen

Phonetik: Das *er* und das *e* in der Endung, siehe Seite 119 in den *Handreichungen*

Flüssig sprechen

Alles klar Ü 9

In dieser Lektion ist der Nachsprechtext ein erzählender/berichtender Text. Es geht um die Aktivitäten einer Familie, der Familie Schmidt, am Sonntag.

Es ist eine Folge von elf Sätzen, die zunächst ohne Pausen im Zusammenhang gehört werden und dann noch einmal einzeln zum Nachsprechen präsentiert werden. Dieser kleine Text eignet sich auch sehr gut für rhythmische Übungen, wie sie im Phonetikanhang zu Lektion 1 eingeführt worden sind. Sie können den Text/die Sätze während des Sprechens klatschen lassen oder auch die KT auffordern sich im Raum frei zu bewegen und die Sätze zu hören, zu sprechen und zu laufen (ein kleiner Schritt für eine unbetonte Silbe, ein großer Schritt für eine betonte Silbe.)

Der Sonntag von Familie Schmidt. Der Sonntag ist ruhig und gemütlich. Alle schlafen lange. Die Eltern kochen das Mittagessen. Die Kinder spielen. Dann essen sie Schokolade. Frau Schmidt liest ein Buch. Herr Schmidt schläft. Danach besuchen sie Freunde. Sie machen einen Stadtbummel. Die Kinder sehen einen Film.

Viele Lerner können einzelne Sätze recht gut sprechen, wenn sie aber mehrere Sätze nacheinander sprechen sollen, wird die Aussprache immer schlechter. Diese Übung bereitet darauf vor kleine zusammenhängende Texte zu sprechen. Lassen Sie z. B. die Lerner kleine Paralleltexte über ihre Sonntagsaktivitäten schreiben und vortragen.

Das *Flüssig sprechen* im Arbeitsbuch (Ü 28) festigt die Beschreibung von Aktivitäten und damit verbunden die Verbzweitstellung des Verbs.

Station 1

Sprache im Kurs

Am Anfang des Buches (Seite 8) wurden bereits einige wichtige Beispiele für die Sprache im Unterricht präsentiert. In Station 1 werden weitere Redemittel, die die KT im Unterricht brauchen, geübt.

__1__ Sammeln Sie mit den KT weitere wichtige Arbeitsanweisungen, nachdem diese die Aufgabe gelöst haben, z. B.: *Ordnen Sie zu, Sprechen Sie nach, Markieren Sie, Ordnen Sie den Dialog, Fragen und antworten Sie.*

Fordern Sie die KT auf, diese Arbeitsanweisungen in den Übungen der Lektionen 1-4 im Kursbuch und im Arbeitsbuch zu suchen.

__2__ Ordnen Sie die Sätze von 2a in einer Tabelle und ergänzen Sie weitere Sätze, die bei Ihnen im Kurs im Zusammenhang mit der Unterrichtssituation häufig fallen, z. B. *Was waren die Hausaufgaben? Wann hat das Sekretariat der Volkshochschule geöffnet? Am Mittwoch ist kein Unterricht.*

__3__ Nachdem die KT den Dialog in 3a gehört haben, schreiben sie ihn in der richtigen Reihenfolge ins Heft. Das erleichtert ihnen die Dialogvariationen in 3b. (Lösung: 3-1-5-6-2-4) Weitere Möglichkeiten für Dialogvariationen sind: Ein KT kann am nächsten Tag nicht kommen und fragt KL nach der Hausaufgabe, KT1 bitte KT2 darum, die Lösungen aus der Hausaufgabe zu vergleichen.

Geben Sie geeignete Redemittel vor:

Morgen habe ich einen Termin und komme nicht. Was ist die Hausaufgabe für morgen?

Wie sind deine Lösungen in Übung 3? Hast du in Satz 4 auch ...? Ist das richtig/falsch?

Drei in einer Reihe

Zusammenfassendes, an Bingo orientiertes Wiederholungsspiel mit dem Stoff der Lektionen 1-4: Zahlen, *W*-Fragen, Adjektive, Möbel, Berufe, Familienwörter, Plural, Akkusativ, Präteritum von *sein*.

Spielregeln: Die KT brauchen Spielsteine, die sich farblich unterscheiden. Sie stellen sich in der Gruppe (3-4 KT) gegenseitig Fragen zu einem beliebigen Feld. Wenn KT die Fragen richtig beantworten, dürfen sie jeweils das Feld mit einem Spielstein belegen. Wer in einer Reihe zuerst drei Fragen richtig beantwortet hat, hat gewonnen.

Wichtig ist, dass die KT selbst kontrollieren, ob die Antworten korrekt sind, und KL sich darauf beschränkt, gegebenenfalls Unterstützung anzubieten. Achten Sie darauf, dass Gruppen möglichst aus KT mit unterschiedlichen Muttersprachen bestehen, damit gewährleistet ist, dass alle die Chance nutzen, Deutsch zu sprechen. Wenn es nicht zu vermeiden ist, dass eine Gruppe aus KT mit gleicher Muttersprache besteht, führen Sie folgende Regel ein: Ein KT verliert ein bereits gewonnenes Feld, wenn er einmal nicht Deutsch spricht, die entsprechende Aufgabe darf von dem KT gelöst werden, der als nächstes dran ist.

Vorbereitung: Die KT bekommen am Tag vor dem Spiel die Hausaufgabe, sich die Lektionen 1-4 noch einmal anzuschauen.

Auftaktseite

Lernziele und Lerninhalte:

Sprechen: über Freizeitaktivitäten sprechen, sagen, was man gern oder nicht gern macht

Hören: Hörcollage zu Freizeitaktivitäten

Wortschatz: Freizeitaktivitäten

Grammatik: Satzklammer

Arbeitsbuch: Ü 1-3
Vertiefungsübung Ü 3: *gern – nicht gern*

A Wie spät ist es?

Lernziele und Lerninhalte:

Sprechen: die Uhrzeit sagen, nach Uhrzeiten fragen, nach Beginn und Ende von Veranstaltungen fragen

Schreiben: Sätze mit Uhrzeit

Hören: Uhrzeiten erkennen

Wortschatz: nicht offizielle und offizielle Uhrzeit

Grammatik: Fragen mit *wann*, temporale Präpositionen *um, bis, von ... bis*

Kannbeschreibungen GER/Rahmencurriculum:
Kann, auch telefonisch, auf einfache Fragen zu Ort und Zeit Auskunft geben.

Arbeitsbuch: Ü 4-11
Vertiefungsübungen Ü 5: Uhrzeiten, Ü 8: Fragen und Antworten zu Uhrzeiten
Erweiterungsübung Ü 11: Uhrzeiten und Fernsehprogramm

B Was macht Marines am Samstag?

Lernziele und Lerninhalte:

Sprechen: den Tagesablauf von Marines beschreiben, sagen, was man am Wochenende oder jeden Tag macht

Schreiben: Sätze mit trennbaren Verben

Wortschatz: Freizeit-, Wochenend- und Alltagsaktivitäten

Grammatik: trennbare Verben

Kannbeschreibungen GER/Rahmencurriculum:
Kann sagen, was er/sie an einem normalen Tag macht

Arbeitsbuch: Ü 12-15
Vertiefungsübung Ü 15: trennbare Verben

C Meine Woche

Lernziele und Lerninhalte:

Sprechen: einen Wochenplan beschreiben, den eigenen Wochenplan beschreiben

Hören: Der Wochenplan von Michael

Wortschatz: Wochentage, Tageszeiten

Arbeitsbuch: Ü 16-21
Portfoliotext Ü 21b: Wochenplan

D Hast Du morgen Zeit?

Lernziele und Lerninhalte:

Sprechen: sich verabreden, einen Termin vereinbaren

Hören: Verabredungsdialog

Wortschatz: Redemittel für Verabredungen

Kannbeschreibungen GER/Rahmencurriculum:
Kann ausdrücken, wie er/sie zu einem Vorschlag eines Gesprächspartners steht.
Kann etwas ablehnen.
Kann gemeinsame Aktivitäten vereinbaren.

Arbeitsbuch: Ü 22-27, Ü 28: Flüssig sprechen
Vertiefungsübung Ü 26: Eine Antwort auf eine SMS schreiben (Verabredung)

Arbeitsbuch – Deutsch plus Ü 29: Veranstaltungskalender, Ü 30 HV: Wochenendpläne

Arbeitsbuch – Wörter lernen: Ü 31-33
Lerntipp: Trennbare Verben im Satz lernen

Phonetik: lange und kurze Vokale

Kopiervorlagen in den Handreichungen:
KV 8: Uhren, Wie spät ist es?
KV 9: Satzpuzzle trennbare Verben
KV 10: Verabredungsdialoge

In Lektion 5 wird das Thema Freizeit aus Lektion 4 fortgeführt. Die KT sprechen darüber, was sie gern oder nicht gern machen. Außerdem geht es um die Zeit: Uhrzeiten, Tageszeiten und Wochentage sowie um Verabredungen. Die Grammatik behandelt die Satzklammer, trennbare Verben, die Satzstellung und temporale Präpositionen.

Auftaktseite

Lernziele und Lerninhalte:

Sprechen: Über Freizeitaktivitäten sprechen, sagen, was man gern oder nicht gern macht

Hören: Hörcollage zu Freizeitaktivitäten

Wortschatz: Freizeitaktivitäten

Grammatik: Satzklammer

1

Die KT ordnen die Bilder den vorgegebenen Aktivitäten in Partnerarbeit zu (1a). 1b ist eine Hörcollage. Die KT hören Geräusche, die sie den Bildern/Aktivitäten zuordnen (kochen, schwimmen, Fußball spielen, Musik hören, joggen). So lernen sie den neuen Wortschatz auf drei Ebenen: visuell, sprachlich und durch Hören.

Anschließend sprechen die KT im Plenum über die Aktivitäten (1c). Sie sollten die Sätze auch aufschreiben, wobei KL anhand von *schwimmen gehen* im Infokasten auf die Satzklammer hinweist, die besonders wichtig wird, wenn in Block B die trennbaren Verben eingeführt werden.

2

Die KT wenden den neuen Wortschatz für sich selbst an. Zunächst machen einige Fragen und Antworten im Plenum die Runde, anschließend Partnerarbeit. Schreiben Sie die Beispielsätze aus den Sprechblasen an die Tafel, den Satz *Ich gehe gern schwimmen* auch mit Negation. Sammeln Sie weitere Freizeitaktivitäten, z. B. Sport treiben, ins Kino gehen, spazieren gehen.

Arbeitsbuch: Ü 1-3

Vertiefungsübung Ü 3: *gern – nicht gern*

A Wie spät ist es?

Lernziele und Lerninhalte:

Sprechen: Die Uhrzeit sagen, nach Uhrzeiten fragen, nach Beginn und Ende von Veranstaltungen fragen

Schreiben: Sätze mit Uhrzeit

Hören: Uhrzeiten erkennen

Wortschatz: nicht offizielle und offizielle Uhrzeit

Grammatik: Fragen und Antworten mit *wann*, temporale Präpositionen *um, bis, von ... bis*

Einführung der Uhrzeiten. Zunächst werden die inoffiziellen Zeiten behandelt, anschließend die offiziellen.

1

Hilfreich für die Einführung der Uhrzeiten ist eine Uhr aus Karton oder eine Spielzeuguhr mit drehbaren Zeigern, die in den Unterricht mitgenommen werden kann. Sollte keine derartige Uhr zur Verfügung stehen, können Sie die Uhrzeit mit Hilfe eines Tafelbildes erläutern.

Schreiben Sie die Frage *Wie spät ist es?* an die Tafel und schreiben Sie dann einige einfache Antworten: *Es ist 6 Uhr, sieben Uhr* etc. Beschränken Sie sich auf volle Stunden. Sofern Ihr Kurs entsprechend beginnt und endet, nennen Sie auch diese Uhrzeiten. Demonstrieren Sie die Sätze dann mit der mitgebrachten Uhr oder dem Tafelbild: *Es ist sechs Uhr, sieben Uhr* usw. Kennzeichen Sie an der Tafel die Bereiche *vor* und *nach* mit farbiger Kreide. In den nächsten Schritten führen Sie *Viertel vor/nach* und *halb* ein, dann *fünf, zehn* und *zwanzig Minuten*. Zeigen Sie, wo auf der Uhr der Bereich vor der vollen/halben Stunde und der Bereich nach der vollen/halben Stunde liegt.

Evtl. sind lernungeübte KT mit *halb, Viertel, vor* etc. anfangs überfordert und brauchen ausführlichere Erläuterungen, bevor sie die Übung in Partnerarbeit machen. Beziehen Sie AB-Übung 5, die speziell für lernungeübte KT ist, ein. Lerngeübte KT beginnen früher mit den Fragen und Antworten und erhalten zusätzlich eine Kopie von KV 8, um Uhrzeiten einzutragen und sich gegenseitig zu fragen und zu antworten.

Eine Frage- und Antwortrunde im Plenum, an der sich alle KT beteiligen, schließt die Übung ab.

2

Hier müssen die KT jeweils eine Reihe im 5-Minuten Takt, im Viertelstundentakt und im Halbstundentakt fortsetzen. Erweitern Sie die Aufgabe mit Reihen im 10-Minuten und im 20-Minutentakt. Die Übung ist gut als Kettenübung im Plenum geeignet.

3/4

Erläutern Sie das Fragewort *wann* und die temporale Präposition *um*, die in Übung 3 erstmals vorkommen. Lassen Sie zwei lerngeübte KT den ersten oder die beiden ersten Minidialoge im Plenum führen, bevor die Fragen und Antworten in Partnerarbeit gemacht werden. Während die Übung 3 noch stärker gelenkt ist, ist Übung 4 eine freiere Übung.

Varianten

– Sofern eine Spieluhr oder eine Uhr aus Pappe vorhanden ist, macht sie im Plenum die Runde. Die KT stellen jeweils eine Uhrzeit ein und reichen die Uhr mit der Frage *Wie spät ist es?* an den Nachbarn weiter.
– Ein KT kommt an die Tafel und hat die Aufgabe, Uhrzeiten, die aus dem Plenum zugerufen werden, in ein Tafelbild einzutragen oder auf der mitgebrachten Uhr einzustellen.

5

Einführung der offiziellen Variante der Uhrzeit. Das globale HV von 5a dient dazu, zunächst die Situationen zu klären. Geben Sie den KT Zeit, sich die Abbildungen anzusehen und sammeln Sie: Was ist auf den Fotos zu sehen? Präsentieren Sie danach die Hörtexte und spielen Sie diese ein zweites Mal vor, bevor die KT 5b lösen. (Lösung 5a: A2, B1, C3, D5, E4; 5b: 1E, 2A, 3D, 4C, 5B)

Erläutern Sie mit Hilfe des Infokastens den Unterschied zwischen der offiziellen und der nicht offiziellen Uhrzeit. Schreiben Sie weitere Uhrzeiten an die Tafel, z. B. 15.15, 17.45, mit denen die KT in Partner- oder Gruppenarbeit in der offiziellen und in der inoffiziellen Variante Sätze bilden: *Es ist Viertel vor sechs/Es ist 17 Uhr 45.* Anschließend schreiben die KT selbst Uhrzeiten auf und bilden Sätze.

6

Vertiefung des Themas Satzstellung aus L. 4, Block B. Erläutern Sie die Satzstellung mit Hilfe der *Gewusst-wie* Seiten von Lektion 4 und 5 und heben Sie wie schon zuvor besonders die Position des Verbs hervor. Üben Sie die Sätze mit weiteren Beispielen auch mündlich.

7

Die letzte Übung ist eine gelenkte Dialogvariation, bei der die KT auch Zeitangaben mit *bis* und *von ... bis* kennen lernen.

Erläutern Sie diese Präpositionen vorab mit Hilfe des grünen Infokastens. Zunächst einige Dialogübungen im Plenum, anschließend Partnerdialoge. Lernungeübte KT sollten vor der Partnerarbeit mit Unterstützung durch KL die Uhrzeiten in der Übung in der offiziellen und der nicht offiziellen Variante laut sprechen und evtl. auch schreiben.

KV 8 Kopiervorlage 8 enthält neun Uhren ohne Zeiger, in die die KT selbst Uhrzeiten eintragen können. Die Kopiervorlage eignet sich als Erweiterungsübung (s. Kommentare zu 1) und ebenso als Vertiefungsübung, wenn lernungeübte KT bei den Uhrzeiten noch nicht ganz sicher sind.

Alles klar: Ü 1
Arbeitsbuch: Ü 4-11
Vertiefungsübungen Ü 5: Uhrzeiten, Ü8: Fragen und Antworten zu Uhrzeiten
Erweiterungsübung Ü 11: Uhrzeiten und Fernsehprogramm

B Was macht Marines am Samstag?

Lernziele und Lerninhalte:

Sprechen:	Den Tagesablauf von Marines beschreiben, sagen, was man Wochenende oder jeden Tag macht
Schreiben:	Sätze mit trennbaren Verben
Wortschatz:	Freizeit-, Wochenend- und Alltagsaktivitäten

Mein Tag, meine Woche

Grammatik: trennbare Verben

Nach der Einführung der Uhrzeiten folgt die Einführung der trennbaren Verben in Verbindung mit Uhrzeiten.

1

Da sowohl die Grammatik als auch der Wortschatz für die KT vollkommen neu sind, empfiehlt sich für 1a Plenumsarbeit, 1b in Gruppenarbeit Auswertung im Plenum. Anschließend erläutert KL die trennbaren Verben. Schreiben Sie einen Satz oder zwei Sätze aus 1a an die Tafel. Schreiben Sie den Infinitiv links neben den Satz und markieren Sie Präfix und Grundverb farbig. Kreisen Sie die Verbteile in den Sätzen ein.

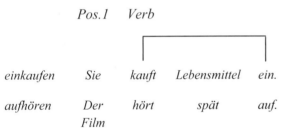

Anschließend schreiben die KT die Sätze in 1c, die sich an den Sätzen in 1a orientieren. Insbesondere für lernungeübte KT kann es hilfreich sein, alle Sätze aus 1a ins Heft zu schreiben und die Verben zu markieren.

KV 9 KL schneidet die Sätze in Kopiervorlage 9 entsprechend den Satzteilen aus und klebt sie auf Karton. Die KT sollen die Satzteile in die richtige Reihenfolge bringen. Es bieten sich unterschiedliche Varianten an: Partnerarbeit oder Gruppenarbeit, lernungeübte KT ordnen jeweils nur einen Satz, lerngeübte KT erhalten evtl. zwei oder drei Sätze gemischt, so dass sie zuerst die Verben und Satzteile zuordnen müssen, bevor sie ordnen.

Es sind auch drei Fragen (2 W-Fragen, 1 Ja/Nein-Frage) für lerngeübte KT enthalten.

Sammeln Sie die Sätze anschließend an der Tafel.

Variante

Üben Sie die Satzklammer auch wie folgt: Schreiben Sie die Wörter eines Satzes auf Karton, z. B.

Sie   steht   um   9 Uhr   auf.

Jeweils ein KT enthält ein Wort, die KT stellen sich in der richtigen Reihenfolge auf.

Oder: Man beginnt mit einem einfachen Satz: *Sie steht auf.*

Andere KT haben Kärtchen mit weiteren Wörtern/Satzteilen, z. B.: *immer – gern – um neun Uhr*

Diese KT stellen sich anschließend an den richtigen Platz zwischen die KT mit dem Basissatz.

Die Fragen und Antworten von 1d dienen sowohl der Festigung der trennbaren Verben als auch der Uhrzeiten. Lassen Sie die KT in zwei Varianten antworten:

Sie steht um neun Uhr auf. – Um neun Uhr steht sie auf.

Die KT berichten danach über ihren eigenen Tagesablauf: Was machen sie wann?

2

Diese Übung können Sie für lerngeübte KT auch erweitern, wenn die lernungeübten mehr Unterstützung und mehr Zeit brauchen sollten. Beginnen Sie, z. B.:

Der Kurs findet statt. – Der Kurs findet morgen statt. Der Kurs findet morgen um 9 Uhr statt – Der Kurs findet morgen um neun Uhr wieder statt (s. auch AB-Übung 14.)

Für lernungeübte KT gehören die trennbaren Verben zu den großen Herausforderungen. Deshalb sollten Sie mit ihnen in jedem Fall auch die Vertiefungsübung 15 im AB machen. Schreiben Sie weitere entsprechende Beispiele an die Tafel, die die KT dann in ihrem Heft ergänzen.

3

Die KT berichten über sich selbst, wobei sie alles, was sie in dieser Lektion bisher gelernt haben, anwenden können: trennbare Verben, den Wortschatz für Freizeitaktivitäten, Uhrzeiten. Sammeln Sie ggf. vor Beginn der Übung weitere geeignete Verben und Aktivitäten an der Tafel.

Weisen Sie auch auf die Reaktionen in den Sprechblasen hin (*Interessant! – Langweilig! – Schön!*) und machen Sie eine Liste mit weiteren positiven und negativen Reaktionen. Knüpfen Sie an geeignete Redemittel aus Lektion 3, Block C an, z. B.: *toll, super, nicht schlecht.*

Lernungeübte KT brauchen insbesondere für die schriftliche Übung 3b Unterstützung. Schreiben Sie geeignete Satzanfänge an die Tafel oder auf OHP bzw. geben Sie Uhrzeiten und Verben vor, z. B.:

aufstehen – einkaufen – die Wohnung aufräumen – Freunde treffen

7 Uhr – 9 Uhr – 11 Uhr – 18 Uhr

Variante
Schreiben Sie die trennbaren Verben auf Kärtchen. Jeder KT erhält ein Kärtchen. KT1 formuliert eine Frage mit seinem Verb, z. B.: *Wann kaufst du am Samstag ein?* KT2 antwortet und fragt dann KT3 mit seinem Verb usw. Diese Übung ist sowohl als Kettenübung als auch als Aktivität möglich, bei der sich die KT im Raum bewegen und wechselnde Partner fragen.

Alles klar: Ü 5, 6

Arbeitsbuch: Ü 12-15

Vertiefungsübung Ü 15: trennbare Verben

C Meine Woche

Lernziele und Lerninhalte:
Sprechen: einen Wochenplan beschreiben, den eigenen Wochenplan beschreiben

Hören: Der Wochenplan von Michael

Wortschatz: Wochentage, Tageszeiten

Nach der Uhrzeit geht es nun um Wochentage und Tageszeiten. Teilnehmer in Integrationskursen kennen die Wochentage oft schon, sollte es noch Unsicherheiten geben, empfiehlt sich AB-Übung 16 als Einstieg.

1
Weisen Sie die KT auf die temporale Präposition *an (am)* hin, bevor sie in Partnerarbeit fragen und antworten. Im Übrigen kommen in 1a alle bereits eingeführten temporalen Präpositionen vor. Machen Sie evtl. die AB-Übungen 17 und 18, wo *an (am)*, *um* und *bis* zusammenfassend geübt werden. Erläutern Sie auch noch einmal die Stellung des Verbs, die in A6 bereits Thema war.

In 1b lernen die KT die Tageszeiten. Besprechen Sie die Tageszeiten und heben Sie hervor, dass man bei den Tageszeiten wie bei den Wochentagen *am* benutzt, dass aber *in der Nacht* eine Ausnahme darstellt.

Schreiben Sie auch eine komplette Tabelle von 0-24 Uhr an die Tafel, auf der die Tageszeiten vom Morgen bis in die Nacht zugeordnet sind. Manchmal sind Uhrzeiten und Tageszeiten eine Frage der Interpretation. Fordern Sie die KT auf zu sagen, wie für sie Tageszeiten und Uhrzeiten zusammenhängen, ob z. B. 3 Uhr noch *in der Nacht* bedeutet oder schon *am Morgen*.

Ordnen Sie dann die Aktivitäten von Frau Schmidt gemeinsam mit den KT zunächst den Tageszeiten zu.

	Montag	Dienstag	Mittwoch
Vormittag:	Deutschkurs	Arzt	Deutschkurs
Nachmittag:	Hausaufgaben	arbeiten	
Abend:			

Sammeln Sie auch passende Verben zu den Aktivitäten, damit die KT erzählen können, z. B.: *Deutschkurs – besuchen, Hausaufgaben – machen, einen Arzttermin – haben.*

Lernungeübte KT brauchen zusätzliche Unterstützung. Bereiten Sie eine Fotokopie vor, in der diese KT zunächst nur Lücken ausfüllen, bevor sie erzählen, z. B.:

Montag:

Am Vormittag (hat) Frau Schmidt (einen Deutschkurs).

(Am Nachmittag) macht sie Hausaufgaben.

5 Mein Tag, meine Woche

2

(Lösung: 1R, 2F, 3F, 4R) Für das HV bieten sich weitere Übungsmöglichkeiten:

Schreiben Sie einen Wochenplan an die Tafel, die KT hören den Hörtext ein weiteres Mal, nachdem sie die Aufgabe gelöst haben, und notieren die Informationen, die anschließend in einer Tabelle an der Tafel ergänzt werden. Schreiben Sie zunächst nur die Wochentage und tragen Sie ein Beispiel ein, um die Aufgabenstellung zu erklären. Die Aktivitäten und Uhrzeiten werden nach dem Hören gemeinsam ergänzt.

Montag	Dienstag	Mittwoch	Donnerstag	Freitag	Samstag	Sonntag
10.00 Uhr Arzttermin						

Mit diesem Wochenplan berichten die KT über die Woche von Michael.

3

Zunächst erstellen die KT in Einzelarbeit einen eigenen Wochenplan, es folgt ein Frage- und Antwortspiel mit dem Lernpartner. Die KT notieren die Antworten ihrer Lernpartner und berichten anschließend im Kurs.

Das Thema Wochenplan ist auch für einen Lerntipp geeignet. Fordern Sie die KT auf, einen Wochenplan für das eigene Lernen zu Hause zu erstellen, der über die Hausaufgabe hinausgeht, z. B.:

Montag: *Vokabeln lernen*

Dienstag: *neue Worte notieren (die sie z. B. beim Einkaufen oder während eines Spaziergangs auf Werbeplakaten lesen)*

Mittwoch: *Aussprache üben*

Donnerstag: *im Internet lernen*

Freitag: *den Stoff aus der letzten Woche wiederholen*

Damit zeigen Sie den KT erstens weitere Lernmöglichkeiten auf, zweitens kann dies besonders für lernungeübte KT eine Hilfe sein, das eigene Lernen zu strukturieren.

Weisen Sie aber auch darauf hin, dass die KT diese Zusatzaktivitäten zeitlich begrenzen sollten, z. B. 30 Minuten pro Tag. Es wäre kontraproduktiv, wenn sie den Eindruck gewinnen, dass sie während der Dauer des Kurses die Woche mit pausenlosem Lernen verbringen müssen.

Alles klar: Ü 2, 3, 7
Arbeitsbuch: Ü 16-21
Portfoliotext Ü 21b: Wochenplan

D Hast Du morgen Zeit?

Lernziele und Lerninhalte:

Sprechen: sich verabreden, einen Termin vereinbaren

Hören: Verabredungsdialog

Wortschatz: Redemittel für Verabredungen

1

Das einleitende globale und detaillierte HV dient auch zur Einführung von Redemitteln für Verabredungen, die nachfolgend weiter geübt werden. (Lösungen: 1a: 1. Mahmut hat am Dienstag Schule, 2 am Mittwoch, um 5 Uhr; 1b – von oben nach unten: 2-6-1-3-4-7-5-8)

Nachdem die KT 1a und 1b gelöst haben, schreiben sie den Dialog in der richtigen Reihenfolge ins Heft. Lernungeübte KT können so Redemittel üben und die Orthographie festigen. Lerngeübte KT bekommen zusätzlich den Auftrag, den Dialog zu variieren: andere Tage, Uhrzeiten, andere Aktivitäten, z. B.: joggen, schwimmen gehen, wandern.

2

Die Fragen und Antworten in 2 bieten sich für differenziertes Üben an.

Erläutern Sie vorab die Redemittel im Kasten. Lernungeübte KT beschränken sich bei 2 zunächst auf positive und negative Reaktionen, z. B.:

– *Gehen wir am Samstag ins Kino?*

+ *Sehr gern. / Nein, ich habe keine Zeit.*

Dann werden diese Minidialoge erweitert:

– *Gehen wir am Samstag ins Kino?*

+ *Ja gern, aber nicht am Samstag. Hast du am Sonntag Zeit?*

– Ja, das geht.

Lerngeübtere KT steigen schon auf zweiten Stufe in die Dialoge ein.

3

Hier werden die Verabredungsdialoge zunehmend freier geübt. Lernungeübte KT sollten wieder mit sehr einfachen Dialogen beginnen, während lerngeübte KT gleich mit komplexeren Dialogen mit Vorschlägen und Gegenvorschlägen einsteigen.

Wenn die KT sicher genug sind, schließen sie die Bücher und bewegen sich im Raum, so dass die Verabredungsdialoge mit wechselnden Partnern gespielt werden. Hilfe bietet auch der Dialogbaukasten in AB-Übung 24, der den KT ein Gerüst gibt, um auch einen umfangreicheren Dialog zu führen.

Kopiervorlage 10 bietet weitere Unterstützung.

KV 10 Kopiervorlage 10 bietet verschiedene Situationen: fünf Kärtchen mit Terminvorschlägen und fünf Kärtchen mit einer Absage. Eine Gruppe erhält Kärtchen mit Terminvorschlägen, die andere Kärtchen mit Absagen. Es empfiehlt sich, die Kärtchen auf verschiedenfarbiges Papier zu kopieren, sodass die Vorschläge eine andere Farben haben als die Absagen. Die KT bewegen sich frei im Raum, KT mit Terminvorschlägen sprechen KT mit Absagekärtchen an. Die KT mit Absagekärtchen können wählen, ob sie nur negativ reagieren oder einen Gegenvorschlag machen. Nach einiger Zeit wechseln die Gruppen.

Alles klar: Ü 4

Arbeitsbuch: Ü 22-27, Ü 28: Flüssig sprechen
Vertiefungsübung Ü 26: Eine Antwort auf eine SMS schreiben (Verabredung)

Arbeitsbuch – Deutsch plus: Ü 29: Veranstaltungskalender, Ü 30 HV: Wochenendpläne

Arbeitsbuch – Wörter lernen: Ü 31-33
Lerntipp: Trennbare Verben im Satz lernen

Phonetik – Lange und kurze Vokale, siehe Seite 119 in den *Handreichungen*

Flüssig sprechen

Alles klar Ü 8

In dieser Lektion geht es um Fragen, die sich um das Thema Zeit drehen. Ebenso wie in den Lektionen 1-3 können Sie diese Fragen zunächst nachsprechen und dann auch beantworten lassen.

Diese Fragen eignen sich auch gut zur Arbeit an den Akzenten/Betonungen. Jede Frage hat ein oder zwei betonte Wörter, die Sie klatschen können oder auch durch große und kleine Schritte bewusst machen lassen können.

Wie spät ist es? – Wie viel Uhr ist es? – Um wie viel Uhr beginnt der Kurs? – Bis wann geht der Kurs? – Wann ist die Pause? – Hast du heute Zeit? – Gehen wir ins Kino? – Kommst du mit?

Das *Flüssig sprechen* im Arbeitsbuch (Ü 28) übt Sätze zum Tagesablauf.

Guten Appetit!

Auftaktseite

Lernziele und Lerninhalte:
Sprechen: über Essgewohnheiten sprechen
Wortschatz: Lebensmittel
Arbeitsbuch: Ü 1-3
Portfolioübung: Ü 2: Was man gern/nicht gern isst

A Der Einkaufszettel

Lernziele und Lerninhalte:
Sprechen: sagen, was man beim Einkauf kaufen soll, Tipps geben, einen Einkaufszettel erarbeiten
Hören: Dialog über Lebensmittel, die eingekauft werden müssen
Schreiben: Ansagen im Supermarkt, Lebensmittel, Einkaufszettel
Wortschatz: Lebensmittel, Mengenangaben und Verpackungen für Lebensmittel
Grammatik: Imperativ

Arbeitsbuch: Ü 4-10
Erweiterungsübung Ü 10: Verpackungen/ Mengen korrigieren

B Einkaufen

Lernziele und Lerninhalte:
Sprechen: Einkaufsdialoge führen
Schreiben: Einkaufsdialoge sortieren und ergänzen
Hören: Einkaufsdialoge, Preise
Wortschatz: Redemittel für Einkaufsdialoge, Preise
Grammatik: *möchte*

Kannbeschreibungen GER/Rahmencurriculum:
Kann gut verständlich Zahlenangaben machen, z. B. Preise wiederholen, Größen angeben.

Arbeitsbuch: Ü 11-19
Vertiefungsübung Ü 17: korrekte Antworten in Einkaufsdialogen

C Das mag ich

Lernziele und Lerninhalte:
Sprechen: sagen, was mag bzw. gern/nicht gern isst
Grammatik: das Verb *mögen*, Negation mit *nicht*

Arbeitsbuch: Ü 20-23
Vertiefungsübung Ü 20b: Konjugation von *mögen*
Erweiterungsübung: Ü 23: Fragen und Antworten mit *kein*

D Essen in Deutschland

Lernziele und Lerninhalte:
Sprechen: die eigenen Essgewohnheiten, Essgewohnheiten im Heimatland
Lesen: Essgewohnheiten der Familie Schmidt
Wortschatz: Mahlzeiten

Arbeitsbuch: Ü 24-25, Ü 26: Flüssig sprechen
Portfolioübung Ü 25: Was man zum Frühstück, Mittag- und Abendessen isst

Arbeitsbuch – Deutsch plus Ü 27: Ein Pfannkuchenrezept
Arbeitsbuch – Wörter lernen: Ü 28-30
Lerntipp: Wörter in Gruppen lernen

Phonetik: Die Umlaute ä, ö, ü

Kopiervorlagen in den Handreichungen:
KV 11A/B: Wechselspiel: Was essen und trinken die Leute zum Frühstück/zum Mittagessen/zum Abendessen?/ Was essen und trinken Sie … ?

Lektion 6 ist die Lektion rund ums Essen. Die KT lernen den Wortschatz für Mengen- und Preisangaben kennen sowie die Redemittel für den Einkauf. Außer dem Imperativ sind die Negation mit *nicht* und *mögen* weitere Grammatikthemen.

Auftaktseite

Lernziele und Lerninhalte:

Sprechen: Über Essgewohnheiten sprechen

Wortschatz: Lebensmittel

1

Einige Lebensmittel dürften die KT bereits von eigenen Einkäufen kennen. Die Verbindung von Wörtern und Bildern erleichtert den Zugang. Die Zuordnung erfolgt in Gruppenarbeit, wobei die Gruppen gemischt sein sollten, d.h. in den Gruppen sollten KT, die schon länger in Deutschland leben, mit solchen, die noch nicht lange hier sind, zusammenarbeiten. So können sich die KT gegenseitig unterstützen.

Erarbeiten Sie mit den KT ein Wörternetz, in dem die Lebensmittel verschiedenen Gruppen zugeordnet sind (s. auch AB-Übung 1.)

2

Hier lernen die KT die Adverbien der Häufigkeit kennen und erhalten Gelegenheit, über ihre eigenen Essgewohnheiten zu sprechen. Erläutern Sie zunächst die Adverbien anhand Ihrer eigenen oder fiktiver Essgewohnheiten und der Wochentage, z. B.:

Ich esse täglich Brot. – täglich = Montag, Dienstag usw.

Ich esse manchmal Joghurt. – Manchmal = Montag, Mittwoch, Freitag

Wählen Sie anschließend gemeinsam mit den KT 5-7 Lebensmittel für die Umfrage im Kurs aus. Abschließend fragen sich die KT in Partnerarbeit: *Was isst du täglich, manchmal ...* etc. und notieren die Antworten ihrer Lernpartner. Individuelle Unterstützung durch KL.

Fragen Sie weiter: Was isst man in den Heimatländern der KT oft, manchmal selten oder nie? Das kann Anlass für eine interkulturelle Diskussion über Essgewohnheiten sein.

Arbeitsbuch: Ü 1-3

Portfolioübung Ü 2: Was man gern/nicht gern isst

A Der Einkaufzettel

Lernziele und Lerninhalte:

Sprechen: sagen, was man beim Einkauf kaufen soll, Tipps geben, einen Einkaufszettel erarbeiten

Hören: Dialog über Lebensmittel, die eingekauft werden müssen

Schreiben: Ansagen im Supermarkt, Lebensmittel, Einkaufszettel

Wortschatz: Lebensmittel, Mengenangaben und Verpackungen für Lebensmittel

Grammatik: Imperativ

In diesem Block werden weitere Lebensmittel sowie Verpackungen eingeführt, die Grammatik behandelt den Imperativ.

1

Gehen sie die Lebensmittelliste durch und klären Sie den neuen Wortschatz, bevor die KT den Text hören. Die Lebensmittel, die auf der Auftaktseite nicht vorkommen, sind hier auch abgebildet: Eier, Zucker, Orangen, Mais, Kaugummi. Anschließend hören die KT den Text zweimal, um 1 zu lösen, und berichten im Kurs, was sie angekreuzt haben. (Lösung: Butter, Eier, Brot, Schokolade, Äpfel, Orangen, Kaugummi, Mais) Schreiben Sie für lernungeübte KT den Einleitungssatz an die Tafel: *Familie Kuhn braucht ...*

Erläutern Sie mit den Beispielen aus dem Hörtext (Butter, Schokolade, Brot, Kaugummi, Mais) außerdem, dass man Lebensmittel oft ohne Artikel verwendet, auch wenn sie im Singular stehen, z. B. *Familie Kuhn braucht Butter – Sie kaufen auch Schokolade.*

Sie können auch die Gelegenheit nutzen, um die Negation mit *kein* zu wiederholen: *Familie Kuhn braucht keine Milch.*

Guten Appetit!

2

Die KT hören den Text ein drittes Mal mit Pausen, lernungeübte KT oder KT mit HV-Problemen evtl. auch ein viertes Mal, wobei es jetzt um den Imperativ in der 2. Person Singular und Plural geht. Geben Sie den KT vor dem Hören etwas Zeit, damit sie die Sätze lesen können. Schreiben Sie die Lösungen an die Tafel:

Kauf bitte Butter.
Vergiss nicht die Eier.
Hol das Brot bitte nicht im Supermarkt.
Geh doch in die Bäckerei.
Holt auch Obst, Orangen und Äpfel.
Vergesst nicht den Einkaufszettel.

Beachten Sie, dass mit *vergessen* auch der Imperativ starker Verben eingeführt wird. Erläutern Sie anhand des Infokastens vor allem, dass Imperativsätze in der 2. Person keine Nominativergänzung haben, was eine häufige Fehlerquelle ist. Schreiben Sie dafür weitere Beispiele an die Tafel.

Andere Formen des Imperativs, die in der Lektion selbst nicht vorkommen (*sein*, trennbare Verben und Verben mit dem Vokalwechsel a → ä) können Sie anhand der Übersicht auf der *Gewusst wie*-Seite und des Grammatikanhangs erläutern.

3

Hier wird der Imperativ kommunikativ eingeübt. Übung 3 eignet sich als Kettenübung. Schreiben Sie einige Lebensmittel an die Tafel, mit denen die KT die Imperative erweitern. Wenn ein KT die Reihe nicht fortsetzen kann, beginnen Sie das Spiel mit einem anderen Verb von vorne. Lassen Sie auch die 2. Person Plural üben. Gehen Sie auch auf die Verbindung von *bitte* plus Imperativ ein. So wird deutlich, dass der Imperativ nicht nur eine strenge Befehlsform ist, sondern auch höflich gemeint sein kann.

4

Partnerarbeit mit individueller Unterstützung durch KL. Erläutern Sie zuvor die Funktion des Partikelwortes *doch,* das dem Satz je nach Tonlage einen anderen Akzent gibt.

Übung 4 eignet sich gut für differenziertes Arbeiten: Lernungeübte KT beschränken sich auf die Vorschläge von 4, lerngeübte KT variieren die Dialoge und üben auch die trennbaren Verben. Geben Sie dazu einige vor, z. B. *aufräumen, mitkommen*:

KT 1: Kauf bitte ein Brot.
KT 2: Tut mir leid. Ich habe keine Zeit.

KT 1: Räum bitte dein Zimmer auf.
KT 2: Das mache ich morgen.

KT 1: Ich gehe schwimmen. Komm doch mit.
KT 2: Ja gern. Das ist eine tolle Idee.

5

Einführung des Imperativs in der 3. Person Plural. Schreiben Sie die Sätze komplett an die Tafel und erläutern Sie die Form, nachdem die KT 5a gelöst haben: *Probieren Sie die Bananen aus Südamerika! Nehmen Sie drei Becher und bezahlen Sie zwei!*

Bei 5b schreiben die lerngeübten KT die Ansagen von Anfang an selbstständig, die lerngeübten schreiben zwei bis drei Sätze unter Anleitung des KL, bevor sie es alleine versuchen.

Erläutern Sie im Anschluss an 5b anhand der Übersicht auf der *Gewusst wie*-Seite zusammenfassend den Imperativ. Variieren Sie die Aufgaben 3 und 4 auch mit der formellen Variante des Imperativs.

Der Imperativ gehört für viele Deutschlerner zu den schwierigen Grammatikthemen. Deshalb empfiehlt es sich, auch die zugehörigen AB-Übungen 4-7 gemeinsam zu bearbeiten.

Beachten Sie, dass in 7 mit *anfangen* ein trennbares Verb vorkommt.

6

Verpackungen und Mengenangaben für Lebensmittel. Die Übungen 6 und 7 sind auch eine Vorentlastung für die Einkaufsdialoge im nachfolgenden Block. Überlegen Sie gemeinsam mit den KT, welche Lebensmittel in den Verpackungen außerdem möglich sind.

(Lösung: 1 Packung Spaghetti, 1 Netz Orangen, 1 Becher Joghurt, 1 Dose Erbsen, 1 Tafel Schokolade, 1 Tüte Chips, 1 Flasche Wein, 1 Stück Butter, 1 Glas Marmelade)

7

Partnerarbeit, individuelle Unterstützung durch KL. Anschließend berichten die KT im Kurs.

Alles klar: Ü 2, 5, 7

Arbeitsbuch: Ü 4-10

Erweiterungsübung Ü 10: Verpackungen/ Mengen korrigieren

B Einkaufen

Lernziele und Lerninhalte:

Sprechen:	Einkaufsdialoge führen
Schreiben:	Einkaufsdialoge sortieren und ergänzen
Hören:	Einkaufsdialoge, Preise
Wortschatz:	Redemittel für Einkaufsdialoge, Preise
Grammatik:	*möchte*

Das Thema Lebensmittel wird nun mit Redemitteln für den Einkauf weiter vertieft. Lernziel dieses Blocks ist es, dass die KT Einkaufsdialoge führen können, z. B. auf dem Markt.

1

Zunächst sammeln die KT mit Hilfe der Fotos von 1a Einkaufsmöglichkeiten. Überlegen Sie gemeinsam mit den KT: Wo/wann muss man beim Einkauf mit dem Personal sprechen: auf dem Markt, am Kiosk, in der Bäckerei, eventuell an der Kasse, oder wenn man einen bestimmten Artikel sucht. Fragen Sie die KT, wo sie normalerweise einkaufen und ob sie den Kauf z. B. in der Metzgerei vermeiden und eher abgepackte Waren nehmen, weil sie sich unsicher fühlen. In diesem Block geht es auch darum, dass die KT in Einkaufssituationen sicherer werden.

Anschließend hören die KT die Dialoge und ordnen die Fotos zu, globales HV (1b).

(Lösung: Dialog 1 = Foto Supermarkt/Wursttheke, Dialog 2 = in der Bäckerei, Dialog 3 = auf dem Markt)

1c Lernungeübte KT oder KT, die noch nicht lange in Deutschland leben, sollten die Dialoge ein weiteres Mal hören, lerngeübte KT oder KT mit Vorkenntnissen schreiben die Dialoge und kontrollieren anschließend mit der CD.

Anschließend ordnen die KT in Partnerarbeit: *Was sagt der Verkäufer/die Verkäuferin? – Was sagt der Kunde/die Kundin?* (s. auch AB-Übung 12) Sammeln Sie die Ergebnisse in einer Tabelle an der Tafel.

2

Die HV-Übung zu Preisen ist der nächste Schritt auf dem Weg zu eigenen Einkaufsdialogen der KT. Erläutern Sie anhand des Infokastens, wie man Preise spricht. Geben Sie mehrere Beispiele. Schreiben Sie Preise an die Tafel, die die KT nachsprechen. Oder lassen Sie einen KT Preise an der Tafel notieren, die ihm die KT aus dem Plenum zurufen. Die Übung ist auch eine gute Möglichkeit, Zahlen zu wiederholen.

Wenn die KT die Texte gehört haben, sollten sie ihre Lösungen in ganzen Sätzen formulieren, z. B.: *Ein Kilo Tomaten kostet nicht 1,40 €. Ein Kilo Tomaten kostet 1,60 €.* In schnellen Lerngruppen können Sie auch *nicht ... sondern* einführen. *Ein Kilo Tomaten kostet nicht 1,40 €, sondern 1,60 €.* (Lösungen: Tomaten 1,60 €, Wein 3,29 €, Butter 0,95 €, Müsli 2,39 €, Milch 0,84 €)

Wenn die Aufgaben gelöst sind, können die KT in Partnerarbeit *Ja/Nein*-Fragen wiederholen. KT 1 fragt immer mit den falschen Preisen, KT 2 antwortet mit den richtigen:

+ *Kosten die Tomaten 1,40 €?*

– *Nein, sie kosten 1,60 € etc.*

Variante

KL oder KT bringen Lebensmittelprospekte eines Discounters oder Supermarktes mit. KT fragen sich gegenseitig nach Preisen. Für lerngeübte KT oder KT mit Vorkenntnissen: Falls geeignete Prospekte verschiedener Anbieter vorhanden sind, machen die KT Preisvergleiche. Erläutern Sie ggf. den Komparativ *viel – mehr* und geben Sie ein Muster vor:

Im Supermarkt XX kostet die Milch 10 Cent mehr als im Supermarkt XY.

3

In dieser stark gelenkten Übung erarbeiten die KT mit dem in 1 und 2 gelernten Wortschatz einen vollständigen Musterdialog, der als Vorbereitung für die freieren Dialogübungen in 4 und 5 dient. Notieren Sie für lernungeübte KT den relevanten Wortschatz noch einmal an der Tafel, bevor sie die Aufgabe lösen: *Ich hätte gern, Sonst noch etwas? Das ist alles, Was macht das?*

Wenn die KT die Dialoge laut lesen, üben sie die Intonation, was ihnen in einer reale Einkaufssituation evtl. auch mehr Sicherheit gibt.

Beachten Sie, dass nach dem nicht abgedruckten Dialog 2 in 1c in 3a erstmals „*möchten*" vorkommt. Erläutern Sie dieses Verb anhand des Infokastens unten rechts auf der Seite. Notieren Sie das Verb mit Stamm und Endung an der Tafel:

ich	*möcht-e*
du	*möcht-est*
er/es/sie	*möcht-e*
wir	*möcht-en*
ihr	*möcht-et*
sie/Sie	*möcht-en*

Schreiben Sie die Konjugation eines der bisher gelernten regelmäßigen Verben, z. B. *machen,* daneben und lassen Sie die KT die Formen vergleichen, damit sie selbst entdecken, dass die Konjugation in der 3. Person Singular von den bisher bekannten Formen abweicht (s. auch AB-Übung 14).

Die AB-Übungen 16-19 können besonders für lernungeübte KT oder KT, die Schwierigkeiten im Mündlichen haben, als weitere Vorentlastung für 4 und 5 dienen.

4/5

In Übung 4 sind die Dialoge noch etwas stärker gelenkt, während die KT in Übung 5 zu einer freien Dialogproduktion übergehen. Beachten Sie, dass in 4 mit *Weißbrot* und *Käsekuchen* neuer Wortschatz auftaucht, der vorab geklärt werden sollte.

Schreiben Sie für lernungeübte KT evtl. noch einmal ein Dialogmuster an die Tafel, das sie für den ersten Dialog noch benutzen dürfen, von dem sie sich anschließend aber lösen sollten:

Guten Tag, was darf es sein?	*Ich hätte gern _____*
Ist das alles?	*Nein, noch _____, bitte.*
Sonst noch etwas?	*Nein, _____.*
	Was _____?
_____ Euro bitte.	

Lerngeübte KT können sich bei 4 auf einen Dialog beschränken und dann zu 5 übergehen, lernungeübte KT, die mehr Zeit und stärkere Unterstützung durch KL brauchen, beschränken sich auf die Dialoge von 4.

Alles klar: Ü 1, 3, 4

Arbeitsbuch: Ü 11-19

Vertiefungsübung: Ü 17: korrekte Antworten in Einkaufsdialogen

C Das mag ich
Lernziele und Lerninhalte:

Sprechen:	sagen, was mag bzw. gern/nicht gern isst
Grammatik:	das Verb *mögen,* Negation mit *nicht*

1

Erläutern Sie zunächst die Konjugationsformen von *mögen* anhand des Infokastens, anschließend berichten KT, was Susanna mag (1a) und variieren die Sätze (1b).

Nutzen Sie 1b, um auf die Negation mit *nicht* näher einzugehen, die in den vorangegangenen Lektionen schon häufiger vorgekommen ist. *Nicht gern* kennen die KT bereits von der Auftaktseite der Lektion 5. Beispiele für weitere Fundstellen: L. 3, C.3: *nicht schlecht, nicht schön,* L. 4, B.4: *Nein, das kenne ich nicht.,* L. 5, D.1b: *+ Spielen wir zusammen Fußball? Vielleicht am Dienstagnachmittag? - Ja, aber nicht am Dienstag.,* L. 5, D2: *Nein, leider nicht*

– Nein, das geht nicht, L. 6, A.2 und A.3: Kauf das Brot bitte nicht im Supermarkt., Vergiss nicht Reis.

Üben Sie *nicht* dann mit weiteren Beispielen:

Ja	**Nein**
Ich heiße Tom.	*Nein, ich heiße __ Tom.*
Ich bin 28 Jahre alt.	*Ich bin __ 28 Jahre alt.*
Ich komme aus Berlin.	*Ich komme __ aus Berlin.*
Ich wohne in Hamm.	*Ich wohne __ Hamm.*
Ich bin Arzt von Beruf.	*Ich bin __ Arzt von Beruf.*
Ich arbeite viel.	*Ich arbeite __ viel.*

2

Zunächst Fragen und Antworten in Partnerarbeit: *Magst du/Mögen Sie ... – Isst du/Essen Sie gern ...* etc., die KT ergänzen die Tabelle und berichten anschließend über ihren Lernpartner im Kurs. In 2b werden die Fragen und Antworten weiter variiert.

Alles klar: Ü 6, 8
Arbeitsbuch: Ü 20-23
Vertiefungsübung: Ü 20b: Konjugation von *mögen*
Erweiterungsübung: Ü 23: Fragen und Antworten mit *kein*

D Essen in Deutschland

Lernziele und Lerninhalte:

Sprechen:	die eigenen Essgewohnheiten – Essgewohnheiten im Heimatland
Lesen:	Essgewohnheiten der Familie Schmidt
Wortschatz:	Mahlzeiten

Hier lernen die KT deutsche Essgewohnheiten kennen und es bietet sich ein Vergleich der Esskultur in den verschiedenen Ländern an.

1

Als Vorentlastung für das nachfolgende detaillierte LV in 2 betrachten die KT die Fotos und ordnen sie den Begriffen zu. Evtl. ist in manchen Heimatländern eine warme Mittagsmahlzeit nicht üblich, da man am Abend warm isst.

2

Die KT lesen den Text zunächst leise. Beachten Sie, dass ein Teil der Lebensmittel auf den vorangegangen Seiten nicht vorgekommen ist: *Honig, Cornflakes, Kakao, Gurke.* Klären Sie diesen, sollten bei den KT während der Lektüre entsprechende Fragen kommen. Die Fragen beantworten die KT in Partnerarbeit mit anschließender Besprechung im Plenum, wobei auch noch einmal überprüft werden kann, ob den KT der Lebensmittelwortschatz aus den vorangegangen Blöcken noch vertraut ist.

Variante

Der Text enthält Informationen, die die KT in einer Tabelle sammeln können. Damit erhalten sie beispielhaft eine Struktur zur Erleichterung des Textverständnisses. Folgendes Muster bietet sich an:

	Frühstück	*Mittagessen*	*Abendessen*
Herr Schmidt			
Frau Schmidt			
Daniel			
Claudia			
Daniel und Claudia			

Lerngeübte KT können anschließend anhand ihrer Notizen über die Essgewohnheiten berichten. Weisen Sie auch darauf hin, dass man die Mahlzeiten mit der Präposition *zu* verwendet und notieren Sie z. B. an der Tafel:

Herr Schmidt isst zum Frühstück ...
Die Kinder essen zum Mittagessen ...
Zum Abendessen trinkt Frau Schmidt ...

Die KT erarbeiten in drei Gruppen jeweils zwei weitere *W*-Fragen zu je einem Abschnitt. Es folgt eine Frage- und Antwortrunde im Plenum.

3

Wie bei Übung 2 auf der Auftaktseite bietet sich auch hier noch einmal Gelegenheit, die kulturellen Unterschiede bei den Essgewohnheiten anzusprechen. Geben Sie den KT ausreichend Zeit, diese Aufgabe vorzubereiten. Lassen Sie KT gleicher Nationalität in Gruppen zusammenarbeiten, die Gruppen berichten danach im Plenum.

KV 11 A/B Kopiervorlage 11 enthält ein Wechselspiel zu den Mahlzeiten. Schneiden Sie die KV in der Mitte durch, je ein KT erhält eine Kopie A, ein anderer eine Kopie B. Die KT fragen sich gegenseitig und tragen die fehlenden Informationen in die Tabelle ein.

Arbeitsbuch: Ü 24-25, Ü 26: Flüssig sprechen
Portfolioübung Ü 25: Was man zum Frühstück, Mittag- und Abendessen isst

Arbeitsbuch – Deutsch plus: Ü 27: Ein Pfannkuchenrezept

Arbeitsbuch – Wörter lernen: Ü 28-30
Lerntipp: Wörter in Gruppen lernen

Phonetik – Die Umlaute *ä ö ü*, siehe Seite 119 in den *Handreichungen*

Flüssig sprechen

Alles klar Ü 9

Thema dieser Nachsprechübung sind die Redemittel, die man für das Einkaufen braucht. Diese Redemittel werden sehr häufig gebraucht, deshalb lohnt es sich auf die gute Aussprache und vor allem die Flüssigkeit zu achten. Die Teilnehmer werden in ihrem Alltag motivierende Erfolgserlebnisse sammeln können.

Das *Flüssig sprechen* im Arbeitsbuch (Ü 26) übt Sätze mit *mögen*, Vorlieben und Abneigungen über Nahrungsmittel zu äußern.

Auftaktseite

Lernziele und Lerninhalte:

Sprechen: Berufe und Firmenbezeichnungen
Hören: Berufe erkennen
Wortschatz: Berufe

Arbeitsbuch: Ü 1-2

A Das muss ich machen

Lernziele und Lerninhalte:

Sprechen: Berufe beschreiben: Arbeitszeiten,
              Aufgabensagen, was man im Beruf
              wichtig findet,
              fragen, was jemand (nicht)
              kann/muss/will
Schreiben: Sätze mit Modalverben
Lesen: Berufsporträts
Wortschatz: Aufgaben im Beruf
Grammatik: Die Modalverben *können, müssen*
              und *wollen*

Kannbeschreibungen GER/Rahmencurriculum:
Kann einfach und klar wichtige Auskünfte geben,
z. B. dass er/sie einen bestimmten Job ausüben
möchte.

Arbeitsbuch: Ü 3-16
Vertiefungsübungen Ü 4: Nomen und Verben
kombinieren, Ü 8/9: Modalverben
Erweiterungsübung Ü 15: Modalverben und
Negation
Portfoliotext Ü 16: Was man bei seiner Arbeit
machen will/kann/muss

B Ein Tag im Leben von Martina Steinert

Lernziele und Lerninhalte:

Sprechen: den eigenen Alltag beschreiben,
              sagen, wo man war oder wohin man
              geht
Lesen: Der Alltag von Martina Steinert:
              Bilder und Sätze zuordnen
Schreiben: Sätze mit Präpositionen mit Dativ
Hören: Dialogarbeit – Wohin gehen die
              Personen, woher kommen Sie?
Grammatik: Präpositionen mit Dativ: aus, *bei,
              mit, nach von, zu*

Arbeitsbuch: Ü 17-23
Vertiefungsübungen Ü 19: bestimmter und un-
bestimmter Artikel im Dativ, Ü 23a: Fragen und
Präpositionen: *wo, wohin – in, nach*

C Rund ums Geld

Lernziele und Lerninhalte:

Schreiben: ein Überweisungsformular ausfüllen
Hören: Telefongespräch über eine Über-
              weisung
Wortschatz: Bankgeschäfte

Kannbeschreibungen GER/Rahmencurriculum:
Kann ein Formular ausfüllen. Kann wichtige
Formulare im Zahlungsverkehr ausfüllen.

Arbeitsbuch: Ü 24-25, Ü 26: Flüssig sprechen

Arbeitsbuch – Deutsch plus Ü 27: Texte über Berufe
sortieren und schreiben, Ü 28: Stellenanzeigen

Arbeitsbuch – Wörter lernen: Ü 29-31
Lerntipp: Nomen und Verben zusammen lernen

Phonetik: Die Diphtonge *ei, au, eu*

Kopiervorlagen in den Handreichungen:
KV 12A/B: Wechselspiel Modalverben
KV 13A/B: Präpositionenschlange

In Lektion 7 geht es um das Thema Arbeit und Beruf
sowie um Bankgeschäfte. Neben den Modalverben
können, müssen und *wollen* werden Präpositionen
mit Dativ und der Artikel mit Dativ eingeführt. Das
Modalverb *dürfen* wird in Lektion 9 behandelt.

Auftaktseite

Lernziele und Lerninhalte:

Sprechen: Berufe und Firmenbezeichnungen

Hören: Berufe erkennen

Wortschatz: Berufe

1a

Zunächst betrachten die KT das Bild und diskutieren: *Welche Firmen sind in dem Haus?* – Eine Computerfirma, ein Büro, eine Sprachschule, eine Bank, ein Restaurant, ein Friseurgeschäft. Anschließend fragen und antworten sie: *Wo ist was? Was ist im Erdgeschoss?* Den erforderlichen Wortschatz kennen sie bereits aus Lektion 3 (Ü D.1). Partnerarbeit, Auswertung im Plenum. Kopieren Sie das Bild für die Plenumsarbeit evtl. auf eine OHP-Folie.

1b

Einige Berufe kennen die KT aus Lektion 1 (Block E), was die Zuordnung erleichtert. Anschließend nennen die KT wie schon in L. 1 (Ü E3) noch einmal ihre eigenen Berufe.

(Lösung: 7 Hausmeister, 6 Briefträger, 1 Kellnerin, 5 Bankkauffrau, 4 Koch, 9 Lehrerin, 8 Maler, 11 Programmierer, 12 Reinigungskraft, 10 Sekretärin, 3 Friseurin, 2 Taxifahrer)

1c

Die KT hören die Texte zweimal. (Lösung: Bankkauffrau, Sekretärin, Kellnerin, Lehrerin.)

Fragen Sie die KT, woran sie die Berufe erkannt haben. Welche Schlüsselwörter kamen vor, welche Höreindrücke waren für die Berufe typisch? Erläutern Sie die entsprechende Hörstrategie, was auch bei diesen sehr kurzen Texten möglich ist: Die KT sollen sich auf die Schlüsselwörter bzw. auf die Situation konzentrieren, es kommt nicht darauf an, jedes einzelne Wort zu verstehen.

Alles klar: Ü 3

Arbeitsbuch: Ü 1-2

A Das muss ich machen

Lernziele und Lerninhalte:

Sprechen: Berufe beschreiben: Arbeitszeiten, Aufgaben,
sagen, was man im Beruf wichtig findet,
fragen, was jemand (nicht) kann/muss/will

Schreiben: Sätze mit Modalverben

Lesen: Berufsporträts

Wortschatz: Aufgaben im Beruf

Grammatik: Die Modalverben *können*, *müssen* und *wollen*

1a

Die drei längeren Lesetexte dienen mehreren Zielen: dem Leseverstehen, der Einführung von Wortschatz zum Wortfeld Arbeit/Beruf und der Einführung der Modalverben.

Bilden Sie für die Lektüre Gruppen, je nach Kursgröße bearbeiten ein bis zwei Gruppen je einen Text. In den Gruppen sollten lerngeübte und lernungeübte KT gemischt sein.

Jede Gruppe bearbeitet einen Text und ergänzt die Tabelle in 1a. Sammeln Sie dann die Lösungen an der Tafel.

	Liam Phan	*Martina Steinert*	*Stephanie Kuhn*
Beruf	*Ladenbesitzer*	*Bankkauffrau*	*Sekretärin*
Aufgaben	*Waren bestellen, verkaufen und bedienen*	*Geld wechseln, Kunden beraten, bei Überweisungen helfen, die Kasse kontrollieren, Formulare bearbeiten und unterschreiben*	*Kurslisten machen, Anmeldungen annehmen*
Arbeitszeit	*Montag-Freitag 8-19 Uhr, Samstag 8-13 Uhr*	*Montag bis Donnerstag 9-17 Uhr, Freitag bis 16 Uhr.*	*täglich 9-16 Uhr, am Samstag frei*

1b

Partnerarbeit. Lerngeübte KT können anstelle von W-Fragen den Text anhand der Notizen in der Tabelle von 1a mündlich und/oder schriftlich in eigenen Worten wiedergeben.

Mit der Tabelle haben die KT zugleich eine Liste mit Wörtern für die jeweiligen Berufe – und eine Grundlage, um den Wortschatz zu erarbeiten, der für ihre eigenen Berufe wichtig ist, was eine wichtige Hilfe für die Arbeitssuche sein kann: Die KT sammeln zunächst in Partnerarbeit Stichwörter zu ihren eigenen Berufen, Unterstützung durch KL. Anschließend gemeinsame Besprechung im Plenum. Falls es Personen mit gleichem Beruf gibt, sollten diese zusammenarbeiten. In sehr großen Gruppen oder falls sehr unterschiedliche Berufe vertreten sind, sollten Sie die Aufgabe einschränken, z. B. indem die KT max. vier Wörter oder Ausdrücke zu ihrem Beruf notieren.

Variante

1b als Gruppenarbeit Die KT schreiben zwei bis drei Fragen zu jeweils einem Text, die Fragen machen im Plenum die Runde, die anderen KT antworten.

1c

Übergang zur Grammatikarbeit. Die KT lesen Text 3 noch einmal und unterstreichen die Modalverben. Anschließend ergänzen sie die Sätze von 1c. Lassen Sie danach die KT die Sätze mit Modalverben auch in den anderen Lesetexten unterstreichen (Text 1: *Ich muss die Waren in Asien bestellen,* Text 2: *Ich muss immer früh aufstehen. Ich kontrolliere die Kasse und muss Formulare bearbeiten und unterschreiben.*)

Damit haben Sie eine erweiterte Basis, um die Bedeutung, die Konjugation und die Endstellung des Infinitivs, also die Themen von Aufgabe 2 zu vertiefen.

2

In 2a geht es um die Bedeutung der Modalverben, in 2b um die Satzstellung.

Die Modalverben bereiten vielen KT Schwierigkeiten. Nehmen Sie sich ausreichend Zeit für dieses Thema. Für die Verbstellung bietet sich folgende Erklärung analog dem Satzschema zu den trennbaren Verben an:

Position 1	Position 2 (konjugiertes Verb)		Ende (Infinitiv)
Wir	*wollen*	*Deutsch*	*lernen.*
Sie	*müssen*	*die Wohnung*	*putzen.*

Wiederholen Sie die anlässlich der Einführung der trennbaren Verben vorgeschlagene Aktivität: vier bis fünf KT erhalten je einen Satzteil, den Sie zuvor auf Kärtchen geschrieben haben und stellen sich in der richtigen Reihenfolge auf (s. Hinweise zu Lektion 5, Ü B.1).

3

Besprechen Sie die Konjugation, nachdem die KT die Lücken der Formen, die in den vorangegangenen Aufgaben vorkommen, in Einzelarbeit ausgefüllt haben. Die Formen, die bereits eingetragen sind, sind neu. Lassen Sie abschließend einige KT die Formen je eines der Modalverben ohne Buch an die Tafel schreiben.

4

Auch in Gruppenarbeit möglich, wobei lernungeübte KT besondere Unterstützung brauchen: Sie müssen nicht nur die korrekte Form finden, sondern auch die Wortstellung beachten. Ziehen Sie als Vorentlastung AB-Übung 9 (Vertiefungsübung) heran.

Erläutern Sie die Bedeutung der Modalverben auch mit Sätzen, die zur Kursituation passen: Welche Sprachen können die KT sprechen? Was müssen sie im Unterricht machen? etc.

Varianten

– Wenn die KT mit den Modalverben sicherer sind, wiederholen sie die Fragen und Antworten aus 1b, dieses Mal mit Modalverben: *Wie lange muss Herr Phan arbeiten?* etc.

– Lerngeübte KT fassen den Text auf Basis der Tabelle ein weiteres Mal zusammen, dieses Mal mit Modalverben.

– Würfelspiel nach dem Modell von Übung A4 in Lektion 2, dieses Mal mit den Modalverben (s. hierzu die Hinweise auf S. 22).

Meine Arbeit

5/6

In diesen kommunikativen Übungen wenden die KT die neu gelernten Modalverben an. In 5 sind die KT aufgefordert, Sätze zu ihrem Beruf zu formulieren. Die KT schreiben zunächst drei bis vier Sätze in Einzelarbeit und berichten dann im Kurs. Die Fragen und Antworten in 6 sind wieder etwas stärker gelenkt. Sie sind in Partnerarbeit möglich oder sie machen als Kettenübung die Runde.

Beachten Sie die beiden Bedeutungen von *können*. Einmal als Fähigkeit, zum anderen als Möglichkeit (z. B. *Ich kann am Wochenende arbeiten.*) Weisen Sie anhand des Infokastens darauf hin.

Varianten

– Kopieren Sie Übung 5 auf OHP-Folie. Das macht es leichter, die KT zu unterstützen, wenn sie Probleme haben, Sätze zu formulieren.

– Erweitern Sie den Redemittelkasten und lassen Sie die KT weitere Sätze bilden: Was *wollen/können/müssen sie noch?*

– Bei 6 bietet es sich an, noch einmal Verabredungsdialoge zu üben (s. Lektion 5, Block D), dieses Mal mit Einbeziehung der Modalverben, z. B.:

+ *Wollen wir am Samstag Fahrrad fahren?*
– *Nein, ich kann nicht. Ich muss arbeiten.*
+ *Kannst du am Sonntag?*
– *Ja, das geht.*

Für lerngeübte KT mit Dialoggrafik:

Samstag – Fahrrad fahren?

nein – arbeiten

Sonntag?

ja.

Die KT variieren diese Dialoge mit anderen Situationen und Wochentagen: zusammen grillen, Hausaufgaben machen, Freunde besuchen wie im KB vorgeschlagen oder auch wandern, ausgehen, nach Berlin fahren etc. Als Modell bieten sich die *Alles klar*-Übungen 1 und 2 an.

– Lassen Sie mit dem Modalverb *müssen* den Tagesablauf wiederholen (s. Lektion 5 Block B)

KV 12 Kopiervorlage 12 enthält ein Wechselspiel zu den Modalverben. Die KT fragen sich gegenseitig zu verschiedenen Personen und antworten (besonders geeignet für lernungeübte KT). Schneiden Sie die Kopien in der Mitte durch, je ein KT enthält eine Kopie A bzw. Kopie B.

Alles klar: Ü 1, 2, 6

Arbeitsbuch: Ü 3-16

Vertiefungsübungen Ü 4: Nomen und Verben kombinieren, Ü 8: Konjugation Modalverben Ü 9: Modalverben und Infinitive ergänzen

Erweiterungsübung Ü 15: Modalverben und Negation

Portfoliotext Ü 16: Was man bei seiner Arbeit machen will/kann/muss

B Ein Tag im Leben von Martina Steinert

Lernziele und Lerninhalte:

Sprechen:	den eigenen Alltag beschreiben, sagen, wo man war oder wohin man geht
Lesen:	der Alltag von Martina Steinert: Bilder und Sätze zuordnen
Schreiben:	Sätze mit Präpositionen mit Dativ
Hören:	Dialoge – Wohin gehen die Personen, woher kommen Sie?
Grammatik:	Präpositionen mit Dativ: *aus, bei, mit, nach von, zu*

In diesem Block liegt der Schwerpunkt auf Grammatik. Die KT lernen Präpositionen und die Artikel mit Dativ kennen. Zunächst geht es um die grammatische Form (Ü 1 und 2), anschließend um die kommunikative Umsetzung.

1

Die Zuordnung der Bilder zu den Sätzen in 1a erfolgt in Partnerarbeit mit anschließender Besprechung im Plenum (Lösung: 1-6-5-3-2-4). 1b für lernungeübte KT in Gruppen.

Schreiben Sie anschließend die Präpositionen mit Dativ an die Tafel: *aus dem Haus, zur*

Arbeit etc. Erläutern Sie dann anhand des Info-kastens zunächst die Artikel im Dativ, vor allem die Zusammenziehung von Präposition und Artikel.

2

Einzel- oder Partnerarbeit. Die Aufgabe dient zum einen der Festigung der Form, zum anderen bietet sie dem KL die Möglichkeit zu überprüfen, ob die KT diese verstanden haben. Ziehen Sie auch die AB-Übungen 19-21 heran, in denen der Schwerpunkt auf der Form liegt.

Variante

Für lerngeübte KT. Schreiben Sie die Präpositionen mit Dativ aus 1a in ungeordneter Reihenfolge an die Tafel: *zum Basketball-training – beim Chef – aus dem Haus – mit ihren Kollegen – mit den Kindern – von der Arbeit – zum Supermarkt – nach der Pause.*

Die KT decken den Text ab und bilden mit Hilfe des Tafelanschriebs und der Bilder Sätze.

3

Hier empfiehlt sich eine stärkere Steuerung durch KL. Schreiben Sie einige Satzbausteine an die Tafel, z. B.:

Um acht Uhr	*gehe ich*	*zur Sprachschule.*
Am Vormittag	*fahre ich*	*zum Kindergarten*
Um 13.00 Uhr		*zum Supermarkt*
Am Mittag		*nach Hause*
Um 5.00 Uhr		
Am Nachmittag		

Lassen Sie jeden KT im Plenum einen Satz sagen. Führen Sie eine zweite Runde durch, bei der Sie dann die Präpositionen vor den Nomen wegwischen.

Anschließend berichten sich die KT gegenseitig in Partnerarbeit. Jeder KT sollte zwei oder drei Sätze sagen.

4

(Lösung: 1R, 2R, 3F, 4F, 5F, 6R) Nachdem die Aufgabe gelöst worden ist, spielen Sie die Hör-

texte noch einmal vor und stellen Sie weitere Fragen:

Was macht Beate nach dem Besuch bei der Freundin? Wann kommt sie nach Hause?

Woher kommt Tom? Wann beginnt die Arbeit von Michael?

Oder fordern Sie zwei lerngeübte KT auf, während des Hörens weitere Fragen zu den Texten zu schreiben, die die anderen KT dann beantworten, evtl. nachdem sie die Dialoge ein weiteres Mal gehört haben.

Bisher wurden die Präpositionen nur mit dem bestimmten Artikel im Dativ geübt. In den Fragen 2 und 5 zu den HVs tauchen sie auch mit dem unbestimmten Artikel im Dativ auf. Erklären Sie, dass die Endung bei den Artikel-wörtern immer gleich ist: beim bestimmten Artikel, beim unbestimmten Artikel, bei *kein* und auch bei den Possessivartikeln. Als Hilfe können neben einem Tafelanschrieb die Erläuterungen auf der *Gewusst wie*-Seite und im Grammatikanhang dienen.

der	dem	ein	einem	kein	keinem	meinem
das	dem	ein	einem	kein	keinem	einem
die	der	eine	einer	keine	keiner	meiner
Plural						
die	den	-	-	keine	keinen	meinen

5

Diese Übung ist eine weitere Hilfe, die Bedeutung der Präpositionen mit Hilfe der Fragen *wo, woher* und *wohin* zu erschließen.

Erläutern Sie, dass die Präpositionen bei diesen Fragen vor allem bei Personen und Institutionen vorkommen, verzichten Sie hier aber auf weitere Einzelheiten (z. B. Unterschiede wie von *der Post/aus der Post* oder *zum/in den Supermarkt*.)

Schon mehrfach vorgekommen ist die Präposition *nach* in lokaler Bedeutung (s. Info-kasten neben 6). Erläutern Sie die Funktion dieser Präposition bei Städte- und Ländernamen und weisen Sie auf die Stellen in den vorangegangenen Lektionen hin, wo *nach* bereits vorgekommen ist (L 4, Ü B.1, L 5, Ü D.3). In

AB-Übung 23 wird der Unterschied von *in* und *nach* bei Städte- und Ländernamen geübt.

6

Hier ist stärkere Lenkung erforderlich, da nur im Falle von *Chef, Friseur, Bäcker* und *Arbeit* auf die Frage *Wo waren Sie gestern?* eindeutig mit *bei* geantwortet werden kann. Bei den übrigen Wörtern sind auch *an* (Haltestelle) und *in* möglich. Nur auf die Frage *Wohin gehen Sie?* ist eindeutig eine Antwort mit zu bei allen Wörtern möglich. Machen Sie eine Tabelle an der Tafel, damit die KT eine Orientierung haben.

Wo waren Sie gestern?
Chef – Friseur – Bäcker – Arbeit

Wohin gehen Sie heute?
Haltestelle – Kita – Supermarkt – Post
Lassen Sie die KT auch Fragen und Antworten mit *Woher kommen Sie?* machen.

KV 13 A/B Kopiervorlage 13 ist eine Ergänzungsübung in Kombination mit einem Puzzle für lernungeübte KT. Die KT erhalten acht Sätze in acht Feldern, bei denen jeweils die Präposition fehlt. Schneiden Sie die acht Präpositionen aus und kleben Sie sie auf Kärtchen. Die KT sollen nun die Kärtchen mit den Präpositionen auf die passenden Felder legen. Wenn die Aufgabe korrekt gelöst ist, ergibt die Abfolge der Karten das zusammenhängende Bild einer Schlange.

Alles klar: Ü 7
Arbeitsbuch: Ü 17-23
Vertiefungsübungen: Ü 19: bestimmter und unbestimmter Artikel im Dativ, Ü 23a Fragen und Präpositionen: *wo, wohin – in, nach*

C Rund ums Geld
Lernziele und Lerninhalte:
Schreiben: ein Überweisungsformular ausfüllen

Hören: Telefongespräch über eine Überweisung

Wortschatz: Bankgeschäfte

In diesem Block geht es um Basiswortschatz zum Thema Bank/Geld, der für die Migranten im Alltag wichtig ist, und sie sollen ein Überweisungsformular ausfüllen. Das Thema wird in Band 2 vertieft.

1

Die KT betrachten die Abbildungen: *Was ist das?* (Lösung: B-D-C-E-A) Wahrscheinlich ist vielen KT der Wortschatz schon bekannt, weshalb die Zuordnung in Form eines Plenumsgesprächs erfolgen kann. Machen Sie ein Wörternetz:

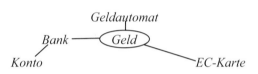

So festigen die KT den Wortschatz und sie haben Gelegenheit, ihr Vorwissen zu aktivieren. Welche Begriffe zu den Themen Bank und Geld kennen sie noch, z. B. Sparbuch, Zinsen, Kredit, Gebühren etc.? Das Wörternetz bildet die Grundlage für weitere Fragen: Welche Bankgeschäfte müssen die KT erledigen, haben sie schon einmal ein Gespräch am Bankschalter mit einem Bankmitarbeiter geführt, haben sie alleine oder mit Hilfe anderer ein Girokonto eröffnet?

2/3

Das globale und detaillierte HV in 2 dient als Vorbereitung auf 3, in der das Überweisungsformular ausgefüllt wird. (Lösung 2a: A, 2b: Kontonummer: 2570318, BLZ 100 500 00)

Es handelt sich hier nicht um das erste Formular, das die KT ausfüllen. Diese Textsorte kennen sie bereits aus Lektion 1 (AB-Übung 31, *Deutsch plus*) und Lektion 2 (*Alles klar*-Übung 2), so dass die KT mit der Zeile Name, Vorname keine Probleme haben sollten. Erläutern Sie ggf. noch einmal die Wörter *Kontonummer* und *Bankleitzahl* und helfen Sie, wenn die KT nicht gleich wissen, an welcher Stelle sie die Daten eintragen müssen. Geben Sie den KT als Hausaufgabe, für weitere Übungen Überweisungsformulare in den Banken zu holen.

Alles klar: Ü 4-5

Arbeitsbuch: Ü 24-25, Ü 26: Flüssig sprechen

Arbeitsbuch – Deutsch plus: Ü 27: Texte über Berufe sortieren und schreiben, Ü 28: Stellenanzeigen

Arbeitsbuch – Wörter lernen: Ü 29-31
Lerntipp: Nomen und Verben zusammen lernen

Phonetik – Die Diphtonge *ei au eu*, siehe Seite 120 in den Handreichungen

Flüssig sprechen

Alles klar Ü 8

Das grammatische Thema dieser Lektion sind die Präpositionen mit Dativ. Dieser Nachsprechtext enthält alle sechs in der Lektion gelernten Präpositionen in typischen Sätzen. Das Nachsprechen dieser Sätze unterstützt das Lernen dieser Strukturen und die Dativformen. Deshalb sollten Sie darauf achten, dass die Teilnehmer die Endungen nicht verschlucken oder nachlässig sprechen. Allerdings dürfen die Endungen aber natürlich auch nicht betont werden, das würde zu einer unnatürlichen Intonation führen.

Das *Flüssig sprechen* im Arbeitsbuch (Ü 26) trainiert Sätze mit Modalverben.

Station 2

Wiederholung

1 Die Situationen 1, 5 und 6 sind weniger komplex und können als Einstieg für lernungeübte KT dienen. Im Übrigen empfiehlt sich für lernungeübte KT stärkere Lenkung, z. B. mit Hilfe von Dialoggrafiken, die für Situation 4 z. B. wie folgt aussehen kann:

Basketballverein Spandau/
Name/Begrüßung

Begrüßung/Name/
Mitgliedsbeitrag 2009/
Bankverbindung?

Kontonummer: 2570318/
Bank: Berliner Sparkasse

Bankleitzahl?

Bankleitzahl: 100 500 00

Wiederholung Kontonummer,
Bankleitzahl, Bank/richtig?

stimmt

Dank und Verabschiedung

Geben Sie evtl. auch Redemittel vor:
Guten Tag, Hier spricht ..., Ich möchte .... überweisen etc.

Lassen Sie die KT den Dialog variieren: Mitgliedsbeitrag für Fußballverein, eine Bank am Kursort u. ä.

Geeignete Dialoggrafiken finden Sie im Arbeitsbuch für folgende Situationen:

Situation 2: Lektion 5, AB, Ü 24

Situation 8: Lektion 4, AB, Ü 17 b

Weitere Variationsmöglichkeiten:

Situation 3: Sie sind beim Bäcker und wollen Brot und Kuchen kaufen.

Situation 7: Sie sind der Chef. Was muss der Mitarbeiter heute machen? – Hier haben die KT Gelegenheit, nicht nur mit Modalverben, sondern auch mit dem Imperativ zu sprechen.

Spiel und Spaß

2 Für diese Übung bieten sich mehrere Variationsmöglichkeiten:

2a Die KT bilden mit je einem Wort pro Wortfeld einen Satz.

2b Die KT tauschen ihre Wortlisten nach Ablauf der zwei Minuten. Sie bekommen weitere zwei Minuten Zeit, um die Listen ihrer Lernpartner zu ergänzen. Danach werden die Wortlisten noch einmal getauscht, die KT ordnen die Wörter den Wortfeldern zu.

2c Auf den Lernplakaten schreiben die KT jeweils nur die ersten zwei Buchstaben eines Wortes oder lassen Lücken für die Vokale, die anderen Gruppen bekommen die Aufgabe, die Wörter zu ergänzen.

Jeder erhält einen Zettel mit einem Wort aus der Liste in 2a. Die KT bewegen sich im Raum und suchen die KT mit Wörtern des gleichen Wortfeldes. Auf diese Weise finden sich die Gruppen, die wie in 2c vorgeschlagen die Lernplakate machen.

3 Dieses Spiel ist auch als Pantomime möglich. Je ein KT bekommt einen Zettel mit einem Beruf und macht dann einige für diesen Beruf typische Bewegungen. Die anderen KT raten.

Oder: Sie teilen die KT in Gruppen ein, je ein KT pro Gruppe demonstriert einen Beruf. Wenn eine andere Gruppe den Beruf richtig rät, bekommt sie einen Punkt.

Auftaktseite

Lernziele und Lerninhalte:

Sprechen: Sprechzeiten von Ärzten nennen,
              sagen, zu welchem Arzt man geht
Lesen: Praxisschilder Ärzten zuordnen
Wortschatz: Fachärzte, Krankheiten

Kannbeschreibungen GER/Rahmencurriculum:
Kann Adressen und Öffnungszeiten von Ärzten erfragen.

Arbeitsbuch: Ü 1-2

A Ein Besuch beim Arzt

Lernziele und Lerninhalte:

Sprechen: Terminvereinbarung beim Arzt,
               Körperteile nennen, Dialoge beim
               Arzt
Schreiben: Sätze mit *sollen*
Lesen/Hören: Terminvereinbarung beim Arzt
               Dialog beim Arzt
Wortschatz: Körperteile, Krankheiten, Medikamente
Grammatik: *sollen*

Kannbeschreibungen GER/Rahmencurriculum:
Kann Auskünfte zur Person bei der Anmeldung beim Arzt geben.
Kann mitteilen, wie es ihm/ihr geht und beschreiben, was ihm/ihr weh tut.
Kann im Gespräch mit Ärzten relevante Informationen verstehen.

Arbeitsbuch: Ü 3-10
Vertiefungsübungen Ü 3: Uhrzeiten wiederholen,
Ü 10: Sätze mit *sollen*

B Gesundheit in Deutschland

Lernziele und Lerninhalte:

Sprechen: Informationen über Ärzte und
              Krankenversicherung austauschen
Lesen: Informationen über das deutsche
              Gesundheitssystem
Wortschatz: Gesundheitssystem

Arbeitsbuch: Ü 11

C Mein Kind ist krank

Lernziele und Lerninhalte:

Sprechen: erzählen, was man macht, wenn das
             Kind krank ist
Hören: Gespräch am Morgen – ein Kind ist
             krank
Schreiben: Entschuldigungsschreiben für die
             Schule

Kannbeschreibungen GER/Rahmencurriculum:
Kann sich mit einfachen Worten krankmelden. Kann eine kurze schriftliche Entschuldigung bei Krankheit schreiben.

Arbeitsbuch: Ü 12-15
Vertiefungsübung Ü 12b: Textteile eines Entschuldigungsschreibens sortieren
Erweiterungsübung Ü 12c: Entschuldigungsschreiben für die Schule
Portfolioübung Ü 15: Schreiben, was man macht, wenn das Kind krank ist

D Im Krankenhaus

Lernziele und Lerninhalte:

Sprechen: Dialoge (Rollenspiel)
Lesen: Herr Kuhn im Krankenhaus
Grammatik: Personalpronomen im Akkusativ

Arbeitsbuch: Ü 16-20
Vertiefungsübung Ü 19: Personalpronomen im Akkusativ (formell und informell)
Erweiterungsübung Ü 20: Eine Geschichte schreiben

E 112 Der Notruf

Lernziele und Lerninhalte:

Sprechen: Notruf-Dialoge
Lesen/Hören: Ein Notruf
Lesen: Regeln für einen Notruf
Wortschatz: Redemittel für einen Notruf

Kannbeschreibungen GER/Rahmencurriculum:
Kann telefonisch einen Notruf tätigen und die wichtigsten Informationen nennen.

Arbeitsbuch: Ü 21-22, Ü 23: Flüssig sprechen
Vertiefungsübung: Ü 21: Fragepronomen ergänzen
Arbeitsbuch – Deutsch plus Ü 24: Lesetext Gesund essen, Ü 25: vier Interviews zum Thema

Arbeitsbuch – Wörter lernen: Ü 26-28
Lerntipp: Wörter mit Bildern lernen

Phonetik: *pf* und *z*

Kopiervorlagen in den Handreichungen:
KV 14:Komposita-Domino
KV 15A/B: Der Akkusativ. Wie war das noch? Würfelspiel zum Akkusativ
In Lektion 8 geht es um Gesundheit. Eingeführt werden die Körperteile und die KT erhalten Informationen über das Gesundheitssystem in Deutschland. Die Grammatik behandelt *sollen* und die Personalpronomen im Akkusativ.

Auftaktseite

Lernziele und Lerninhalte:

Sprechen: Sprechzeiten von Ärzten nennen, sagen, zu welchem Arzt man geht

Lesen: Praxisschilder Ärzten zuordnen

Wortschatz: Fachärzte, Krankheiten

Die KT betrachten zunächst die Bilder: Welche Ärzte kennen sie? Anschließend ordnen sie die Praxisschilder zu. Die Fragen und Antworten zu den Öffnungszeiten sind erstens eine Wiederholung der Uhrzeiten (L. 5, Block A), zweitens lernen die KT am Beispiel von Praxisschildern, allgemeine Informationen zu Sprech- bzw. Öffnungszeiten zu verstehen.

In 1c wird erster Wortschatz zu Krankheiten eingeführt. Zeigen Sie auf Ihren Hals, Bauch etc., um die Körperteile zu erklären. In Block A folgen sie dann komplett. Mit 1c haben Sie Gelegenheit, den Imperativ zu wiederholen. Falls es die Klassensituation erlaubt, bietet sich hier auch ein Erfahrungsaustausch an: Bei welchen Ärzten waren die KT schon, welche Erfahrungen haben sie gemacht?

Arbeitsbuch: Ü 1-2

A Ein Besuch beim Arzt

Lernziele und Lerninhalte:

Sprechen: Terminvereinbarung beim Arzt, Körperteile nennen, Dialoge beim Arzt

Schreiben: Sätze mit *sollen*

Lesen/Hören: Terminvereinbarung beim Arzt – Dialog beim Arzt

Wortschatz: Körperteile, Krankheiten, Medikamente

Grammatik: *sollen*

1

Am Anfang steht ein HV zu einer Terminvereinbarung beim Arzt. Lassen Sie die KT das Telefongespräch mit verteilten Rollen und dem eigenen Namen lesen, nachdem sie das globale HV in 1a gelöst haben. Lassen Sie auch die Termine variieren: Statt z. B. Montag um neun

Uhr, Donnerstag um 10 Uhr etc. So üben die KT die Intonation, sie wiederholen das Buchstabieren und noch einmal Uhrzeiten und die freiere Dialogübung 1c wird vorentlastet.

Das detaillierte HV von 1b ist eine weitere Vorentlastung von 1c. Lösungen: Dialog 1: Frau Bas/Dienstag, 15 Uhr – Dialog 2: Herr Hristov/Mittwochnachmittag, 16.00 Uhr

Arbeiten Sie bei 1c mit einer Dialoggrafik, zunächst für einen Dialog nach dem Modell von 1a (lernungeübte KT)

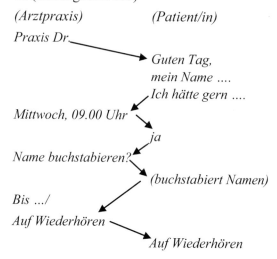

Anschließend variieren Sie diese Dialoggrafik für die Situationen von 1c, z. B.:

Arztpraxis: *Praxis Dr ...*

Patient: *Guten Tag, hier ... Ich hätte gern ... für meinen Sohn etc.*

Lerngeübte KT oder KT, die mit den Dialogen schneller fertig sind, variieren die Dialoge weiter: Sie müssen einen anderen Termin aushandeln, weil sie zu dem vorgeschlagenen Termin keine Zeit haben, sie waren schon letzte Woche beim Arzt, brauchen jetzt aber noch einmal einen Termin u.ä.

2

Einführung der Körperteile. Reihenfolge der Körperteile auf der CD: *Arm, Ohr, Kopf, Fuß, Bauch, Auge, Hals, Bein, Hand, Mund, Nase, Rücken.* Lassen Sie die KT die Wörter bei einem zweiten Hören auch nachsprechen. Zeigen Sie dann z. B. auf Ihren Kopf und fragen Sie: *Was ist das?* Die KT antworten und lösen dann 2b in Partnerarbeit

Erstellen Sie mit den KT ein Wörternetz an der Tafel, das z. B. so aussehen kann:

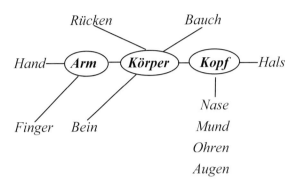

3

Gespräch beim Arzt. Bevor die KT 3b lösen, lesen sie den Dialog, um unbekannten Wortschatz zu klären.

Schreiben Sie für die Einführung von *sollen* (3c) folgende Imperative aus dem Dialog an die Tafel: *Trinken Sie viel. – Nehmen Sie täglich Vitamin C. – Bleiben Sie im Bett. – Schlafen Sie viel.*

Formen Sie dann einen Satz um: *Der Arzt sagt, ich soll viel trinken* und schreiben sie diesen an die Tafel. Markieren Sie die Position von *sollen* und des Infinitivs und erinnern Sie an die Regeln, die die KT bei der Einführung von *können*, *müssen* und *wollen* in L. 7 gelernt haben.

Position 1	**Position 2**	**Ende**
	(konjugiertes Verb)	*(Infinitiv)*
Er	*soll*	*viel*	*trinken.*

Anschließend ergänzen die KT die Sätze im Kursbuch und schreiben die weiteren Sätze mit sollen ins Heft. Individuelle Kontrolle durch KL.

Erläutern Sie *sollen* auch mit Hilfe von Situationen im Kurs: *Bitte lesen Sie den Text. – Der Lehrer sagt, wir sollen den Text lesen* etc. Ziehen Sie dazu AB-Übung 9 heran, die passende Sätze enthält.

In Gruppen mit lerngeübten KT sollten Sie den Gegensatz von sollen und müssen erläutern, der vielen KT große Schwierigkeiten bereitet. Dafür eignet sich folgende Gegenüberstellung: *Herr*

Hristov ist krank. Er muss im Bett bleiben. – Der Arzt sagt, er soll im Bett bleiben etc.

4

Schreiben Sie für lernungeübte KT für einen der Dialoge zunächst einen Lückentext an die Tafel, z. B. für Situation 1:

+ Guten Tag, was fehlt Ihnen denn?

– Ich habe _____ .

+ Machen Sie _____ , _____ und _____ Sie nicht schwer.

Nachdem die KT die Dialoge gespielt haben, formen sie die Imperative in Sätze mit *sollen* um, z. B.: *Der Arzt sagt, ich soll nicht schwer heben* etc.

Alles klar: Ü 1, 2, 5

Arbeitsbuch: Ü 3-10

Vertiefungsübungen Ü3: Uhrzeiten wiederholen, Ü 10 Sätze mit *sollen*

B Gesundheit in Deutschland
Lernziele und Lerninhalte:

Sprechen: Informationen über Ärzte und Krankenversicherung austauschen

Lesen: Informationen über das deutsche Gesundheitssystem

Wortschatz: Gesundheitssystem

1

Hier erhalten die KT Informationen über das deutsche Gesundheitswesen. Im Alltag werden die KT häufig mit komplexen Texten bzw. komplexem Wortschatz konfrontiert. Die zahlreichen neuen Wörter (Versichertenkarte, Quartal, Arbeitgeber etc.) dienen auch dazu, die KT auf solche Situationen vorzubereiten. Daher steht neben dem Leseverstehen die Vermittlung von Lesestrategien im Mittelpunkt: Die KT sollen für die Zuordnung kein Wörterbuch benutzen, geben Sie ein Zeitlimit von wenigen Minuten vor und geben Sie den Tipp, bei 1 „pragmatisch" vorzugehen, d.h. nach Übereinstimmungen in Worten und Bildern zu suchen, ohne die Texte Wort für Wort zu lesen.

Für das Detailverständnis empfehlen sich W-Fragen:

1. *Wo braucht man die Versichertenkarte?*
2. *Wie hoch ist die Praxisgebühr/Wie oft muss man sie bezahlen?*
3. *Wer bekommt die Krankschreibung?*
4. *Wer bekommt die Überweisung?*
5. *Wofür braucht man die Rezepte?*

Die KT beantworten die Fragen in Partnerarbeit, Auswertung im Plenum.

Diese Übung dient zum einen als Erfahrungsaustausch, zum zweiten kann sie als Orientierung im Alltag dienen. Sammeln Sie die verschiedenen Krankenkassen an der Tafel. Fordern Sie die KT auch auf, ihre Versichertenkarten zu zeigen, sofern sie sie dabei haben. Für die Frage nach einem guten Arzt sollten Sie Redemittel vorgeben, z. B.: *Mein Hausarzt ist sehr freundlich. Ich bekomme immer schnell einen Termin. – Bei Dr. ... muss man nie lange warten, etc.*

Die KT sollten nicht mehr als einen oder zwei Sätze sagen. Für umfangreiche oder ausführliche Berichte fehlen ihnen auf dieser Stufe noch die sprachlichen Mittel.

Die Aufgabe eignet sich als kleines Projekt. Geben Sie den KT verschiedene Aufträge: Eine Gruppe sucht die Adressen von zwei oder drei Hausärzten im Telefonbuch oder im Internet, eine weitere die von Zahnärzten und Augenärzten oder auch von anderen Fachärzten. Soweit möglich, notieren die KT auch die Sprechzeiten der Ärzte. In der nächsten Stunde berichten die KT über ihre Ergebnisse und sammeln die Adressen und Sprechzeiten der Ärzte auf einem Blatt Papier, das Sie kopieren und dann als Informationsblatt an die KT verteilen können.

KV 14 Lektion 8 enthält viele Komposita, die mit dem Domino in Kopiervorlage 14 geübt werden können. In Lektion 12 werden die Regeln für die Bildung von Komposita erläutert und vertiefend geübt.

Arbeitsbuch: Ü 11

C Mein Kind ist krank

Lernziele und Lerninhalte:

Sprechen: Erzählen, was man macht, wenn das Kind krank ist

Hören: Gespräch am Morgen – ein Kind ist krank

Schreiben: Entschuldigungsschreiben für die Schule

1

Zunächst betrachten die KT das Foto und sprechen über die Situation: Wer sind die Personen, was ist passiert? Anschließend hören die KT das Gespräch und lösen die Aufgaben.

(Lösungen: C – A – B – A)

Lassen Sie einen lerngeübten KT das Gespräch mit Hilfe der korrekten Antworten in eigenen Worten wiedergeben und stellen Sie weitere Fragen: *Wann gehen Burcu und ihre Mutter zum Arzt? – Was soll der Bruder machen?*

Machen Sie auf die Vermutung der Mutter im Dialog aufmerksam: *Vielleicht ist es Scharlach.* Dieses Wort ist den meisten KT möglicherweise zwar unbekannt, aber es bietet Gelegenheit, verschiedene Kinderkrankheiten zu sammeln. Schreiben Sie das Wort an die Tafel und fragen Sie die KT, welche weiteren Kinderkrankheiten sie kennen (z. B. Masern, Windpocken, Mumps, Röteln). Fordern Sie die KT auf kurz zu berichten, ob sie selbst oder ihre Kinder schon eine dieser Krankheiten hatten. Geben Sie dafür Fragen vor: *Welche Krankheit(en) hatten sie? – Wie lange waren sie im Bett/nicht in der Schule?*

2

Mit dem Entschuldigungsbrief erhalten KT mit Kindern ein Modell für den „Notfall", wenn sie für ihr eigenes Kind einen solchen Brief benötigen.

Fragen Sie einleitend, welche KT schon einmal ein Entschuldigungsschreiben für die Schule formulieren mussten. Danach wird die Aufgabe in Partnerarbeit gelöst, Auswertung im Plenum. Anschließend lösen die KT die AB-Übung 12a. Lernungeübte KT lösen zusätzlich 12b, lerngeübte KT 12c.

3

Zunächst bilden die KT mit den Satzbausteinen Sätze, anschließend erweitern sie in Partnerarbeit und mit Unterstützung durch KL die Liste, z. B.: *kalte Umschläge machen – Apfelsaft bringen – zum Arzt gehen* etc. Sammeln Sie die Ergebnisse an der Tafel, damit die KT im Kurs berichten können. Hier sollten Sie insbesondere KT mit Kindern zu Redebeiträgen ermuntern. Lassen Sie die KT auch kleine Dialoge für einen Erfahrungsaustausch bzw. gegenseitige Tipps machen, z. B.:

+ *Du, meine Tochter hat Fieber, was soll ich machen?*

– *Du kannst doch kalte Umschläge machen.*

Variante

Die KT schließen das Buch. Schreiben Sie Nomen und Verben getrennt an die Tafel:

Fieber – Tee – Medikamente, messen – kochen – geben etc.

Alles klar: Ü 3

Arbeitsbuch: Ü 12-15

Vertiefungsübung Ü 12b: Textteile eines Entschuldigungsschreibens sortieren

Erweiterungsübung Ü 12c: Entschuldigungsschreiben für die Schule

Portfolioübung Ü 15: Schreiben, was man macht, wenn das Kind krank ist

D Im Krankenhaus

Lernziele und Lerninhalte:

Sprechen: Dialoge (Rollenspiel)

Lesen: Herr Kuhn im Krankenhaus

Grammatik: Personalpronomen im Akkusativ

Hier lernen die KT Wortschatz zum Krankenhaus kennen, außerdem geht es um die Personalpronomen im Akkusativ.

1

Als Vorentlastung für den nachfolgenden Text beschreiben die KT zunächst die Bilder: *Wer ist auf den Bildern? – Wo ist der Mann? – Wie geht es ihm?* Schreiben Sie für lernungeübte KT geeignete Redemittel auf eine OHP-Folie oder an die Tafel:

Vielleicht	*telefoniert*
Er ist	*Besuch*
Der Arzt untersucht	*den Mann*
Er bekommt	*ist der Mann krank*
Er liegt im Bett und	*im Krankenhaus*

Anschließend ordnen die KT Bilder und Text zu. Schreiben Sie die ersten beiden Sätze an die Tafel und markieren Sie *Herr Kuhn* und *ihn.*

Herr Kuhn hat Bauchschmerzen.
*Ein Kollege bringt **ihn** zum Arzt.*

Dann lesen die KT den Text ein weiteres Mal und ergänzen die Tabelle. Erläutern Sie die Funktion der Personalpronomen im Akkusativ, indem sie alle Sätze durchgehen und mit *wen* nach den unterstrichenen Satzgliedern fragen.

Variante

Schreiben Sie die Antworten auf die Fragen in 1c an die Tafel, so dass sie eine Textzusammenfassung darstellen, z. B.: *Herr Kuhn hat Bauchschmerzen. Die Ärzte operieren ihn sofort. Seine Familie besucht ihn. Nach fünf Tagen kann er nach Hause gehen.* Ein KT liest den Text vor. Streichen Sie dann die Verben weg, ein weiterer KT liest den Text inklusive Verben vor. Verfahren Sie ebenso mit den übrigen Satzteilen, bis der Text nicht mehr an der Tafel steht, so dass die KT die Geschichte frei erzählen.

2

Fragen und Antworten in Partnerarbeit (Rollenspiel).

Varianten

– Die KT bewegen sich im Raum. Jeder KT erhält ein Kärtchen entweder mit *brauchen* oder *anrufen* und den zugehörigen Nomen. Zunächst stellen z. B. die KT mit *anrufen* ihre Fragen, anschließend die mit *brauchen.* Erweitern Sie die Schüttelkästen mit den Nomen – für *anrufen* z. B.: *deinen Freund/deine Freundin – den Arzt/die Ärztin* etc., für *brauchen* z. B. *das Wörterbuch – dein Fahrrad/Auto* etc. Auch mit weiteren Verben, z. B. *kaufen* und *besuchen* sind Fragen und Antworten möglich.

– Versteckspiel mit Gegenständen im Kursraum: Zwei KT verlassen den Raum, drei weitere KT verstecken z. B. jeweils ein Buch, einen Stift oder ein Stück Kreide in ihrem Rucksack oder ihrer Tasche. Anschließend kommen die KT wieder in den Raum und fragen: *Hast du die Kreide?* – Die anderen KT antworten: *Ja, ich habe sie* – oder: *Nein, ich habe sie nicht.* Wer zwei Gegenstände gefunden hat, hat gewonnen.

KV 15 ist ein Würfelspiel zum Akkusativ. Sie können damit die neu eingeführten Personalpronomen im Akkusativ im Akkusativ üben und/oder *ein-/kein-* im Akkusativ wiederholen. Die Spielregeln sind dort in einfacher Form erklärt.

Vorbereitung: Kopieren Sie die Kärtchen, schneiden Sie sie dann auseinander. Kleben Sie die Kärtchen auf Karton oder laminieren Sie sie.

Beachten Sie: Die Kärtchen 1-11 enthalten Fragen mit dem unbestimmten Artikel (Antworten mit ein/kein), die Kärtchen 12-14 Fragen mit Possessivartikel, die Fragen 15-18 mit dem bestimmten Artikel, die übrigen Kärtchen Fragen mit Personen (Antworten mit Personalpronomen im Akkusativ).

Je nach Lernstand oder Schwerpunkt Ihres Unterrichts können Sie die Kärtchen unterschiedlich verwenden: Alle zusammen, nur die mit unbestimmtem Artikel oder nur die mit bestimmtem Artikel bzw. Possessivartikel etc.

Oder Sie ergänzen weitere Kärtchen mit Nomen und Verben, die in Ihrem Unterricht zusätzlich zu dem Wortschatz, der in Pluspunkt Deutsch A1 enthalten ist, bereits vorgekommen sind.

Alles klar: Ü 4, 6

Arbeitsbuch: Ü 16-20

Vertiefungsübung Ü 19: Personalpronomen im Akkusativ (formell und informell)

Erweiterungsübung Ü 20: eine Geschichte schreiben

E 112 Der Notruf

Lernziele und Lerninhalte:

Sprechen: Notruf - Dialoge

Lesen/Hören: Ein Notruf

Lesen: Regeln für einen Notruf

Wortschatz: Redemittel für einen Notruf

Im letzten Block erhalten die KT Redemittel für Notrufe. Die Notrufnummern 110 für die Polizei und 112 für die Feuerwehr/Rettungswagen kennen die KT bereits aus AB-Lektion 2, Übung 17.

1

Lassen Sie die KT zunächst die Bilder beschreiben, um die Situation zu klären. Geben Sie auch hier den Wortschatz vor:

zwei Autos – Unfall – haben (Zwei Autos hatten einen Unfall)

ein Mann – anrufen – beim Notruf (Ein Mann ruft beim Notruf an)

Variante

Die KT schließen das Buch. Bilden Sie Gruppen, in denen lernungeübte und lerngeübte KT gemischt sind. Die lerngeübten KT notieren während des (zweiten und evtl. dritten) Hörens Fragen zum Text, die die anderen KT beantworten. Auch folgende Fragen sind möglich: *Warum kann Demirel die Situation nicht erklären? – Wer kommt? – Wann kommt der Notarzt?*

2

Als Vorentlastung für die Notrufdialoge bieten sich die AB-Übungen 21 und 22 an. Bereiten Sie für lernungeübte KT einen Lückentext vor, für Situation 1 z. B.:

+ *Guten Tag, hier spricht _____ . Es gibt ein _____ in der _____ 15.*

– *Wo ist das Feuer?*

+ *Im _____ .*

– *Sind Personen in Gefahr?*

+ *Man sieht keine _____ .*

– *Die Feuerwehr kommt sofort.*

Lerngeübte KT können mit einer Dialoggrafik arbeiten:

Guten Tag, hier spricht ...
Es gibt ...

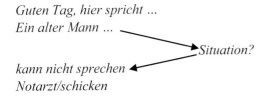

Wo ...?

Das Feuer ist ...

Sind Personen ...?

keine Personen / sehen

Wie ...?

nicht erklären können/dringend

*Feuerwehr/
kommen/sofort*

Fordern Sie lerngeübte KT oder KT mit Vorkenntnissen auf, die Situation näher zu beschreiben: *Das Feuer ist sehr stark/Im 1. Stock brennt es auch bald* etc.

Für Situation 2 ist folgende Dialoggrafik möglich:

Guten Tag, hier spricht ...
Ein alter Mann ...

Situation?

kann nicht sprechen
Notarzt/schicken

Arbeitsbuch: Ü 21-22, Ü 23: Flüssig sprechen
Vertiefungsübung Ü 21: Fragepronomen ergänzen

Arbeitsbuch – Deutsch plus: Ü 24: Lesetext
Gesund essen, Ü 25: vier Interviews zum Thema

Arbeitsbuch – Wörter lernen: Ü 26-28,
Lerntipp: Wörter mit Bildern lernen

Phonetik: *pf* und *z* – siehe Seite 120 in den *Handreichungen*

Flüssig sprechen
Alles klar Ü 7

Diese Nachsprechübung wiederholt die Redemittel, die zur Beschreibung von Krankheiten und Schmerzen wichtig sind. Das ist natürlich eigentlich ein ernstes Thema. Die Sprecher auf der CD sprechen diese Sätze aber mit viel Ausdruck, sehr schön übertrieben, sodass es Spaß macht, diese Sätze nachzusprechen und die schauspielerischen Fähigkeiten auch einmal in der Fremdsprache auszutesten.

Das *Flüssig sprechen* im Arbeitsbuch (Ü 23) übt die Sätze für einen Notruf.

9

Meine Wege durch die Stadt

Auftaktseite
Lernziele und Lerninhalte:
Sprechen: über Verkehrsmittel sprechen
Wortschatz: Verkehrsmittel
Grammatik: *mit* plus Dativ

Arbeitsbuch: Ü 1-3

Vertiefungsübungen Ü 2c: *mit* plus Dativ, Ü3: Konjugation von *fahren*, Portfolioübung Ü 2b: Verkehrsmittel und Wege

A Der Weg zur Arbeit
Lernziele und Lerninhalte:
Sprechen: über die eigenen Wege berichten
Hören: zwei Personen beschreiben ihren Weg zur Arbeit
Lesen: zwei Personen beschreiben ihren Weg zur Arbeit

Arbeitsbuch: Ü 4-7
Portfolioübung Ü 7: Der Weg zum Deutschkurs

B In der Stadt
Lernziele und Lerninhalte:
Sprechen: Wege mit der U-Bahn beschreiben, sagen, wo etwas oder jemand ist, Wegbeschreibungen
Hören/Lesen: Eine Wegbeschreibung mit der U-Bahn, Wegbeschreibungen
Projekt: Informationen über die Stadt sammeln (öffentlicher Nahverkehr)
Wortschatz: Orte in der Stadt, Richtungsangaben
Grammatik: Wechselpräpositionen mit Dativ

Arbeitsbuch: Ü 8-21
Vertiefungsübungen Ü 14a: Singular und Plural, Ü 16: *in* und *auf* plus Dativ, Ü 18: Richtungen, Ü 20: Korrekte Antworten auf Fragen erkennen

C In der Fahrschule
Lernziele und Lerninhalte:
Sprechen: über Verkehrsregeln und Verkehrs-schilder sprechen
Hören: Verkehrsunterricht in der Schule
Lesen: Text: Der Führerschein mit 17
Wortschatz: Verkehrsregeln, -schilder
Grammatik: das Modalverb *dürfen*

GER/Rahmencurriculum:
Kann Hinweisschildern die wichtigsten Informationen entnehmen.

Arbeitsbuch: Ü 22-26
Vertiefungsübung Ü 24: Sätze mit Modalverben, Ü 27: Flüssig sprechen

Arbeitsbuch – Deutsch plus Ü 28: Fahrplan

GER/Rahmencurriculum:
Kann Fahrplänen für ihn/sie relevante Informationen entnehmen.

Arbeitsbuch – Wörter lernen: Ü 29-31
Lerntipp: Wörter auf dem Weg zur Arbeit oder zum Einkaufen wiederholen

Phonetik: *ch*

Kopiervorlagen in den Handreichungen:
KV 16: Vergrößerter Plan aus Ü B. 4b

Thema der Lektion ist Verkehr, Verkehrsmittel, der Weg zur Arbeit, Verkehrsregeln und Wegbeschreibungen. Die Grammatik behandelt lokale Präpositionen und das Modalverb *dürfen*.

Auftaktseite

Lernziele und Lerninhalte:

Sprechen: über Verkehrsmittel sprechen

Wortschatz: Verkehrsmittel

Grammatik: *mit* plus Dativ

1

Die KT diskutieren: Welche Verkehrsmittel kennen sie bereits, welche sind neu für sie? Die Nachsprechübung dient der Einübung der Intonation.

2

Die Umfrage und die Statistik, welche Verkehrsmittel die KT benutzen, sind in Form eines Plenumsgesprächs möglich oder als Partnerinterview (die KT berichten anschließend über ihren Lernpartner). KL schreibt die Statistik an die Tafel und ergänzt die Informationen. Die Adverbien der Häufigkeit wurden auf der Auftaktseite von L. 6 eingeführt. Anschließend berichten die KT anhand der kompletten Statistik über die Ergebnisse. Geben Sie geeignete Redemittel vor: *Viele benutzen oft .../Die meisten .../Nur wenige ...* etc.

Varianten

– Ratespiel: Die KT notieren ihre Angaben auf einem Zettel. KL sammelt die Zettel ein und verteilt sie neu. Jeder KT liest die Angaben auf dem Zettel, den er erhalten hat, vor, die anderen KT raten, von wem der Zettel stammt. KL ergänzt die Angaben in der Statistik an der Tafel.

– Nicht KL, sondern die KT tragen ihre Angaben an der Tafel oder auf einer OHP-Folie ein, die herumgereicht wird.

– Verknüpfen Sie die Besprechung der Kursstatistik mit folgenden Fragen: *Welche Verkehrsmittel benutzen die KT gern, welche nicht so gern? Wie beliebt sind Autos? Wer fährt gern Fahrrad – Wer fliegt nicht gern?* etc.

Verweisen Sie anschließend auf den Infokasten zu *mit* und die Sprechblasen. Aus Lektion 7 kennen die KT *mit* in Verbindung mit Personen,

z. B.: *mit den Kindern*. Hier wird die instrumentale Bedeutung von *mit* eingeführt. Erläutern Sie auch *zu Fuß* sowie die Frageworte *wie* bzw. *womit* in diesem Kontext: *Wie/Womit kommen Sie zur Schule?* und geben Sie andere Beispiele: *Womit schreiben Sie? – Mit einem Stift* o.ä.

Variante

Die KT machen ein Lernplakat, das im Kursraum aufgehängt wird. Dafür bringen sie von zu Hause geeignete Prospekte oder Zeitungen mit, in denen Verkehrsmittel abgebildet sind. Diese kleben sie auf ein Plakat und schreiben daneben, mit welchen Verkehrsmitteln sie zum Unterricht kommen bzw. welche Verkehrsmittel sie gern oder weniger gern benutzen. Das Plakat wird im Kursraum aufgehängt.

Arbeitsbuch: Ü 1-3

Vertiefungsübungen Ü 2c: *mit* plus Dativ,
Ü 3: Konjugation von *fahren*

Portfolioübung Ü 2b: Verkehrsmittel und Wege

A Der Weg zur Arbeit

Lernziele und Lerninhalte:

Sprechen: über die eigenen Wege berichten

Hören: zwei Personen beschreiben ihren Weg zur Arbeit

Lesen: zwei Personen beschreiben ihren Weg zur Arbeit

In diesem Block beschreiben die KT verschiedene Wege: zur Arbeit, zum Supermarkt, zur Bibliothek etc. Damit werden auch die Wegbeschreibungen im nachfolgenden Block vorbereitet.

1

Am Anfang stehen zwei Lesetexte, in denen zwei Personen über ihren Weg zur Arbeit berichten, mit einer Aufgabe zum detaillierten LV. Bilden Sie Vierergruppen, nachdem die KT die Aufgaben gelöst haben. Jeweils zwei KT in den Gruppen schreiben *W*-Fragen zu einem der beiden Texte, die die anderen beantworten.

2

Es folgen zwei weitere Wegbeschreibungen als HV.

(Lösungen: Frau Sander: Fahrrad/Zug/50 Minuten – Herr Hoppe: Straßenbahn/S-Bahn/ eine halbe Stunde)

Bilden Sie wieder Gruppen, nachdem die KT die Aufgaben gelöst haben. Dieses Mal schreiben einige KT aus der Gruppe (eher lerngeübt) während des Hörens *W*-Fragen zu den Texten, die die anderen KT beantworten.

Varianten

– Die KT fassen die Texte von 1 auf Basis ihrer Notizen in der Tabelle mündlich zusammen. Lerngeübte KT decken die Lesetexte ab, wenn sie erzählen, lernungeübte KT dürfen während ihres Berichts die Notizen zur Unterstützung heranziehen.

– Die KT hören die Texte von 2 noch einmal und machen sich während des Hörens Notizen, die dann die Basis für eine mündliche Wiedergabe bilden.

3

Mit den Übungen 1 und 2 erhalten die KT auch die erforderlichen Redemittel, um ihre eigenen Wege zu beschreiben. Erarbeiten Sie mit den KT einen Redemittelkasten, den Sie an die Tafel oder auf OHP-Folie schreiben:

Ich brauche ... Minuten/eine halbe Stunde.

Zuerst gehe ich ... Minuten zu Fuß, dann nehme ich ....

Ich nehme immer das Fahrrad/das Auto/Ich fahre immer mit dem ....

Anschließend machen die KT Partnerinterviews und berichten dann über ihren Lernpartner im Plenum.

Arbeitsbuch: Ü 4-7

Portfolioübung Ü 7: Der Weg zum Deutschkurs

B In der Stadt

Lernziele und Lerninhalte:

Sprechen: Wege mit der U-Bahn beschreiben, sagen, wo etwas oder jemand ist, Wegbeschreibungen

Hören/Lesen: eine Wegbeschreibung mit der U-Bahn, Wegbeschreibungen

Projekt: Informationen über die Stadt sammeln (öffentlicher Nahverkehr)

Wortschatz: Informationen über die Stadt sammeln (öffentlicher Nahverkehr)

Grammatik: Wechselpräpositionen mit Dativ

1

Geben Sie den KT zunächst etwas Zeit, sich mit dem fiktiven U-Bahnplan vertraut zu machen. Anschließend hören die KT den Text. Was haben die KT verstanden? Wohin will der Mann? Wie muss er fahren? Beim zweiten Hören lesen die KT mit und ergänzen die Informationen in 1a (Lösung: 3, 3, U1, 2).

Indem die KT im zweiten Schritt in 1b den Weg aus 1a einzeichnen, bereiten sie die Dialogvarianten in 1c vor. Der Ausgangspunkt für die Wegbeschreibung ist Bismarckstraße.

Sammeln Sie die Redemittel aus dem Modelldialog an der Tafel:

Entschuldigung, wie komme ich zum Stadtwald/zum Stadtbad/zum Flughafen?

Nehmen Sie Linie ... Richtung ...

Fahren Sie ... Stationen.

Steigen Sie ... um.

...

Im Anschluss an 1c variieren die KT die Dialoge mit eigenen Wegen, z. B. Klinikum → Turmstraße, Schillerstraße → Ostend etc.

Variante

Lassen Sie die KT weitere Fragen zu dem U-Bahnplan stellen: *Wie viele Stationen haben die U-Bahnlinien – Wie viele Stationen sind es vom Mozartplatz bis zum Zoo – Wie oft muss man von ... nach ... umsteigen?* Dies bietet auch Gelegenheit, Richtungsangaben wie *von ... bis* und *von ... nach* zu erläutern (*von ... bis* kennen die KT bereits aus Lektion 5 in der temporalen Variante.)

2

Das Projekt bietet die Möglichkeit, dass sich die KT über den öffentlichen Nahverkehr am Kurs- oder Wohnort informieren. Fordern Sie die KT auf, Informationsprospekte der öffentlichen Verkehrsbetriebe oder einen Liniennetzplan in den Unterricht mitzubringen. Sofern ein Liniennetzplan vorhanden ist, sollten die KT ihn ebenfalls für Wegbeschreibungen nutzen.

3

Übergang zur Grammatikarbeit. Lassen Sie die KT zunächst das Bild beschreiben. Was sehen Sie? – eine Post, eine Apotheke, Autos, einen Bus etc. Lenken Sie anschließend die Aufmerksamkeit auf die Ortsangaben. Fragen Sie die KT z. B.: *Was ist hinter dem Supermarkt/Wer ist im Bus?* – die KT antworten. Anschließend fragen und antworten die KT in Partnerarbeit. Sammeln Sie die Lösungen an der Tafel und unterstreichen Sie die Präposition und den Artikel im Dativ.

Präpositionen mit Dativ kennen die KT bereits aus Lektion 7. Erinnern Sie an diese Präpositionen und erläutern Sie, dass bei den lokalen Präpositionen hier für den Kasus dieselben Regeln gelten. Schreiben Sie zur Erinnerung die Deklination der Artikelwörter ggf. noch einmal an die Tafel oder verweisen Sie auf die Übersicht im Grammatikanhang (Kapitel 2, Artikel und Nomen, Kapitel 4, Präpositionen; s. auch Kommentare zu L. 7 auf S. 61 in diesem Buch). Verweisen Sie auch auf die Zusammenziehungen *im* und auf *am*.

Bereits mehrfach sind im Kursbuch die Wechselpräpositionen auch mit dem Akkusativ vorgekommen (L. 5, D.2: ins Kino D.3: ins Konzert, L. 6, A.1: in die Bäckerei, L. 8, B.1: an Ihre Krankenkasse, in die Apotheke, D.1 a: ins Krankenhaus) und es ist möglich, dass KT danach fragen. Verweisen Sie dann darauf, dass die Wechselpräpositionen hier zunächst nur mit Dativ eingeführt werden, und dass die Variante mit Akkusativ später behandelt wird (*Pluspunkt Deutsch* 2, L. 3).

Besprechen Sie mit den KT die Visualisierung der lokalen Präpositionen im Grammatikkasten und geben Sie weitere Beispiele. Nehmen Sie z. B. Ihr Buch oder ein Heft und erläutern Sie: *Das Heft liegt auf dem Tisch, neben/unter dem Buch* etc. Anschließend fragen und antworten die KT entsprechend 3b. Setzen Sie die Fragen und Antworten mit Gegenständen im Kursraum fort.

Danach spielen und variieren die KT den Dialog in 3c. Nehmen Sie das Bild von 3a als Referenz. Wenn die KT die Dialoge variieren, zeigen sie auch immer, wo die Personen sind. Oder die KT arbeiten in Dreiergruppen. Ein KT zeigt auf die beiden Orte, die in dem Dialog zu nennen sind, die beiden anderen KT variieren den Dialog entsprechend. Der letzte Vorschlag im Kasten regt zu Variationen an. So ist eine Bank auf dem Bild zwar nicht klar zu erkennen, aber der Vorschlag: *über der Bank beim Arzt* bietet die Möglichkeit, die Variationen für lerngeübte KT auszuweiten (z. B. auch *im Supermarkt an der Kasse, auf dem Platz unter dem Baum* u.ä.).

Varianten

– Für lernungeübte KT. Die KT bilden einen Kreis um einen Tisch mit einem Karton und einem kleinen Ball nach dem Vorbild im KB. Zunächst der KL, anschließend verschiedene KT legen den Ball vor, hinter oder in den Karton, die anderen KT sagen, wo der Ball liegt. Lerngeübte KT variieren währenddessen den Dialog in 3c, auch mithilfe von Dialoggrafiken, z. B.

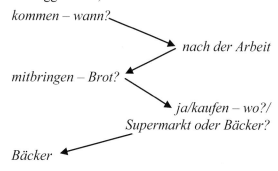

– Die KT üben die Präpositionen in Partnerarbeit und in einem Frage- und Antwortspiel mit den Gegenständen, die auf ihren Tischen legen.

– Die KT versammeln sich in der Mitte. Jeweils ein KT gibt eine Anweisung: *Martin ist an der Tür/an der Tafel/neben Carlos* etc.

Die genannten KT stellen sich in die entsprechende Position.

– Zwei KT verlassen den Raum, die anderen verteilen sich im Raum: *am Fenster, neben dem Tisch, vor der Tafel, in der Ecke* etc. Anschließend kommen die beiden KT zurück und sagen, wo die anderen KT stehen oder sitzen.

4-5

Richtungsangaben und Wegbeschreibungen. Es empfiehlt sich, für diese Aufgabe auch mit **Kopiervorlage 16**, auf der der Plan vergrößert abgebildet ist, als OHP-Folie zu arbeiten. Zu dem HV von 4a (Lösung: C) können Sie nach einem zweiten Hören weitere Fragen stellen: *An welchem Tag/um wie viel Uhr wollen sie das machen?*

Anschließend lesen die KT den zweiten Teil des Gesprächs in 4b und zeichnen den Weg ein. Lassen Sie einen KT den Weg zur allgemeinen Kontrolle mit einem wasserlöslichen Stift auf der OHP-Folie eintragen.

Notieren Sie die Richtungsangaben *nach links, geradeaus, nach rechts* an der Tafel und fragen Sie die KT: *Wo geht Olga nach links?* (An der Sprachschule.) – *Wo geht sie geradeaus?* (Von der Sprachschule bis zum Park) – *Wo geht sie nach rechts?* (Am Park). So können Sie zusätzlich die Präpositionen wiederholen. Dann hören die KT die beiden Dialoge in 4c. Lassen Sie einen lerngeübten KT die Wege mündlich beschreiben, nachdem die Aufgabe gelöst ist. Auch hier sollte jeweils ein KT den Weg auf der OHP-Folie für die gemeinsame Kontrolle einzeichnen.

Es folgen die Wegbeschreibungen in Partnerarbeit in 5. Markieren Sie dafür zunächst gemeinsam mit den KT im Plenum die Redemittel in dem Lesetext von 4b sowie in den Hörtexten von 4c im Anhang. Sammeln Sie diese an der Tafel:

Wo wohnst du denn?

Du gehst nach rechts/links/immer geradeaus.

Wir wohnen direkt am (Park)/ neben der (Polizei)

...

Variante

Bringen Sie einen Plan von Ihrem Kursort mit. Die KT machen allgemeine Wegbeschreibungen: *Wie komme ich vom Bahnhof zum Stadttheater?* etc.

Alles klar: Ü 1-3, 6

Arbeitsbuch: Ü 8-21

Vertiefungsübungen Ü 14a: Singular und Plural, Ü 16: *in* und *auf* plus Dativ, Ü 18: Richtungen, Ü 20: Korrekte Antworten auf Fragen erkennen

C In der Fahrschule
Lernziele und Lerninhalte:

Sprechen: über Verkehrsregeln und Verkehrsschilder sprechen

Hören: Verkehrsunterricht in der Schule

Lesen: Text: Der Führerschein mit 17

Wortschatz: Verkehrsregeln, -schilder

Grammatik: das Modalverb *dürfen*

Im letzten Block geht es um Verkehrsregeln und den Führerschein. Das Modalverb *dürfen* wird eingeführt.

1

Die allgemeinen Fragen zum Führerschein bieten auch lernungeübten KT, die möglicherweise schon länger in Deutschland sind, Gelegenheit, ihr Wissen einzubringen. Lassen Sie vor allem solche KT zu Wort kommen, die vielleicht auch anderen KT Tipps zum Führerschein geben können. Das Thema Führerschein interessiert in der Regel sehr viele KT – entweder, weil sie noch einen machen wollen oder weil sie nicht aus einem EU- oder EWR-Staat kommen. Nach sechs Monaten brauchen sie eine deutsche Fahrerlaubnis, für die eventuell auch eine theoretische und praktische Prüfung zu machen ist. Die theoretische Prüfung kann möglicherweise in der Muttersprache abgelegt werden.

2

Hier wird anhand der Vorfahrtsregeln das Modalverb *dürfen* eingeführt. Zunächst beantworten die KT die Frage zu dem Dialog in 2a und unterstreichen anschließend das Modalverb. Verweisen Sie auf den Grammatikkasten und notieren Sie die Formen von *dürfen* an der Tafel. Erläutern Sie *dürfen* nach demselben Muster wie die anderen Modalverben in den Lektionen 7 und 8, d.h. zunächst die Satzstellung:

Position 1	*Position 2*	*Ende*
	(konjugiertes Verb)	*(Infinitiv)*
Die Straßenbahn	*darf*	*zuerst* *fahren.*

2b bietet Variationen des Dialogs in 2a, mit denen *dürfen* weiter geübt wird. (Lösung: Fahrrad/Fahrrad/Auto) Erläutern Sie die Bedeutung von *dürfen* auch mit Hilfe verschiedener Beispiele: *Was dürfen Ihre Kinder (nicht)? – Was darf man in der eigenen Wohnung (nicht) machen?*

Erläutern Sie zusätzlich den Unterschied von *dürfen* und *müssen*: Was dürfen die KT im Unterricht (nicht) machen – Was müssen sie machen? Dazu bietet sich auch AB-Übung 23 an.

3

Auch anhand dieser Übung lässt sich der Unterschied von *dürfen* und *müssen* verdeutlichen. Erläutern Sie außerdem die Präpositionen *bis* und *ab* + Alter. *Ab* kommt an dieser Stelle erstmals vor. Erläutern Sie ebenso die neue Variante von *mit* plus Alter. (Lösung: bis 10 Jahre, mit 11 Jahren (zweimal), ab 13 Jahren). Lassen Sie die KT den Dialog ein weiteres Mal hören und stellen Sie weitere Fragen: *Was darf Lea nicht machen? – Wie alt ist sie? – Wie alt ist ihr Bruder?*

4

Anwendungsübung Modalverben. Lassen Sie einleitend zwei lerngeübte KT einen Musterdialog machen, z. B.

Was muss man bei Schild 1 machen? – Man muss anhalten.

Bilden Sie anschließend Gruppen (lerngeübte und lernungeübte KT getrennt), die KT fragen sich gegenseitig und antworten, nachdem sie die Verben den Verkehrsschildern zugeordnet

haben. Evtl. kennen nicht alle KT die Bedeutung der Verkehrsschilder, weshalb die Zuordnung evtl. im Plenum erfolgen sollte. Lernungeübte KT brauchen in jedem Fall stärkere Lenkung, da sich für die meisten Schilder mehrere Fragemöglichkeiten mit unterschiedlichen Antworten/Modalverben bieten. Machen Sie evtl. eine Kopie von den Verkehrsschildern und ordnen Sie jedem Schild passende Verben zu, mit deren Hilfe lernungeübte KT fragen und antworten:

1 *anhalten/weiterfahren – dürfen/nicht dürfen*

2 *geradeaus fahren – links/rechts abbiegen – müssen/nicht dürfen*

3 *30 fahren/langsam fahren – dürfen/müssen*

4 *anhalten/weiterfahren – nicht dürfen/müssen*

5 *parken – dürfen/(können)*

6 *weiterfahren – nicht dürfen*

7 *rechts abbiegen/blinken/links abbiegen/geradeaus fahren – müssen/nicht dürfen*

8 *langsam fahren – müssen*

9 *(kein) Eis essen – (nicht) dürfen*

10 *rauchen – nicht dürfen*

5

Bilden Sie Gruppen, nachdem die KT die Aufgaben zum Lesetext gelöst haben. (Lösung: 2 falsch, 3 richtig, 4 falsch). Die Gruppen bearbeiten den Text in Abschnitten: Abschnitt 1 = Satz 1 bis 3, Abschnitt 2 = Satz 4, Abschnitt 3 = Satz 5. Jede Gruppe schreibt zu ihrem Abschnitt eine *W*-Frage, die die anderen Gruppen beantworten, für Abschnitt 1 z. B.: *Wer muss mitfahren?*

Schließen Sie die Lektion mit einem Vergleich Deutschland-Heimatland ab. Ist der Verkehr gefährlicher/weniger gefährlich als in Deutschland? – Halten sich alle an die Verkehrsregeln? Wie viele Autos fahren in den Städten – Gibt es Fahrpläne für Busse? – Gibt es oft Stau? – Fahren viele Leute Rad? etc. Das Thema kann für interkulturelle Vergleiche sehr ergiebig sein, da in den verschiedenen Ländern die Verkehrs-

9

Meine Wege durch die Stadt

regeln sehr unterschiedlich ausgelegt bzw. eingehalten werden.

Alles klar: Ü 4-5

Arbeitsbuch Ü 22-26, Ü 27: Flüssig sprechen

Vertiefungsübung Ü 24: Sätze mit Modalverben

Arbeitsbuch – Deutsch plus: Ü 28: Fahrplan
Arbeitsbuch – Wörter lernen: Ü 29-31

Lerntipp: Wörter auf dem Weg zur Arbeit oder zum Einkaufen wiederholen

Phonetik: *ch* – siehe Seite 121 in den *Handreichungen*

Flüssig sprechen
Alles klar Ü 7

Einen Weg beschreiben ist Thema dieser Einheit. In der Nachsprechübung werden die Redemittel wiederholt und gefestigt. Dieser Text eignet sich auch für die Arbeit an Rhythmus und Akzenten. Die betonten Silben helfen die Informationsstruktur eines Satzes/eines Textes zu erkennen. Sie können, nachdem Sie die Sätze wie gewohnt gehört und nachgesprochen haben, die Teilnehmer auffordern die betonten Wörter zu nennen. Schreiben Sie die Wörter an die Tafel: *wie – Lutter – Arbeit – Herr Lutter – zu Fuß – Sohn – Kindergarten – dann – U-Bahn – Bahnhof – halbe – Zug – dann – Bus – drei Stationen – um neun Uhr – da – eineinhalb – Arbeit.*

Die wichtigen Informationen über den Arbeitsweg von Herrn Lutter stehen nun an der Tafel und Sie können die Teilnehmer auffordern, den Text zu rekonstruieren. Das ist ein wichtiger Hinweis darauf, wie wir im Deutschen beim Hören Informationen entnehmen. Gerade für Teilnehmer, deren Muttersprache eine ganz andere rhythmische Struktur hat, führt diese Übung zu einer verbesserten Hörstrategie bei Hörverständnissen.

Das *Flüssig sprechen* im Arbeitsbuch (Ü 27) festigt die Redemittel, die für eine Wegbeschreibung wichtig sind.

78 Lektion 9

10

Auftaktseite

Lernziele und Lerninhalte:

Sprechen: über das eigene Leben und das Leben anderer früher und heute sprechen

Arbeitsbuch: Ü 1-4
Vertiefungsübung Ü 3: Wiederholung Präteritum von *haben* und *sein*
Portfolioübung Ü 4: Das Leben früher und heute

A Gestern und heute

Lernziele und Lerninhalte:

Sprechen: sagen, was man gestern gemacht hat
Lesen/Hören: Bilder und Sätze zuordnen
Grammatik: Perfekt mit *haben*, Partizip II der regelmäßigen Verben

Arbeitsbuch: Ü 5-10
Vertiefungsübung Ü 9: Perfektsätze erweitern
Erweiterungsübung Ü 10: Einen Tagesablauf beschreiben

B Unterwegs

Lernziele und Lerninhalte:

Sprechen: sagen, was man am letzten Wochenende gemacht hat
Hören: eine Nachricht vom Anrufbeantworter
Lesen: eine Postkarte aus Wien
Grammatik: Perfekt mit *haben* und *sein*, Partizip II der unregelmäßigen Verben

Kannbeschreibungen GER/Rahmencurriculum:
Kann Feriengrüße auf einer Postkarte verstehen.
Kann eine kurze einfache Postkarte mit Feriengrüßen schreiben.

Arbeitsbuch: Ü 11-16
Vertiefungsübung Ü 14: Partizip II ergänzen Erweiterungsübungen Ü 13: Verben im Perfekt ergänzen, Ü 15: E-Mail über das letzte Wochenende, gleichzeitig Portfolioübung

C Mein Leben früher und heute

Lernziele und Lerninhalte:

Sprechen: Interview über das Leben früher und heute
Hören: ein Interview mit Herrn Soto
Schreiben: das Leben von Herrn Soto, Fragen für ein Interview schreiben
Projekt: Perfekt-Plakat
Wortschatz: Jahreszahlen

Kannbeschreibungen GER/Rahmencurriculum:
Kann über sich und seine Situation im Herkunftsland sprechen.

Arbeitsbuch: Ü 17-19, Ü 20: Flüssig sprechen
Portfolioübung Ü 19: Mein Leben früher und heute

Arbeitsbuch – Deutsch plus Ü 21-22: Ein Elterngespräch in der Schule

Arbeitsbuch – Wörter lernen: Ü 23-26
Lerntipps: Perfekt im Satz lernen, Infinitiv und Partizip II von Verben auf Kärtchen schreiben

Phonetik: *nk* und *ng*

Kopiervorlagen in den Handreichungen:
KV 17: Satzpuzzle (Satzbau von Perfektsätzen)
KV 18: Was haben Sie gemacht? (zu den Übungen A.5 und B.6)

In Lektion 10 lernen die KT, über ihr Leben früher und Dinge, die in der Vergangenheit geschehen sind, zu sprechen. Dabei werden das Perfekt, Jahreszahlen und die Präposition *seit* eingeführt.

Auftaktseite

Lernziele und Lerninhalte:

Sprechen: über das eigene Leben und das Leben anderer früher und heute sprechen

1

Bereits in Lektion 4 haben die KT gelernt darüber zu sprechen, wie es in Familien früher war. Daran knüpft die Auftaktseite an. Die KT arbeiten in Gruppen. Zunächst betrachten Sie die Fotos und den Kasten mit Antwortmöglichkeiten und ordnen diese zu. Dann fragen und antworten sie in Partnerarbeit. Hier wenden die KT das in Lektion 4 gelernte Präteritum von *haben* und *sein* an. Wiederholen Sie auch die kompletten Präteritumformen mit den AB-Übungen 3 und 4.

2

Erarbeiten Sie für das Wörternetz weitere Anregungen, mit denen die KT über sich berichten können, und schreiben Sie diese an die Tafel. Beachten Sie, dass nur solche Wörter vorkommen sollten, bei denen man das Präteritum von *haben* und *sein* braucht. Die KT machen sich dazu Notizen, die für ihr eigenes Leben relevant sind. Es folgt ein Partnerinterview, nach dem die KT über ihren Lernpartner im Kurs berichten. Erläutern Sie den Wortschatz für Familienstand, der hier neu ist.

Das Wörternetz lässt sich z. B. wie folgt erweitern:

1. Zimmer/Wohnung/Haus: Früher hatte ich nur ein Zimmer – Heute habe ich ein Haus/eine Wohnung

2. Arbeit haben/arbeitslos sein etc.

Arbeitsbuch: Ü 1-4

Vertiefungsübung Ü 3: Präteritum von *haben* und *sein*.

Portfolioübung Ü 4: Das Leben früher und heute

A Gestern und heute

Lernziele und Lerninhalte:

Sprechen: sagen, was man gestern gemacht hat

Lesen/Hören: Bilder und Sätze zuordnen

Grammatik: Perfekt mit *haben*, Partizip II der regelmäßigen Verben

In Block A wird das Perfekt mit *haben* (regelmäßige Verben inkl. trennbare Verben) eingeführt.

1

Die KT schauen sich zunächst die Bilder an und beschreiben im Präsens, was sie sehen. Weisen Sie auf die Kalenderblätter hin und auf den Unterschied von *gestern* und *heute*: *Heute ist Samstag, gestern war Freitag*. Beziehen Sie auch den aktuellen Wochentag und den Wochentag davor ein, damit der Unterschied der Zeitformen besser verstanden wird.

Anschließend lösen die KT die Aufgabe in Partnerarbeit. Wählen Sie zwei Sätze aus, die zueinander passen, um den Unterschied zwischen Vergangenheit und Gegenwart – Perfekt und Präsens – zu verdeutlichen, z. B. Satz 6 und 8 (Bilder A und B) und unterstreichen Sie die Verbformen von *arbeiten*, um die KT mit der Struktur des Perfekts vertraut zu machen und um den Unterschied zwischen Präsens und Perfekt zu verdeutlichen.

Gestern (7., Freitag)	*Heute (8., Samstag)*
Gestern hat Natascha im Büro gearbeitet.	*Heute arbeitet sie nicht.*

(Lösung: A6, B8, C5, D1, E7, F3, G4, H9, I2, J10)

Anschließend sammeln die KT die zusammengehörenden Sätze in einer Tabelle (1b) und unterstreichen alle Verbformen. Überprüfung der Ergebnisse mit 1c. Abschließend lesen die KT die Sätze in Partnerarbeit laut.

2

Hier formulieren die KT mit Hilfe der Sätze in 1 Regeln für die Bildung des Partizips II. Insgesamt stehen in 1 fünf Verben im Perfekt:

arbeiten, machen und *träumen* sowie *aufräumen* und *einkaufen* als Beispiele für trennbare Verben. Lassen Sie die KT die Partizipien aus dem Text sammeln und in die Tabelle eintragen.

Schreiben Sie die Infinitive an die Tafel und stellen Sie die Infinitive und die Partizipien an der Tafel einander gegenüber, zunächst nur für die einfachen Verben:

Stamm + Endung		*ge +*	*Stamm + Endung*	
arbeit	*-en*	*ge*	*arbei*	*-tet*
mach	*-en*	*ge*	*mach*	*-t*
träum	*-en*	*ge*	*träum*	*-t*

Erklären Sie das Hilfs-e bei *gearbeitet* phonetisch. Verben, deren Stamm auf *-t oder -d* (Beispiel: *geredet*) endet, benötigen es, sonst könnte man diese Formen nicht sprechen. Erinnern Sie die KT daran, dass es diese Regel auch im Präsens gibt: *er arbeitet, er redet*.

Anschließend vergleichen die KT die einfachen Verben mit den trennbaren Verben. Lassen Sie einen lerngeübten KT den Unterschied beschreiben. Ergänzen Sie dann den Tafelanschrieb mit den beiden trennbaren Verben aus dem Text.

3

Erläutern Sie anhand des Tafelanschriebs in 2 zunächst, dass für das Satzschema beim Perfekt dasselbe gilt wie bei den Modalverben: Das konjugierte Verb steht auf Position 2, die nicht konjugierte Verbform, also hier das Partizip II steht am Satzende:

Position 1	*Position 2* *(konjugiertes* *Verb)*	*Ende* *(Partizip)*
Gestern	*hat*	*Natascha gearbeitet.* *im Büro*

Anschließend notieren die KT die Partizipformen und ergänzen die Sätze. Zusätzlich können sie AB-Übung 8 machen, wo sie Perfektsätze in ein Satzschema eintragen sollen.

KV 17 Mit dieser Kopiervorlage üben die KT den Satzbau von Perfektsätzen. Zur Arbeit mit dem Satzpuzzle s. siehe die Kommentare zu

Kopiervorlage 9, Lektion 5 (Satzpuzzle mit trennbaren Verben)

Wenn Sie in Ihrem Kursraum eine Pinwand haben, können Sie die KT auch die ihrer Meinung richtigen Sätze an die Wand heften lassen, links die Aussagesätze, rechts die Fragen. Danach Korrektur durch die anderen KT.

4

Variieren Sie die diese Nachsprechübung mit anderen Sätzen, z. B.:

Er hat gestern gekocht.

Er hat gestern Suppe gekocht.

Er hat gestern um 13.00 Uhr Suppe gekocht.

Er hat gestern um 13.00 Uhr mit seiner Freundin Suppe gekocht.

Er hat gestern um 13.00 mit seiner Freundin in ihrer Wohnung Suppe gekocht.

5

In der abschließenden Transferübung probieren die KT erstmals eigene Perfektsätze in kleinen Dialogen aus. Wenn den KT das Satzpuzzle-Spiel Spaß gemacht hat, können lerngeübte KT auch eigene Sätze im Perfekt schreiben. Nach Korrektur durch KL werden diese zum Satzpuzzle für die anderen KT.

KV 18 Die KT können Aufgabe 1 von Kopiervorlage 18 als Arbeitsblatt erhalten. Hier müssen sie zunächst die Verben zuordnen.

Fordern Sie lerngeübte KT auch auf, die Fragen und Antworten mit den Verben weiter zu variieren, z. B.: *Fußball/Basketball spielen – das Zimmer aufräumen – Mittagessen kochen – Frühstück machen*

Alles klar: Ü 5

Arbeitsbuch: Ü 5-10

Vertiefungsübung Ü 9: Perfektsätze erweitern

Erweiterungsübung Ü 10: Einen Tagesablauf beschreiben

Mein Leben

B Unterwegs

Lernziele und Lerninhalte:

Sprechen: sagen, was man am letzten Wochenende gemacht hat

Hören: eine Nachricht vom Anrufbeantworter

Lesen: eine Postkarte aus Wien

Grammatik: Perfekt mit *haben* und *sein*, Partizip II der unregelmäßigen Verben

Einführung von Perfekt mit *sein*, Partizip II der unregelmäßigen Verben.

1/2

Am Anfang stehen eine Urlaubskarte aus Wien und eine Nachricht auf dem Anrufbeantworter. Fragen Sie die KT, ob schon jemand in Wien war, oder ob sie eine andere große Stadt in Deutschland, z. B. Berlin, Hamburg oder München kennen. Bereits in Lektion 4 haben die KT von diesen Städten etwas gehört. Machen Sie evtl. ein kleines Wörternetz zu Wien: Was wissen die KT über diese Stadt?

Information zur Landeskunde

Die österreichische Hauptstadt Wien hat ca. 1,7 Millionen Einwohner. Sie liegt an der Donau und hat zahlreiche Sehenswürdigkeiten: u.a. den Prater (Park mit Vergnügungspark), die Hofburg (bis 1918 Residenz der Kaiser, heute Amtssitz des Bundespräsidenten) und den Stephansdom, dessen Turm mit 137,6 m der dritthöchste Kirchturm der Welt ist. Wien ist einer der Amtssitze der Uno. In Wien haben viele berühmte Künstler und Wissenschaftler gelebt: Sigmund Freud, Gustav Klimt, Wolfgang Amadeus Mozart, Ludwig van Beethoven, Hugo von Hofmannsthal u.a.m. Das Burgtheater ist eines der berühmtesten deutschsprachigen Sprechtheater.

Wien ist in Österreich ein eigenständiges Bundesland.

Die KT beantworten die Fragen zu der Postkarte und der Nachricht auf dem Anrufbeantworter in Partnerarbeit, Auswertung im Plenum (Lösungen 1: 1 richtig, 2 falsch, 3 richtig, 2: B – A – B).

Im Anschluss an die Mitteilung auf dem Anrufbeantworter können die KT Ratschläge geben: *Was kann Simone tun? – Sie kann mit dem Zug nach Hause fahren/Sie kann eine Werkstatt anrufen/Markus kann einen Ersatzschlüssel schicken* o.ä. Damit haben die KT Gelegenheit, das Modalverb *können* zu wiederholen.

3

Lassen Sie die KT das Perfekt nicht nur in der Postkarte unterstreichen, sondern verweisen Sie auch auf die Perfektform von *passieren* in Aufgabe 2, die auch im Hörtext vorkommt. Erläutern Sie, dass die Frage *Was ist passiert?* im Deutschen sehr frequent ist und geben Sie Beispiele (s.a. den Notruf in Lektion 8 (Übung E.1).

Anschließend erläutert KL, wann man das Perfekt mit *sein* und wann mit *haben* verwendet. Die meisten Verben bilden das Perfekt mit *haben*. Bewegungsverben, hier: *fahren, gehen, (mit)kommen* sowie *bleiben, sein* (das in L. 10 nicht vorkommt) und *passieren* bilden das Perfekt mit *sein*. Erläutern Sie Bewegungsverben z. B. mit folgendem Tafelbild:

A (München) ⟶ *B (Wien)*

Simone ist von München   *nach Wien gefahren.*

Oder Sie gehen durch den Raum und erläutern z. B. wie folgt: *Ich bin von der Tür zum Fenster gegangen.* In Lektion 1 von *Pluspunkt Deutsch 2* wird das Perfekt wieder aufgegriffen und weiter vertieft.

Gehen Sie bei der Erläuterung der Partizip II-Formen der unregelmäßigen Verben ähnlich wie bei den regelmäßigen Verben vor, s. Tafelbild zu Übung 3, Block A. Schreiben Sie z. B. folgende Verben an die Tafel: *komm-en – ge-komm-en, bleib-en – ge-blieb-en, trink-en – ge-trunk-en.*

Markieren Sie die Formen *ge ... en* sowie den Verbstamm bei den Infinitiven. Verweisen Sie darauf, dass sich dieser bei den unregelmäßigen Verben oft ändert. Anschließend ergänzen die KT in Gruppenarbeit die Infinitive in 3b. Bereiten Sie für lernungeübte KT einen Schüttelkasten mit den zugehörigen Infinitiven vor, das erleichtert ihnen die Arbeit.

4

Mit dieser Übung festigen die KT die unregelmäßigen Formen und außerdem den Unterschied zwischen dem Perfekt mit *haben* bzw. *sein*. Geben Sie den KT den Auftrag, selbst Übungen zu machen. Bilden Sie Gruppen. Jede Gruppe erhält einen Zettel mit einem der bereits eingeführten Verben im Perfekt und notiert auf diesem vier Satzbausteine. Geben Sie ein Beispiel vor:

schlafen: geschlafen – lange – gestern – ich; gehen: gegangen – zum Arzt – er – am Montag.

Der Zettel wird an die nächste Gruppe weitergereicht, die den Satz schreibt.

5

In dieser Partnerübung sollten KT mit unterschiedlichen Lernstärken zusammenarbeiten, dann profitieren beide Seiten. Die KT korrigieren sich ohne Einmischung von KL gegenseitig und sie haben die Möglichkeit für gegenseitige Erklärungen.

Der Zettel wird an die nächste Gruppe weitergereicht, die den Satz schreibt.

Varianten

- Die KT sammeln alle Verbformen aus der Lektion und schreiben die Infinitivformen auf Kärtchen, die auf einen Haufen gelegt werden. Jeder KT zieht ein Kärtchen und nennt die korrekte Partizip II-Form. Wer die Form richtig sagt, darf das Kärtchen behalten. Gewonnen hat der KT mit den meisten Kärtchen am Ende. Diese Aktivität ist auch in Dreier- oder Vierergruppen möglich.
- Perfekt-Memory, Üben der Partizipien in spielerischer Form. Mit den Kärtchen können Sie auch ein Memory spielen. Kleben Sie die Infinitive auf weiße Kärtchen, die Partizipien auf Kärtchen in einer anderen Farbe. Die Kärtchen liegen verdeckt auf dem Tisch. Ein KT deckt ein weißes Kärtchen auf und dann ein andersfarbiges Kärtchen. Passen die Formen zusammen, darf er beide Kärtchen behalten und weiter aufdecken, sonst macht

der nächste KT weiter. Sie können dieses Memory im Laufe des Kurses mit weiteren Infinitiven und Partizipien ergänzen und immer wieder zur Wiederholung einsetzen. Auch lässt sich der Schwierigkeitsgrad erweitern: So bekommt ein KT nur ein Kärtchenpaar, wenn er einen korrekten Satz mit seiner aufgedeckten Perfektform genannt hat.

6

Diese letzte Übung ist weniger stark gelenkt als die abschließende Übung in Block A. Lernungeübte KT ordnen zunächst Aktivitäten und Verben einander zu, lerngeübte KT können direkt mit den Fragen und Antworten beginnen. Erweitern Sie für lerngeübte KT die Liste um weitere Verben, die aus den vorangegangenen Lektionen bekannt sind: *ausgehen, (Freunde) besuchen, fernsehen, joggen, (Eltern) anrufen* etc.

Variante

Die KT machen ein Partnerinterview, z. B.: *Was hast du Samstagvormittag/Samstagnachmittag/ Samstagabend gemacht?*

Die KT notieren die Antworten ihrer Lernpartner und berichten dann im Kurs.

KV 18 Aufgabe 2 von **Kopiervorlage 18** ist vor allem für lerngeübte KT geeignet. Hier muss man nicht nur die Aktivitäten und Verben zuordnen, sondern auch die richtigen Partizip II-Formen finden, denn die Verben sind im Infinitiv angegeben.

Alles klar: Ü 1-2, 4, 6-7

Arbeitsbuch: Ü 11-16

Vertiefungsübung Ü 14: Partizip II ergänzen

Erweiterungsübungen Ü 13: Verben im Perfekt ergänzen, Ü 15: E-Mail über das letzte Wochenende (zugleich Portfolioübung)

C   Mein Leben früher und heute

Lernziele und Lerninhalte:

Sprechen: Interview über das Leben früher
              und heute

Hören: Ein Interview mit Herrn Soto

Schreiben: Das Leben von Herrn Soto,
              Fragen für ein Interview
              schreiben

Projekt: Perfekt-Plakat

Wortschatz: Jahreszahlen

Im letzten Block sollen die KT über ihr eigenes Leben erzählen. Außerdem werden Jahreszahlen und die Präposition *seit* eingeführt.

1

Das Interview mit Herrn Soto soll die KT vorbereiten, über ihr eigenes Leben früher und heute zu erzählen. **Bilden Sie Gruppen.** In Gruppen mit lernungeübten KT oder KT mit geringen Vorkenntnissen wird zunächst der erforderliche Wortschatz für die Bildbeschreibung in 1a erarbeitet. Die anderen KT schreiben gleich zu jedem Bild einen Satz, lerngeübte KT können auch eine kleine Geschichte schreiben: *Früher hat der Mann auf dem Land gelebt. Er war Bauer von Beruf* etc. Wenn die Gruppen fertig sind, lesen ihre Sätze, ggf. ihre Geschichten im Plenum vor. Anschließend lösen die KT 1b. (Lösung 1b: B – F – E – C – D – A)

Lassen Sie die KT die Geschichte in eigenen Worten wiedergeben, nachdem sie 1c gelöst haben. Dafür hören die KT das Interview ein drittes Mal und machen sich während des Hörens Notizen. Lernungeübte KT oder KT, die Probleme beim HV haben, sollten zusätzlich das Interview im Anhang nachlesen und die wichtigen Informationen dort unterstreichen. (Lösung 1c: 1/A – 2/B – 3/B – 4/C)

Schreiben Sie die im Interview vorkommenden Namen an die Tafel: *Costa Rica* und *Assenheim*. Evtl. auch nicht bekannt ist das im Interviewtext vorkommende Partizip *verstanden*, das für Bild E wichtig ist.

2

Jahreszahlen sind eine wichtige Voraussetzung, damit die KT Stationen in ihrem Leben benennen können. Erläutern Sie anhand des Infokastens, wie man die Jahreszahlen spricht bzw. lesen Sie sie laut vor. Schreiben Sie weitere Jahreszahlen in Ziffern an die Tafel, die die KT laut lesen.

Varianten

– Die KT schreiben Jahreszahlen auf Kärtchen, die KL neu verteilt, jeder KT liest die Jahreszahl, die er erhalten hat, vor, der KT von dem die Jahreszahl stammt, meldet sich und liest nun seinerseits die neu erhaltene Jahreszahl vor.

– Ein KT schreibt Jahreszahlen an die Tafel, die ihm die KT aus dem Plenum zurufen.

3

3a dient als Vorbereitung der folgenden Interviews. Verweisen Sie auf die Präposition *seit* und auf die zugehörige Frage *Seit wann?* Lassen Sie die KT diese Frage in einem Kettenspiel üben: *Seit wann wohnst du/wohnen Sie in Deutschland? –* evtl. auch: *Seit wann haben wir Unterricht? Seit 9 Uhr – Seit März – Seit Montag).* Erläutern Sie, dass *seit* zu den Präpositionen mit Dativ gehört: *Sandra lebt seit einem Jahr in Deutschland.*

Sammeln Sie weitere Fragen an der Tafel, nachdem die KT 3a gelöst haben, z. B.: *Was waren Sie früher von Beruf? – Sind Sie verheiratet?/Wann haben Sie geheiratet? – Haben Sie schon in Ihrer Heimat Deutsch gelernt? – Wie viel Deutsch haben Sie am Anfang verstanden – Wie viel verstehen Sie jetzt?*

Es folgen die Partnerinterviews. Die KT machen sich Notizen und berichten anschließend über ihren Lernpartner. Für lernungeübte KT sollten Sie die Zahl der Fragen beschränken, z. B.: *Seit wann bist du/sind Sie in Deutschland? Wo haben Sie/hast du früher gewohnt? Wo wohnen Sie jetzt?*

Varianten

– Die KT schreiben einen kurzen Text über ihren Lernpartner.

– Die Texte werden wieder eingesammelt und neu verteilt. Jeder KT liest den Text, den er erhalten hat vor, die anderen raten, wer gemeint ist.
– Cocktailparty. Die KT bewegen sich im Raum fragen sich gegenseitig: *Seit wann sind Sie in Deutschland? – Wo haben Sie früher gelebt? – Wo wohnen Sie jetzt?* etc.

4

Mit dem Projekt wird die Grammatik dieser Lektion noch einmal zusammenfasst. Das Plakat könnte z. B. so aussehen:

lesen – gelesen –
Sie hat ein Buch gelesen.

trinken – getrunken –
Er hat Saft getrunken.

aufräumen – aufgeräumt –
Sie haben die Wohnung aufgeräumt.

fahren – gefahren –
Familie Huber ist nach Berlin gefahren.

Hängen Sie das Plakat im Kursraum auf. Lassen Sie Platz, um später weitere Verben zu ergänzen.

Arbeitsbuch: Ü 17-19, Ü 20: Flüssig sprechen

Portfoliotext Ü 19: Mein Leben früher und heute

Arbeitsbuch – Deutsch plus: Ü 21-22: Ein Elterngespräch in der Schule

Arbeitsbuch – Wörter lernen: Ü 23-26

Lerntipp: Perfekt im Satz lernen, Infinitiv und Partizip II von Verben auf Kärtchen schreiben

Phonetik: *nk* und *ng* siehe Seite 121 in den *Handreichungen*

Flüssig sprechen
Alles klar Ü 8

Das Perfekt wird hier in einem kleinen erzählenden Text gefestigt. Auch dieser Text eignet sich, ebenso wie die Flüssig-sprechen-Übung in Einheit 9 zur Arbeit am Rhythmus und an Betonungen. Sie können nach der ersten Hör- und Nachsprechübung, die TN auffordern, den Transkriptionstext im Anhang aufzuschlagen, den Text noch einmal hören lassen und die betonten Wörter unterstreichen lassen.

Simone ist mit den <u>Kindern</u> nach <u>Wien</u> gefahren. Ihr <u>Mann</u> ist <u>nicht</u> mitgekommen. Er hatte viel <u>Arbeit</u> und hatte keine <u>Zeit</u>. Simone und die <u>Kinder</u> haben in Wien <u>viel</u> gemacht. Sie sind mit dem <u>Schiff</u> gefahren. Sie sind spazieren gegangen. <u>Und</u> sie haben den <u>Prater</u> gesehen. <u>Dann</u> hatten sie ein <u>Problem</u>: Der <u>Autoschlüssel</u> war weg. Simone hat ihren <u>Mann</u> angerufen. <u>Markus</u> ist so<u>fort</u> nach <u>Wien</u> gekommen. Sie haben zu<u>sammen</u> einen <u>Ausflug</u> gemacht. <u>Dann</u> sind <u>alle</u> zusammen wieder nach <u>Hause</u> gefahren.

Das *Flüssig sprechen* im Arbeitsbuch (Ü 20) übt die Jahreszahlen in typischen Verwendungen.

Ämter und Behörden

Auftaktseite
Lernziele und Lerninhalte:
Sprechen: Behörden und was man dort machen kann
Hören: Gespräche mit/über Behörden
Wortschatz: Behörden

Kannbeschreibungen GER/Rahmencurriculum:
Kann sich über Beratungseinrichtungen informieren, z. B. über die Öffnungszeiten, Adresse.

Arbeitsbuch: Ü 1-2

A Bei der Meldestelle
Lernziele und Lerninhalte:
Sprechen: Geburtsdaten, wichtige Termine
Hören: Geburtsdaten
Schreiben: ein Formular ausfüllen, Wortschatz für ein Meldeformular ergänzen
Wortschatz: Meldeformular
Grammatik: Datumsangaben im Dativ (Ordnungszahlen)

Kannbeschreibungen GER/Rahmencurriculum:
Kann in einem Formular persönliche Daten eintragen.

Arbeitsbuch: Ü 3-7
Vertiefungsübung Ü 5: Jahreszahlen
Erweiterungsübung Ü 7: Ein Formular ergänzen

B Einen Wohngeldantrag stellen
Lernziele und Lerninhalte:
Sprechen: sagen, wem was gehört
Hören/Lesen: ein Dialog über Wohngeld
Grammatik: Personalpronomen im Dativ

Arbeitsbuch: Ü 8-13
Vertiefungsübungen Ü 10b, 13: Personalpronomen im Dativ
Erweiterungsübung Ü 12: Personalpronomen im Dativ

C Was braucht man für ...?
Lernziele und Lerninhalte:
Sprechen: sagen, wofür man etwas braucht
Grammatik: *für* plus Akkusativ
Projekt: Behörden am Wohnort

Arbeitsbuch: Ü 14-16
Vertiefungsübung Ü 15b: *für* plus Akkusativ
Erweiterungsübung Ü 16: für plus Akkusativ

D Können Sie mir helfen?
Lernziele und Lerninhalte:
Sprechen: um Hilfe bitten, sich bedanken, Fragen stellen und etwas erklären
Hören/Lesen: Dialoge bei Behörden

Kannbeschreibungen GER/Rahmencurriculum:
Kann mit einfachen Worten sagen, dass er/sie nicht weiß, wie etwas auf Deutsch heißt.
Kann nachfragen, wenn er/sie etwas nicht verstanden hat.
Kann jemanden bitten, ihm/ihr beim Ausfüllen eines Formulars zu helfen.

Arbeitsbuch: Ü 17-20, Ü 21: Flüssig sprechen
Vertiefungsübung Ü 19: korrekte Antworten auf Fragen erkennen
Erweiterungsübung Ü 20: Dialoge schreiben

Arbeitsbuch – Deutsch plus: Ü 22: Behördengänge

Arbeitsbuch – Wörter lernen: Ü 23-25
Lerntipp: Nomen und Verben zusammen lernen

Phonetik: Wortgruppen sprechen

Kopiervorlagen in den Handreichungen:
KV 19: Meine Daten (Meldeformular)
In dieser Lektion geht es um die Zuständigkeit von Behörden und Behördengänge. Die KT lernen Redemittel, mit denen sie um Hilfe bitten können, und sie lernen Wortschatz für Behördengänge kennen, u.a. erforderliche Unterlagen. Eingeführt werden die Präposition *für* und Personalpronomen mit Dativ bzw. Verben mit Dativergänzung sowie Datumsangaben.

Auftaktseite

Lernziele und Lerninhalte:

Sprechen: Behörden und was man dort machen kann

Hören: Gespräche mit/über Behörden

Wortschatz: Behörden

1

Klären Sie zunächst gemeinsam mit den KT, welche Behörden abgebildet sind. Welche Behörden kennen sie, wo waren sie bereits, zu welchen Behörden werden sie in naher Zukunft evtl. gehen? Anschließend ordnen die KT die Aktivitäten den Behörden zu und berichten im Kurs:

Bei der Bundesagentur für Arbeit man kann eine Berufsberatung bekommen. Eltern müssen zur Familienkasse gehen, dort bekommen sie Kindergeld u.ä.

So haben die KT auch Gelegenheit, die Präpositionen *bei* und *zu*, die sie in L. 7 kennen gelernt haben, zu wiederholen. Weisen Sie darauf hin, dass es zwar *zur Behörde/bei der Behörde* heißt, dass man aber *auf dem Amt* sagt.

Es ist davon auszugehen, dass KT, die schon seit Längerem in Deutschland leben, bereits bei den meisten der abgebildeten Behörden gewesen sind. Lassen Sie diese KT berichten.

Information zur Landeskunde

Grundsätzlich besteht für alle Kinder ab der Geburt bis zur Vollendung des 18. Lebensjahres Anspruch auf Kindergeld. Auch darüber hinaus kann unter bestimmten Voraussetzungen das Kindergeld weiter gezahlt werden, z. B. während eines Studiums oder einer Ausbildung.

Seit 2009 gelten folgende Sätze: für die ersten beiden Kinder 164 €, für das dritte Kind 170 € und für jedes weitere Kind 195 €

(weitere Informationen unter http://www.arbeitsagentur.de/nn_26532/Navigation/zentral/Buerger/Familie/Kindergeld-Zuschlag/Kindergeld-Zuschlag-Nav.html).

Sammeln Sie weitere Möglichkeiten: Was kann man bei den Behörden außerdem machen? – Bei der Bundesagentur für Arbeit z. B. Stellenangebote finden, Fortbildungen machen, Arbeitslosengeld beantragen.

Auch die Familienkasse gehört zur Bundesagentur für Arbeit. Beim Standesamt erfolgen außerdem Familieneintragungen und Namensänderungen. Die Kfz-Zulassungsstelle gehört in der Regel zu einem Bürgeramt oder zum Landratsamt. Bei Bürgerämtern oder in kleinen Gemeinden im Rathaus meldet man sich außerdem an oder ab, beantragt Pässe und Ausweise oder meldet ein Gewerbe an.

Anschließend hören die KT die Minidialoge von 1b und ordnen sie den Fotos zu.

(Lösung: Foto A: eine Berufsberatung bekommen, Foto B: Kindergeld beantragen, Foto C: das Auto anmelden und abmelden)

2

Hier geht es um die Behörden im Wohnort bzw. Kursort. Eine allgemeine Behandlung des Themas Ämter und Behörden ist nur eingeschränkt möglich, da sich die Zuständigkeiten und die Struktur der Behörden von Bundesland zu Bundesland, manchmal sogar von Gemeinde zu Gemeinde unterscheiden. Für die Beantwortung der Frage *Welche Behörden kennen Sie in Ihrem Wohnort?* sollten Sie geeignetes örtliches Material zur Hand haben, z. B. eine Broschüre für Neubürger, die viele Gemeinden herausgeben. Falls es bei Ihrer Institution einen Computerraum gibt, können Sie die Internetseiten Ihres Kursortes mit den KT besuchen.

Sprechen Sie evtl. auch die Erfahrungen an, die KT auf den Behörden gemacht haben. Wie sicher fühlen sie sich, wenn sie dort etwas erledigen müssen? Haben sie positive oder negative Erfahrungen gemacht? Waren die Sachbearbeiter geduldig und haben Hilfestellung geleistet? Notieren Sie für das Gespräch geeigneten Wortschatz an der Tafel:

Die KT: *Angst/keine Angst haben – etwas nervös sein – sicher/unsicher sein etc.*

Die Sachbearbeiter: *höflich/unhöflich, distanziert, geduldig/ungeduldig sein* etc.

Ein solcher Austausch kann hilfreich sein, denn so erfahren die KT, dass andere vielleicht ähnliche Erfahrungen haben, und sie können sich gegenseitig Tipps geben, wie man bei Behörden sicher auftreten kann.

Arbeitsbuch: Ü: 1-2

Ämter und Behörden

A Bei der Meldestelle

Lernziele und Lerninhalte:

Sprechen: Geburtsdaten, wichtige Termine

Hören: Geburtsdaten

Schreiben: ein Formular ausfüllen, Wort-
                 schatz für ein Meldeformular er-
                 gänzen

Wortschatz: Meldeformular

Grammatik: Datumsangaben im Dativ
                 (Ordnungszahlen)

Bereits aus den Lektionen 1 (AB Ü 31), 2 (KB klar. 2) und 7 (KB C.2 – AB Ü 25) kennen die KT die Technik des Ausfüllens von Formularen. Hier wird das Thema mit einem vereinfachten Meldeformular für die Anmeldung einer neuen Wohnung vertieft. Außerdem lernen die KT, Daten oder ihr eigenes Geburtsdatum zu sagen.

1

Die Fragen in 1a zum Leseverstehen dienen der ersten Orientierung. Diskutieren Sie mit den KT, welche Angaben bei sehr vielen Formularen erforderlich sind: Name, Adresse, Geburtsdatum, evtl. Geburtsort und Nationalität. Fragen Sie, wer schon einmal ein Melde-formular ausgefüllt hat und ob es Schwierig-keiten gab. Wer hat geholfen/Mit wem haben die KT das Formular gemeinsam ausgefüllt? Anschließend lösen die KT 1b.

KV 19 In Kopiervorlage 19 können die KT ihre eigenen Daten eintragen. Das Formular wird im Rahmen eines Partnerinterviews aus-gefüllt.

Kopieren Sie das Formular auch auf OHP-Folie. Sofern ein KT dazu bereit ist, kann er die Folie mit einem wasserlöslichen Stift ausfüllen. Dieses Formular kann als Muster dienen oder als Ausgangspunkt, damit die KT kurz über sich selbst berichten.

2-4

Einführung von Datumsangaben im Dativ. Zur Erinnerung empfiehlt sich evtl. eine Wieder-holung der Zahlen, die in L. 1 und 2 eingeführt wurden, z. B. durch einfache Rechenaufgaben.

Lenken Sie dann noch einmal die Aufmerksam-keit auf die beiden Datumsangaben im Formular: 01.09.08 (Tag des Einzugs) und 12.10.73 (Geburtsdatum). Schreiben Sie diese Daten an die Tafel und fragen Sie: *Wann ist Herr Lopez geboren? – Wann ist er in die Wohnung eingezogen?* und sprechen Sie die Antworten vor. Verweisen Sie dazu auf den Infokasten bei 2.

Schreiben Sie die Daten noch einmal in Buch-staben an die Tafel und unterstreichen Sie die Ordnungszahlen:

am ersten Neunten

am zwölften Zehnten

Erläutern Sie die Endungen *-ten* und *-sten* und den Unterschied zu den Kardinalzahlen, bevor die KT die Zahlen in 2 ergänzen. Gehen Sie an dieser Stelle nicht weiter auf den Unterschied bei den Datumsangaben im Nominativ oder Dativ ein, für Behördenkontakte reicht die Datumsangabe im Dativ aus. Sollte ein KT danach fragen, genügt der Hinweis, dass Datumsangaben in Lektion 7 von *Pluspunkt Deutsch* Band 2 noch einmal aufgegriffen werden. Es ist auch nicht erforderlich, hier auf die Monatsnamen einzugehen, denn sie werden in Lektion 13 (Block A) eingeführt.

Anschließend machen die KT die Partner-dialoge in 3, die sie auch mit den eigenen Ge-burtsdaten oder weiteren fiktiven Geburtsdaten ergänzen können: Die KT erfinden Namen und Geburtsdaten, notieren diese, die Lernpartner sagen, wann die fiktiven Personen geboren sind. Dann hören sie die Dialoge von 4, um die Sätze zu ergänzen. (Lösung: 14.07.1972 – 02.05.1974 – 04.09.1999 – 26.03.2004 – 31.01.2006)

5

Ebenfalls Partnerarbeit, anschließend schreiben die KT einen eigenen Plan. Erarbeiten Sie ge-meinsam mit den KT geeignete Aktivi-täten/Verpflichtungen: z. B. den Keller/den Dachboden aufräumen, im Garten arbeiten, Kindergeld beantragen, einen Termin beim Standesamt/der Bundesagentur für Arbeit ver-einbaren etc. Wiederholen Sie auch die bisher eingeführten temporalen Präpositionen: *am, um und von ... bis.*

Varianten

– Wie bei der Einführung der Kardinalzahlen sind weitere spielerische Übungen möglich:

– Die KT schreiben Daten auf Kärtchen, die KL einsammelt und neu verteilt, damit die KT Daten laut vorlesen, ein KT schreibt Daten an die Tafel, die die KT ihm zurufen etc. (s. hierzu die Kommentare zu L.1, Block D und L.2, Block C in den *Handreichungen*).

– In Anknüpfung an 5 erstellen die KT einen Plan zum Deutschlernen, der den KT Lerntechnik vermitteln kann (s. dazu Kommentare zu Lektion 5, Block C in den *Handreichungen*).

Arbeitsbuch: Ü 3-7
Vertiefungsübung Ü 5: Jahreszahlen
Erweiterungsübung Ü 7: Ein Formular ergänzen

B Einen Wohngeldantrag stellen

Lernziele und Lerninhalte:
Sprechen: sagen, wem was gehört
Hören/Lesen: ein Dialog über Wohngeld
Grammatik: Personalpronomen im Dativ

In diesem Block erhalten die KT Informationen über Wohngeld. Eingeführt werden die Personalpronomen im Dativ sowie Verben mit Dativergänzung.

1/2

Hier lernen die KT wie in Block A weiteren wichtigen Wortschatz für Behördengänge kennen. Fragen Sie die KT, was sie über Wohngeld wissen, nachdem sie die Bilder zugeordnet und 2 gelöst haben. (Lösung 2a: B)

Information zur Landeskunde
Wohngeld kann man als Zuschuss zur Miete und als Zuschuss zur Belastung einer selbst genutzten Immobilie erhalten. Die Höhe des Wohngelds bemisst sich nach der Zahl der zum Haushalt gehörenden Personen, dem Familieneinkommen und der Höhe der Miete bzw. Belastung. Bei den örtlichen Wohngeldstellen sind Formulare für den Wohngeldantrag, Bescheinigung des Vermieters sowie weitere Unterlagen erhältlich. Zusätzlich zum Antrag

sind weitere Nachweise (Verdienstbescheinigung, Bescheide der Bundesagentur für Arbeit, Schulbescheinigungen etc.) vorzulegen.

Varianten

– Bilden Sie Gruppen, nachdem die KT Aufgabe 1 gelöst haben. KT, die schon länger in Deutschland leben, berichten, welche Informationen eine Gehaltsabrechnung enthält (Bruttoverdienst, Sozialversicherung, Steuern, evtl. Kirchensteuer etc.) und was in einem Mietvertrage steht (Wohnungsgröße, Anzahl Zimmer, Höhe der Miete, Renovierung bei Auszug etc.) In den Folgebänden von *Pluspunkt Deutsch* werden die Themen Mietverträge und Gehaltsabrechnungen vertieft.

– Die KT erhalten weitere Fragen zum Text, wobei lernungeübte KT auch den ersten Teil des Dialogs im Anhang hinzuziehen dürfen: *Warum arbeiten Herr Usta und Herr Kars nur noch 28 Stunden pro Woche? – Wo wohnt Herr Kars? – Wo wohnt Herr Usta? – Wer hat geholfen?* etc.

3

Jetzt wird die Aufmerksamkeit auf die neue Grammatik gelenkt. Zunächst markieren die KT die Verben in Dialog 2, anschließend ergänzen sie sie in den Sätzen von 3a sowie die Personalpronomen im Dativ in 3b. Schreiben Sie die Verben *gehören*, *danken* und *helfen* auch an die Tafel und erläutern Sie, dass diese Verben zu der (kleinen) Gruppe der Verben mit Dativergänzung gehören. Erläutern Sie auch die Verben *geben* und *mitbringen* mit Dativ- und Akkusativergänzung, ohne auf Einzelheiten der Wortstellung von Dativ- und Akkusativergänzung einzugehen.

4

Diese Aufgabe dient zur Festigung der Dativpronomen. Einzelarbeit, individuelle Unterstützung durch KL, insbesondere für lernungeübte KT. Ziehen Sie auch die AB-Übungen 10 und 11 heran. Wiederholen Sie an dieser Stelle auch die Personalpronomen im Akkusativ, die in Lektion 8 eingeführt wurden.

5

Das abschließende *mein/dein*-Spiel ist als Plenumsaktivität oder in Gruppen möglich. Sorgen Sie dafür, dass die KT möglichst viele Personalpronomen benutzen, und dass sie auch Ja/Nein-Fragen stellen: *Gehört das Buch dir/euch/Ihnen?* Die Dativpronomen in der 3. Person Singular werden in Band 2, Lektion 5 eingeführt.

Variante

Lerngeübte KT üben auch mit *geben* und *mitbringen*, z. B. in folgendem Frage- und Antwortspiel:

– *Bringst du mir morgen das Buch mit?*

+ *Ja, das kann ich dir mitbringen.*

Variationsmöglichkeiten: der Stift, der Film, die DVD, die Zeitung, die Fotos etc.

– *Kannst du mir einen Stift geben?*

+ *Ja gern./Tut mir leid, ich habe keinen Stift* etc.

Alles klar: Ü 4–5

Arbeitsbuch: Ü 8–13

Vertiefungsübungen Ü 10b, Ü 13: Pronomen im Dativ

Erweiterungsübung Ü 12: Pronomen im Dativ formell und informell

C Was braucht man für …?

Lernziele und Lerninhalte:

Sprechen: sagen, wofür man etwas braucht

Grammatik: *für* plus Akkusativ

Projekt: Behörden am Wohnort

1/2

Das wichtigste der hier genannten Dokumente ist der Pass. Fragen Sie die KT, wo man den Pass oder einen Ausweis braucht: bei der Grenzkontrolle, für ein Visum für die Kontoeröffnung bei der Bank etc. Sammeln Sie an der Tafel, welche Informationen der Pass enthält: Name, Geburtsdatum, Geburtsort, Nationalität, Passnummer etc.

Anschließend ergänzen die KT die Sätze in 1 und unterstreichen die Präposition *für* plus

Akkusativ in den Sätzen, um die Struktur bewusst zu machen. Erläutern Sie, dass *für* zu den Präpositionen mit Akkusativ gehört (in Lektion 13 werden noch *um* und *durch* eingeführt), und dass das zugehörige Fragepronomen *wofür* ist. Übung 2 in Gruppenarbeit, wobei die Frage in der Arbeitsanweisung bzw. in der Sprechblase variiert werden kann: *Wofür braucht man ein Wörterbuch? – Für den Deutschkurs* etc.

Erläutern Sie auch *für* in Verbindung mit Personalpronomen und Fragen mit *für wen*. Lassen Sie die KT Mini-Dialoge machen nach folgendem Muster:

+ *Das Buch ist für dich. – Für mich? Das ist aber nett?*

+ *Hast du auch eine Pizza für Rita? – Ja, für sie habe ich auch eine.*

+ *Für wen ist die Pizza? – Sie ist für mich* etc.

Varianten

– Erweitern Sie die beiden letzten Aufgaben *Was braucht man für eine Hochzeit? – Was braucht man für ein Fest?*

Die KT sammeln weitere Wörter, bei Hochzeit z. B. *Einladungen, ein Lokal, einen Hochzeitskuchen* etc., bei Fest *einen Partyraum, gute Laune, Salat, Dessert* etc.

– Schreiben Sie diese Wörter an die Tafel, die KT machen damit eine Kettenübung: *Für eine Hochzeit braucht man einen Termin beim Standesamt. – Für eine Hochzeit braucht man einen Termin beim Standesamt und zwei Ringe …* So nutzen Sie die Übung auch zum Wortschatztraining.

3

Das abschließende Projekt ist eine Fortsetzung der Projekte aus den Lektionen 4 und 9 (Informationen über den Wohn- bzw. Kursort). Dieses Mal beschäftigen sich die KT mit den Behörden am Wohn- bzw. Kursort.

Verteilen Sie die Aufgaben entsprechend den Möglichkeiten der KT. Lernungeübte KT oder KT, die nur wenig Zeit haben, sammeln allgemeine Informationen zu den Behörden wie z. B. Adressen und Öffnungszeiten, andere KT beschäftigen sich ausführlicher mit den Behörden, z. B.: *Wofür sind sie zuständig?/Was kann man dort machen? – Welche Abteilungen gibt es? – Welche Unterlagen braucht man?*

Informationen dazu können sie evtl. aus dem Internet holen oder direkt bei den Behörden fragen.

Alles klar: Ü 6

Arbeitsbuch: Ü 14-16

Vertiefungsübung Ü 15b: Artikel im Akkusativ

Erweiterungsübung Ü 16: Personalpronomen im Akkusativ

D Können Sie mir helfen?

Lernziele und Lerninhalte:

Sprechen: um Hilfe bitten, sich bedanken, Fragen stellen und etwas erklären

Hören/Lesen: Dialoge bei Behörden

Im letzten Block lernen die KT Redemittel, mit denen sie um Hilfe bitten können. Damit wenden sie auch die zuvor gelernten Personalpronomen im Dativ in wichtigen Situationen an.

1

In 1a ergänzen die KT Schlüsselwörter für Situationen, in denen es um Auskünfte und Hilfe geht. Lassen Sie die KT nach dem Hören in Partnerarbeit weitere Fragen zu den Mini-Dialogen stellen: *Wohin möchte die Person? – Wo ist das Zimmer von Frau Barth? – Was versteht die Person nicht?*

Die Dialoge von 1b bereiten auf weitere Situationen vor, die nachfolgend in 2 geübt werden.

(Lösung: 1 C – 2 C)

Auch hier können die KT nach einem weiteren Hören *W*-Fragen beantworten:

Welchen Kurs will die Person machen? – Wie lange muss man warten? – Welche Nummer ist auf der Anzeigetafel? etc.

2

Jetzt spielen die KT eigene Dialoge. Verweisen Sie auf den Redemittelkasten.

In dieser Lektion wird zum ersten Mal mit einem Redemittelkasten gearbeitet. Es ist möglich, dass sich lernungeübte KT daran noch gewöhnen müssen. Bereiten Sie Musterdialoge vor, die Sie auf OHP-Folie oder an die Tafel schreiben und in denen die Redemittel aus dem Redemittelkasten vorkommen, z. B.:

– *Entschuldigen Sie bitte. Können Sie mir helfen?*

+ *Was kann ich für Sie tun?*

– *Was bedeutet das Wort Hauptwohnung?*

...

Fordern Sie die KT auf, die Redemittel, die an der Tafel stehen, im Redemittelkasten zu suchen und zu unterstreichen, das erleichtert den Umgang damit. Anschließend lesen zwei KT den oder die Musterdialoge vor. Wischen Sie danach Teile der Dialoge weg, so dass die KT zunehmend freier sprechen. Für lernungeübte KT bieten sich als Vorentlastung außerdem die Übungen klar.1 und klar.2 sowie die AB-Übungen 17 und 18 an.

Lerngeübte KT variieren die Dialoge weiter: Sie suchen Meldeformulare oder Wohngeldanträge, sie fragen nach Worten wie *Geburtsort, Geburtsdatum, Tag des Einzugs* o.ä.

Alles klar: Ü 1-3

Arbeitsbuch: Ü 17-20, Ü 21: Flüssig sprechen

Vertiefungsübung Ü 19: korrekte Antworten auf Fragen erkennen

Erweiterungsübung: Ü 20: Dialoge schreiben

Arbeitsbuch – Deutsch plus: Ü 22: Behördengänge

Arbeitsbuch – Wörter lernen: Ü 23-35

Lerntipp: Nomen und Verben zusammen lernen

Phonetik – Wortgruppen sprechen, siehe Seite 121 in den *Handreichungen*

Flüssig sprechen

Alles klar Ü 7

Die Mittel zur Verständigungssicherung sind in der Kommunikation mit Ämtern und Behörden gerade auf A1-Niveau besonders wichtig. Achten Sie darauf, dass die Teilnehmer diese

Ämter und Behörden

Sätze klar und deutlich mit einer verbindlichen Intonation sprechen. Bei Teilnehmern, die besonders große Schwierigkeiten mit der Aussprache haben, können Sie auch erst die besonders schwierigen Wörter an die Tafel schreiben und zunächst die Aussprache dieser Wörter mit ihrem Wortakzent üben:

Entschuldigung, berufstätig, Termin, Büro, Wartenummer, Formular.

Das *Flüssig sprechen* im Arbeitsbuch (Ü 21) trainiert die Angabe des Datums in typischen Sätzen.

Station 3
Spiel und Spaß

__1__ Auch ein KT kann die Aufgabe, leise das Alphabet zu sagen, übernehmen. Weitere Variationsmöglichkeiten: Die KT notieren nur Verben, Nomen oder Adjektive, die mit dem Buchstaben beginnen, oder sie notieren nur Wörter eines Wortfelds, z. B. Lebensmittel, Möbel/Wohnung/Haus, Berufe etc.

__2__ In 2a hören die KT lediglich den Rhythmus des Wortes, nicht das Wort selbst.

(Lösung: Supermarkt – Katalog – Apotheke – Versicherungskarte – Jugendliche – Formular).

Lassen Sie die KT die Wörter noch einmal hören und nachsprechen, wenn sie die Aufgabe gelöst haben. Sie sollten auch die Wörter, die nicht auf der CD sind, nachsprechen.

Verteilen Sie für 2b evtl. Kärtchen mit geeigneten weiteren Nomen oder geben Sie Wortfelder vor, aus denen die KT ein Wort auswählen. Eine geeignete Wortschatzwiederholung ist es außerdem, wenn Sie gemeinsam mit den KT Wörter aus verschiedenen Wortfeldern sammeln und auf OHP-Folie oder an der Tafel Listen machen, aus denen die KT die Wörter auswählen.

__3__ Diese Aktivität knüpft an die Vorschläge u.a. zur Übung von Sätzen mit trennbaren Verben an (s. Kommentare zu Lektion 5, Übung B.1 in den *Handreichungen*.)

Varianten

– Zwei KT verlassen den Raum, zwei Gruppen schreiben je einen Satz mit gleicher Wortzahl und stellen sich mit ihren Wörtern an zwei verschiedenen Plätzen im Raum auf. Die beiden KT kommen wieder in den Raum und ordnen je einen Satz. Wer zuerst fertig ist, hat gewonnen.

– Wie Variante 1. Dieses Mal arbeiten die beiden KT, die den Raum verlassen haben, zusammen. Die KT mit den Wörtern stellen sich nicht nach Gruppen getrennt auf. Die KT, die wieder in den Raum kommen, ordnen zuerst die Sätze und stellen dann die KT mit den Wörtern in der richtigen Reihenfolge auf.

__4__ In dem abschließenden Spiel werden Wortschatz und Grammatik von Lektion 8-11 wiederholt. Am Tag, bevor die KT das Spiel im Kurs spielen, sollten Sie sich zu Hause die Lektionen noch einmal anschauen.

Variante

Die KT gehen im Kurs noch einmal die Lektionen 1-11 durch und schreiben in Gruppen selbst drei Aufgaben pro Spiel.

Im Kaufhaus

Auftaktseite

Lernziele und Lerninhalte:

Sprechen: sagen, wie einem Kleidung gefällt
Hören: Kleidungsstücke zuordnen
Wortschatz: Kleidung, Adjektive
Grammatik: *gefallen* plus Dativ

Kannbeschreibungen GER/Rahmencurriculum:
Kann sagen, wie er/sie alltägliche Dinge findet.

Arbeitsbuch: Ü 1-4
Vertiefungsübung Ü 3: Personalpronomen im Dativ
Portfolioübung Ü 4b: Meinungen über Kleidungsstücke

A Kleidung kaufen

Lernziele und Lerninhalte:

Sprechen: Einkaufsdialoge, sagen, wo man gern einkauft, Fragen und Antworten
Hören: Personen berichten, wo sie gerne einkaufen
Lesen/Hören: Einkaufsdialog
Wortschatz: Adjektive, Kleidungsgrößen
Grammatik: Adjektivdeklination mit bestimmtem Artikel im Nominativ und Akkusativ, *welch-*

Arbeitsbuch: Ü 5-13
Vertiefungsübung Ü 7: Artikel im Akkusativ ergänzen
Erweiterungsübungen Ü 6: Einen Einkaufsdialog ergänzen, Ü 12: Fragen mit *welch-* schreiben

B Im Kaufhaus einkaufen

Lernziele und Lerninhalte:

Sprechen: Fragen und Antworten: Wo ist was im Kaufhaus? – Einkaufsdialoge im Kaufhaus
Hören: Preise und Größen
Schreiben: Redemittel für Einkaufsdialoge sortieren
Projekt: Einkaufsmöglichkeiten im Wohnort
Wortschatz/
Grammatik: Komposita

Kannbeschreibungen GER/Rahmencurriculum:
Kann Informationen zu Produkten erfragen (Preis, Größe, Abteilung).
Kann Zahlenangaben machen (Größe, Preis).

Arbeitsbuch: Ü 14-21, Ü 22: Flüssig sprechen
Vertiefungsübung Ü 15: Komposita, Ü 18: Kleidungsstücke erkennen

Arbeitsbuch – Deutsch plus Ü 23-24:

Ein Bestellformular für Kleidung
Kannbeschreibungen GER/Rahmencurriculum:
Kann das Wesentliche aus Produktinformationen auffinden und entnehmen.
Kann im Internet Bestellungen aufgeben und Bestellformulare ausfüllen.

Arbeitsbuch – Wörter lernen: Ü 25-28
Lerntipp: Komposita sammeln, die von einem Wort gebildet sind

Phonetik: Wortakzent bei Komposita

Kopiervorlagen in den Handreichungen:
KV 20 A/B: Kleider-Memory
KV 21: Komposita

Die KT lernen den Wortschatz für Kleidung, Redemittel für Einkaufsdialoge im Kaufhaus kennen, sie lernen zu sagen, was ihnen gefällt oder nicht gefällt und sprechen darüber wo und wie sie einkaufen. Bei der Grammatik geht es um das Fragepronomen *welch-*, die Adjektivdeklination und Komposita. KL oder KT sollten für diese Lektion Versandhauskataloge oder Modeprospekte sammeln bzw. von zu Hause mitbringen.

Auftaktseite

Lernziele und Lerninhalte:

Sprechen:	sagen, wie einem Kleidung gefällt
Hören:	Kleidungsstücke zuordnen
Wortschatz:	Kleidung, Adjektive
Grammatik:	*gefallen* plus Dativ

1

Die KT hören die Wörter und ordnen sie dem Bild zu (Reihenfolge: *die Hose – der Mantel – die Socken – die Bluse – das Hemd – die Schuhe – das Kleid – der Anzug – der Pullover – die Jacke – das T-Shirt – der Rock – die Unterwäsche – das Sweatshirt – die Jeans*). Anschließend nennen sie die Gegenstände noch einmal: *Das ist eine Hose/ein Anzug* etc. Lassen Sie die KT außerdem ihre eigene Kleidung beschreiben: *Ich trage einen Pullover/eine Jeans* etc. Es ist möglich, dass dabei auch andere Wörter aus dem Wortfeld Kleidung benötigt werden, z. B. T-Shirt, Stiefel, Sandalen, Halstuch, Schal etc. Machen Sie an der Tafel ein Wörternetz, in dem der Wortschatz erweitert wird.

Varianten

– Lassen Sie die KT in Gruppen arbeiten und Kleidung sammeln; jede Gruppe erstellt eine Liste: Winterkleidung/Sommerkleidung – Damenkleidung/Herrenkleidung – Oberbekleidung/Unterbekleidung – Schuhe etc. Oder die Gruppen schneiden aus Katalogen und Modeprospekten geeignete Kleidungsstücke aus und machen mit den von ihnen erstellten Wortlisten Plakate, auf denen die Fotos und die Worte abgebildet sind, und hängen sie im Kursraum auf.

– Kettenspiel *Ich packe meinen Koffer*: Für dieses Spiel bieten sich mehrere Möglichkeiten an. Eine einfache Variante ist z. B., dass Sie oben links *Ich packe meinen Koffer und nehme ...* und unten rechts *mit* an die Tafel schreiben. Die KT sagen den Satz und nennen je ein Kleidungsstück: *meinen Mantel, meine Jacke* etc. Schreiben Sie die Kleidungsstücke der Reihe nach an die Tafel. Es erhöht den Schwierigkeitsgrad, wenn Sie die Kleidungsstücke bunt gemischt notieren oder natürlich auch, wenn Sie sie gar nichts an die Tafel schreiben. Wenn ein KT die Reihe unterbricht, scheidet er aus. Gewonnen hat, wer die meisten Kleidungsstücke in der richtigen Reihenfolge nennen kann.

– Im Anschluss an Block A, wo die Adjektivdeklination mit dem bestimmten Artikel im Nominativ und Akkusativ eingeführt wird, können Sie das Spiel mit Farben wiederholen: *Ich packe meinen Koffer und nehme den schwarzen Mantel mit* etc.

2

Farben haben die KT in Lektion 3 gelernt. Bringen Sie farbige Kreide in den Unterricht mit, um die Farben zu wiederholen. Malen Sie jeweils in einer Farbe einen Strich an die Tafel, die KT nennen die Farbe, die Sie dann neben den Strich schreiben. Anschließend beginnt das Farbenspiel, das zugleich eine Vorbereitung für die Einführung der Adjektivdeklination auf der nächsten Seite ist.

Variante

Die KT machen das Spiel nicht nur mit den Farben der Kleidungsstücke auf der Auftaktseite, sondern auch mit der eigenen Kleidung, z. B.: KT 1 wirft KT 2 den Ball zu und sagt, z. B.: *Meine Hose ist blau und deine?* KT 2 antwortet und setzt das Spiel mit KT 3 fort.

3

Verben mit Dativ und Personalpronomen im Dativ kennen die KT bereits aus Lektion 11. Hier lernen sie die im Deutschen häufige, aber fehlerträchtige Variante mit gefallen kennen. Sätze wie *Ich gefalle der blaue Pullover* sind typische Fehler. Erläutern Sie das Verb wie folgt: Schreiben Sie zunächst eine Frage mit Antwort an die Tafel und markieren Sie den Nominativ und den Dativ:

Wie gefällt	*dir*	*die Hose?*	
	wem?	*was?*	
	Dativ	Nominativ	

Die Hose	*gefällt*	*mir*	*gut.*
was?		*wem?*	
Nominativ		Dativ	

Im Kaufhaus

Markieren Sie den Nominativ und den Dativ und erläutern Sie die Struktur. Geben Sie mehrere Beispiele, dann bereiten die nachfolgenden Fragen und Antworten den KT weniger Mühe.

Bei den anschließenden Fragen und Antworten sollten sich lernungeübte KT auf nur wenige Varianten beschränken. Für sie genügt es an dieser Stelle, wenn sie im Umgang mit dem Verb *gefallen* Sicherheit gewinnen: *Gefällt dir die Hose? – Ja, die Hose gefällt mir (gut)* etc. Lerngeübte KT variieren Fragen und Antworten und sagen ihre Meinung detaillierter, z. B.: *Gefällt dir die Hose? – Ja, ich finde sie schön. – Nein, sie gefällt mir nicht. Ich finde sie altmodisch. Aber das Hemd gefällt mir. Es sieht modern aus* etc.

Üben Sie auch noch einmal Fragen mit *Wie findest du ...?*, die die KT aus Lektion 3 kennen. So wiederholen Sie Nominativ, Dativ und Akkusativ.

Beachten Sie, dass in dem Redemittelkasten neue Ausdrücke sind, mit denen man sagen kann, wie man etwas findet (*gar nicht, überhaupt nicht elegant* etc.)

Arbeitsbuch: Ü 1-4

Vertiefungsübung Ü 3: Personalpronomen im Dativ ergänzen

Portfolioübung Ü 4b: Meinungen über Kleidung

A Kleidung kaufen

Lernziele und Lerninhalte:

Sprechen: Einkaufsdialoge, sagen, wo man gern einkauft, Fragen und Antworten

Hören: Personen berichten, wo sie gerne einkaufen

Lesen/Hören: Einkaufsdialog

Wortschatz: Adjektive, Kleidungsgrößen

Grammatik: Adjektivdeklination mit bestimmtem Artikel im Nominativ und Akkusativ, *welch-*

1

Vor dem Hören betrachten die KT zunächst das Foto und klären die Situation. Wer ist Kunde, wer ist Verkäufer? Wie findet der Kunde die Hemden und den Anzug? Hier können die KT Vermutungen mit *vielleicht* anstellen und noch einmal den Wortschatz der Auftaktseite anwenden.

Nachdem die KT 1a gelöst haben, lesen sie den abgedruckten Dialog in 1b und unterstreichen die Adjektive. Schreiben Sie z. B. *Der Anzug ist blau. – Wie finden Sie den blauen Anzug?* an die Tafel und erläutern Sie den Unterschied: Anschließend ergänzen die KT die Tabelle. Fordern Sie die KT auf, die Endungen für die Akkusativendung bei maskulinen Nomen im Akkusativ und bei Nomen im Plural zu unterstreichen, damit sie sich über den Unterschied – *e/-en* klar werden.

2

Hier wird die Adjektivdeklination mit Einkaufsdialogen weiter gefestigt. 2a ist stark gelenkt, wobei es wichtig ist, dass die KT die Endungen nicht nur ergänzen, sondern auch laut sprechen, so dass sie ihnen stärker bewusst werden.

Wenn die KT sich mit der Adjektivdeklination sicher fühlen, gehen sie zu den Situationen in 2b über. Lernungeübte KT beschränken sich darauf, den Dialog in 2a mit den abgebildeten Kleidungsstücken und Farben zu variieren, lerngeübte KT können auch mit Dialoggrafiken arbeiten:

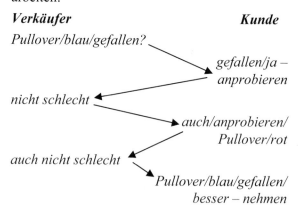

Verkäufer   *Kunde*

Pullover/blau/gefallen?

gefallen/ja – anprobieren

nicht schlecht

auch/anprobieren/ Pullover/rot

auch nicht schlecht

Pullover/blau/gefallen/ besser – nehmen

(+ *Gefällt Ihnen der blaue Pullover?*
– *Ja, er gefällt mir gut und ich möchte ihn anprobieren.*
+ *Der blaue Pullover ist nicht schlecht.*
– *Ja, aber ich möchte auch gern den roten Pullover anprobieren.*

+ *Der rote Pullover ist auch nicht schlecht.*
– *Der blaue gefällt mir besser. Ich nehme ihn.*)

3

In den nachfolgenden Übungen geht es um Einkaufsmöglichkeiten. (Lösung Ü 3: Person 1: Secondhandladen, Internet – Person 2: Flohmarkt – Person 3: Katalog, Internet – Person 4 – Boutique, Kaufhäuser).

Lassen Sie die KT auch zu diesen Hörtexten W-Fragen schreiben. Bilden Sie vier Gruppen. Jede Gruppe schreibt zu je einem Text nach einem weiteren Hören Fragen, die an die nächste Gruppe weitergereicht werden, zu Person 1 z. B.: *Was ist die Frau von Beruf? – Zu Person 2: Wie viele Kinder hat die Person?* etc.

Anschließend berichten die KT über ihre eigenen Einkaufsgewohnheiten. Sammeln Sie dafür geeignete Redemittel an der Tafel. Als Muster können die Sprechblasen in 3b, aber auch die im Anhang abgedruckten Hörtexte von 3a dienen. Auch Partnerinterviews sind möglich, z. B. mit folgenden Fragen, die Sie gemeinsam mit den KT erarbeiten sollten:

Wo kaufst du/kaufen Sie gern/nicht gern ein?

Wo kaufst du/kaufen Sie Sachen für deine/Ihre Kinder ein?

Wo ist Kleidung teuer/billig?

Wie viel Zeit brauchst du/brauchen Sie für Einkäufe?

Wann kaufst du/kaufen Sie ein?

4

In dieser Übung geht es um das Fragepronomen *welch-*. Lassen Sie die KT die Frage zu 4a in ganzen Sätzen beantworten, damit die Adjektivdeklination nicht vergessen wird: Der Sohn möchte die schwarze Hose und das schwarze T-Shirt bestellen.

Anschließend lesen die KT den Dialog (auch laut) und ergänzen die Endungen des Fragepronomens *welch-* in der Tabelle. Erläutern Sie, dass eine Frage mit *welch-* immer eine Antwort mit dem bestimmten Artikel verlangt. Geben Sie dafür weitere Beispiele, z. B. anhand von Kleidungsstücken unterschiedlicher Farbe aus einem Modeprospekt, z. B. eine blaue und eine

schwarze Hose, ein gelbes und ein rotes Kleid etc. Die KT fragen und antworten in Partnerarbeit: *Welches Kleid findest du schön? – Das gelbe* etc.

Variante

Vielleicht haben die KT Stifte unterschiedlicher Farbe dabei. Lassen Sie die KT in Dreiergruppen arbeiten. Sie legen die Stifte vor sich auf den Tisch und fragen: *Welcher Stift gehört dir? – Der blaue* o.ä.

5

In dieser Übung werden das Fragepronomen *welch-* und passende Antworten weiter gefestigt. In 5a ergänzen die KT zunächst den Artikel, damit ihnen dieser in der nachfolgenden Übung, wo sie sowohl das Fragepronomen als auch Adjektive ergänzen, keine Probleme mehr bereitet. Auch hier empfiehlt es sich, dass die KT den Dialog anschließend mit verteilten Rollen laut lesen.

6

Klären Sie mit den KT zunächst, was auf den Katalogseiten abgebildet ist, bevor sie nach dem Vorbild in den Sprechblasen fragen und antworten. Erläutern Sie, dass es darauf ankommt, dass die KT mit den Fragen mit *welch-* bzw. den zugehörigen Antworten präzisieren sollen, was sie meinen. Sie können auch mit Modeprospekten oder Katalogen arbeiteten.

Verweisen Sie auch auf die landeskundliche Information zu Kleidergrößen. Als Ergänzung dazu bietet sich AB-Übung 23 auf der Deutsch plus-Seite an. Hier sollen die KT Kleidungsstücke aus einem Katalog aussuchen und ein Bestellformular eines Versandhauses ausfüllen. Die Größen sind auch für die Übungen B 3-5 wichtig.

KV 20 In Kopiervorlage 20 finden sie ein Memory zu Kleidungsstücken.

Lernungeübte KT: Schneiden Sie die Wortkarten und Bildkarten aus, sodass die KT sie einander zuordnen können (die Wortkarten auf weiße Kärtchen, die Bildkarten auf Kärtchen in einer anderen Farbe geklebt.) Danach werden die Kärtchen verdeckt auf den Tisch gelegt. Jeder KT deckt zuerst ein weißes und dann ein andersfarbiges Kärtchen auf. Wenn er das dazugehörige Kleidungsstück gefunden hat, darf er beide Kärtchen behalten. Sieger ist, wer die meisten Kärtchenpaare hat.

Lerngeübte KT spielen ohne Wortkarten. Kopieren Sie die Bildkarten, so dass jedes Kärtchen zweimal im Spiel ist. (Set 1 auf weiße Kärtchen, Set 2 auf Kärtchen in einer anderen Farbe kleben.) Dann spielen die KT nur mit den Bildkarten Memory. Um gleiche Karten zu behalten, müssen sie die Kleidungsstücke mit Artikel und die jeweilige Pluralform auf Deutsch nennen.

Alles klar: Ü 1, 4-5

Arbeitsbuch: Ü 5-13

Vertiefungsübung Ü 7: Akkusativ ergänzen

Erweiterungsübungen Ü 6: Einen Dialog im Kaufhaus ergänzen, Ü 12: Fragen mit *welch-* schreiben

B Im Kaufhaus einkaufen

Lernziele und Lerninhalte:

Sprechen: Fragen und Antworten: Wo ist was im Kaufhaus? – Einkaufsdialoge im Kaufhaus

Hören: Preise und Größen

Schreiben: Redemittel für Einkaufsdialoge sortieren

Projekt: Einkaufsmöglichkeiten im Wohnort

Wortschatz/
Grammatik: Komposita

1

Zunächst suchen die KT auf der Infotafel die passenden Wörter, um sie in 1a zu verbinden. Erläutern Sie dann den Infokasten in 1b, schreiben Sie eines der Komposita aus 1a, z. B. *Babywäsche* an die Tafel und markieren Sie das Grund- und das Bestimmungswort mit unterschiedlichen Farben (*Baby* z. B. mit Gelb und *wäsche* mit Rot). Schreiben Sie auch die beiden Wörter, aus denen das Kompositum besteht, getrennt an die Tafel: *das Baby – die Wäsche*. Schreiben Sie dann weitere Komposita, die aus

zwei Nomen bestehen, aus der Liste an die Tafel, z. B. *Schuhreparatur* oder *Schlüsseldienst* und bitten Sie einen oder mehrere KT, die Bestandteile des Kompositums farbig zu markieren. Anschließend schreiben die KT die Komposita ins Heft und notieren auch die Grund- und Bestimmungsworte inklusive Artikel, wonach ein oder mehrere KT den korrekten Artikel des Komposita ergänzen. Beachten Sie, dass es auch Komposita aus Verb bzw. Adjektiv plus Nomen in der Liste gibt, z. B. Schreibwaren, Süßwaren, auf die Sie an dieser Stelle nicht näher eingehen sollten.

Damit haben insbesondere lernungeübte KT eine Anleitung, um 1b zu lösen. Schreiben Sie die vier Wörter aus 1b komplett an die Tafel und bitten Sie wieder einen oder mehrere KT, Grund- und Bestimmungswörter farbig zu markieren. Lassen Sie die KT auch die Grund- und Bestimmungswörter in ihren eigenen Kursbüchern unterstreichen.

KV 21 Kopiervorlage 21 enthält Komposita aus Lektion 12 (1-16) und aus dem Behördenwortschatz von Lektion 11 (17-24) Schneiden Sie die Karten aus und kleben Sie sie auf Karton, dann haben Sie mehrere Übungsmöglichkeiten:

– als Dominospiel;

– als Memory (für lerngeübte KT).

Je nach Lerngeübtheit erhalten die KT zwei, drei oder mehr Kartenpaare, die sie zu bekannten (und evtl. neuen) Komposita zusammensetzen.

2

Hier können die KT den Wortschatz der Infotafel weiter üben. Außerdem bietet sich Gelegenheit, die Ordnungszahlen in Verbindung mit Stockwerken, die die KT in L. 3, Block D kennen gelernt haben, zu wiederholen. Diese Übung ist bereits eine Vorbereitung auf das Testformat Lesen Teil 1 im *Deutsch Test für Zuwanderer*.

3

Zu einer Einkaufssituation gehören auch allgemeine Informationsfragen und Fragen zur Orientierung im Kaufhaus. Die KT betrachten zunächst die Abbildung und die Texte. Danach ordnen sie die Sätze 1-8 den Sätzen a-h in der Abbildung zu (Partnerarbeit). (Lösung: A8, B4, C7, D3, E5, 1F, G6, H2). Die KT lesen die so entstandenen Minidialoge zu zweit, bevor sie nach den Vorgaben in 3b fragen und antworten. Überlegen Sie gemeinsam mit den KT weitere Situationen im Kaufhaus und sammeln Sie geeignete Redemittel bzw. Kundenfragen dazu an der Tafel, z. B.: *Ich hätte gern den Pullover in Schwarz. – Haben Sie auch Sportartikel? – Wo sind die Umkleidekabinen?* u.a.m.

4

Wie 3 dient auch 4 der Vorbereitung umfangreicherer Einkaufsdialoge im Kaufhaus. Lassen Sie die KT die Dialoge im Anhang in Partnerarbeit laut lesen, nachdem sie die Aufgabe gelöst haben.(Lösung: 95,95 €, Größe 68) An dieser Stelle bietet sich Gelegenheit, noch einmal Preise zu wiederholen (s. L. 6, Ü B.2 und die Kommentare dazu in den *Handreichungen*).

5

Anschließend ordnen die KT die Dialogelemente in Partnerarbeit (5a). Geben Sie den Tipp, dass die KT die vorangegangen Seiten dieser Lektion und auch die Hörtexte im Anhang durchblättern können, sollten sie bei der Zuordnung unsicher sein. Lassen Sie die Liste von zwei KT zur gemeinsamen Kontrolle im Plenum auf eine OHP-Folie schreiben.

5b bietet die Möglichkeit für sehr einfache, aber auch komplexere Dialoge. Zunächst empfiehlt sich stärkere Lenkung. Geben Sie z. B. Situationen vor:

Der Kunde möchte eine andere Farbe.

Der Kunde möchte eine andere Größe.

Der Kunde möchte den Preis wissen.

Der Kunde möchte das Kleidungsstück anprobieren.

Ziehen Sie auch Ü 2 und 3 in *Alles klar* und die AB-Übungen 19-21 heran und erarbeiten Sie gemeinsam mit den KT einen oder mehrere Musterdialoge an der Tafel, z. B. wie folgt:

+Kann ich Ihnen helfen?

– Ich hätte gerne einen Mantel.

+ Wie gefällt Ihnen der schwarze Mantel?

– Ja, der ist nicht schlecht. Kann ich ihn anprobieren?

+ Gern, die Umkleidekabinen sind da hinten rechts.

– Der Mantel ist nicht schlecht, aber er ist zu klein. Gibt es den Mantel auch in Größe 48?

+ Moment, da muss ich nachsehen. Nein, tut mir leid, etc.

Bei dem abschließenden Projekt sollten die KT wieder arbeitsteilig arbeiten. Eine Gruppe sammelt Einkaufsmöglichkeiten im Internet, eine andere sucht nach geeigneten Second-Hand Läden oder auch Flohmärkten am Kurs- bzw. Wohnort, und je eine Gruppe informiert sich über Kaufhäuser, Ketten wie H&M oder kleine Boutiquen und evtl. Schuhgeschäfte.

Die KT erhalten z. B. den Auftrag, für drei Kleidungsstücke Preise zu suchen: Wie viel kosten in den Geschäften Mäntel, Jacken oder Schuhe? Die KT stellen ihre Ergebnisse im Kurs vor und vergleichen die Preise.

Alles klar: Ü 2,3

Arbeitsbuch: Ü 14-21, Ü 22: Flüssig sprechen Erweiterungsübungen Ü 15: Komposita, Ü 18: Kleidungsstücke erkennen

Arbeitsbuch – Deutsch plus: Ü 23-24: Ein Bestellformular für Kleidung

Arbeitsbuch – Wörter lernen: Ü 25-28

Lerntipp: Komposita sammeln, die von einem Wort gebildet sind

Phonetik – Wortakzent bei Komposita, siehe Seite 121 in den *Handreichungen*

Flüssig sprechen
Alles klar Ü 6

Die Redemittel zum Einkaufen in einem Kaufhaus werden hier noch einmal präsentiert. Auch diese Übung können Sie nach einem ersten Nachsprech-Durchgang in eine Reaktionsübung umfunktionieren. Die Teilnehmer versetzen sich in die Rolle des Verkäufers/der Verkäuferin und antworten ganz kurz auf die Fragen, z. B. *Da vorne. Bis 8 Uhr* usw.

Das *Flüssig sprechen* im Arbeitsbuch (Ü 22) übt Sätze, in denen die neu gelernten Adjektivendungen vorkommen.

Auf Reisen

Auftaktseite
Lernziele und Lerninhalte:

Sprechen: Landschaften: sagen, was man wo machen kann

Hören: Landschaften: erkennen, wo die Leute sind

Wortschatz: Orte und Landschaften

Arbeitsbuch: Ü 1-4
Portfolioübung Ü 4: Urlaub

A Das Wetter
Lernziele und Lerninhalte:

Sprechen: nach dem Wetter fragen, Wetter und Jahreszeiten vergleichen

Hören: Wettervorhersagen

Wortschatz: Wetter, Monate, Jahreszeiten

Grammatik: Komparativ, das Pronomen *es*

Arbeitsbuch: Ü 5-17
Vertiefungsübungen Ü 7: Wetterwörter verbinden, Ü 9a: Himmelsrichtungen, Ü 10: Jahreszeiten, Ü 14: Wetter vergleichen, Ü 16: Komparativ
Erweiterungsübungen Ü 11: Sommer und Winter in Deutschland, Wortschatz, Ü 17: Komparativ ergänzen

B Situationen im Kurs
Lernziele und Lerninhalte:

Sprechen: höfliche Bitten, vergleichen, ein Wettspiel

Hören: vergleichen: Wie sprechen die Personen?

Arbeitsbuch: Ü 18

C Unterwegs mit dem Zug
Lernziele und Lerninhalte:

Sprechen: eine Fahrkarte kaufen, Fragen und Antworten: Zugabfahrt

Hören: eine Fahrkarte kaufen, Bahnhofsdurchsagen

Lesen: eine Zugfahrt

Wortschatz: Zugreisen

Grammatik: *um* und *durch* plus Akkusativ

Kannbeschreibungen GER/Rahmencurriculum:
Kann am Schalter Informationen (Abfahrtszeiten, Preise) erfragen.
Kann einen Platz reservieren.

Arbeitsbuch: Ü 19-24
Vertiefungsübung Ü 21: Fahrkartenkauf

D Landschaften und Leute
Lernziele und Lerninhalte:

Sprechen: berichten, welche Orte man schon kennt und welche man gerne kennen lernen möchte

Lesen: zwei Personen berichten über Bregenz und Borkum

Arbeitsbuch: Ü 25, Ü 26: Flüssig sprechen

Arbeitsbuch – Deutsch plus: Ü 27: Urlaubsplanung

Arbeitsbuch – Wörter lernen: Ü 28-30
Lerntipp: Wörter mit Bildern lernen

Phonetik: *r*

Kopiervorlagen in den Handreichungen:
KV 22 A/B: Wechselspiel Wie ist das Wetter?
KV 23: Adjektiv/Komparativ-Domino

In dieser Lektion lernen die KT Landschaften kennen sowie Wortschatz für Bahnfahrten, Wetterberichte, Monate und Jahreszeiten. Außerdem wird der Komparativ eingeführt.

Auftaktseite

Lernziele und Lerninhalte:

Sprechen: Landschaften: sagen, was man wo machen kann

Hören: Landschaften: erkennen, wo die Leute sind

1

Einführung von Landschafts-Wortschatz. Lassen Sie die KT die Fotos nach der Zuordnung der Wörter kurz beschreiben. Fragen Sie, ob die KT (in Deutschland oder im Heimatland) schon am Meer oder in den Bergen waren.

2

Lösungen: Dialog 1: am Strand – Dialog 2: in der Stadt – Dialog 3: im Park (auf dem Spielplatz) – Dialog 4: in den Bergen.

Lassen Sie die KT nach einem weiteren Hören berichten, was die Personen machen: Dialog 1: schwimmen/lesen – Dialog 2: einkaufen – Dialog 3: spielen – Dialog 4: wandern

3

Verweisen Sie auf die Präpositionen im Infokasten. Nutzen Sie die Gelegenheit, die lokalen Präpositionen, die die KT in L. 9 gelernt haben, zu wiederholen. Lassen Sie die KT weitere Beispiele suchen, z. B.: *im Dorf – in der Kleinstadt – in der Großstadt / auf dem Berg – auf dem Land – auf dem Spielplatz / am See – am Wasser – am Ufer.*

Bilden Sie Gruppen, jede Gruppe beschäftigt sich mit einem Ort und sammelt passende Aktivitäten. Zum Schluss stellen die Gruppen ihre Ergebnisse im Kurs vor.

Alles klar: Ü 1

Arbeitsbuch: Ü 1-4

Portfolioübung Ü 4: Urlaub

A Das Wetter

Lernziele und Lerninhalte:

Sprechen: nach dem Wetter fragen, Wetter und Jahreszeiten vergleichen

Hören: Wettervorhersagen

Wortschatz: Wetter, Monate, Jahreszeiten

Grammatik: Komparativ, das Pronomen *es*

Die KT lernen Jahreszeiten, Monate, Wetterwortschatz, das Pronomen *es* und den Komparativ. Nach dem Gemeinsamen europäischen Referenzrahmen gehört der Superlativ zur Niveaustufe B1 und wird im B1-Band von *Pluspunkt Deutsch* behandelt.

1/2

In 1 geht es um Wetterwortschatz und die Übungen 2 und 3 werden vorbereitet. Sammeln Sie die Ergebnisse an der Tafel.

der Regen – Es regnet. – Es ist nass. Es ist bewölkt.

der Schnee – Es schneit. – Es ist kalt. – Es ist bewölkt.

die Sonne – Die Sonne scheint. – Es ist heiß.

der Wind – Es ist windig.

die Wolke – Es ist bewölkt.

Unterstreichen Sie *es* und verweisen Sie darauf, dass *es* bei vielen Sätzen zum Thema Wetter und oft in Verbindung mit Verben oder Sätzen (*Es gibt ...*, *Es geht mir gut/schlecht*) unverzichtbar ist. Ziehen Sie dazu auch AB-Übung 8 heran.

Übung 2 in Partnerarbeit. Erklären Sie einleitend die Himmelsrichtungen, schreiben Sie den ersten Satz: *Wie ist das Wetter im Norden?* an die Tafel und machen Sie auf *im* aufmerksam. Erläutern Sie anhand des Infokastens außerdem, wie man Temperaturen spricht. Heben Sie hervor, dass man bei Temperaturangaben ebenfalls das unpersönliche Pronomen *es* braucht.

Variante

Hängen Sie eine Landkarte auf. Ein KT kommt nach vorne, die anderen KT nennen mit Hilfe der Karte auf der Umschlag-Innenseite im Kursbuch Städte, die die KT auf der Landkarte vorne finden müssen.

Das Spiel könnte dann z. B. so aussehen: KT aus dem Plenum: *Wo liegt Hamburg?* – Falls der oder die KT vorne die Stadt nicht findet, helfen die anderen KT: *Hamburg liegt im Norden.* etc.

So üben die KT nicht allein die Himmels-
richtungen, sondern sie lernen auch, wo verschiedene Städte in Deutschland liegen.

3

Lösungen: Text 1: B – Text 2: A

Variante

Bereiten Sie für ein zweites Hören ein Arbeitsblatt vor:

Text 1   Temperaturen   Wetter allgemein

Norden

Süden

nachts

Text 2   Temperaturen   Wetter allgemein

Norden

Süden

nachts

Die KT arbeiten in Gruppen. Lernungeübte KT
oder KT, die Probleme beim Hörverstehen
haben, ergänzen lediglich die Temperaturen, die
anderen KT machen Notizen zum Wetter allgemein. Anschließend berichten die KT im
Kurs.

Varianten

Über das Wetter am Kursort sprechen

– Bringen Sie eine tagesaktuelle Wetterkarte
aus einer Tageszeitung mit.

– Nehmen Sie den Wetterbericht für den Kurs-
tag/die nächsten Kurstage eines Radiosenders
auf.

Vor dem Vorspielen äußern die KT Vermutungen, wie das Wetter heute/die nächsten
Tage wird. Danach Vergleich mit der Auf-
nahme.

4

In dieser Übung wird der Komparativ eingeführt. Notieren Sie einleitend Temperaturen
von der Wetterkarte bzw. aus der Übung an der
Tafel: Köln: 19 °C Stuttgart: 19 °C

Fragen Sie die KT: *Wie viel Grad ist es in
Köln? – Und in Stuttgart?* Nachdem die KT
geantwortet haben, schreiben Sie die Antwort

aus dem Infokasten an die Tafel und markieren
Sie:

In Köln ist es genauso warm wie in Stuttgart.

Verfahren Sie ebenso mit dem zweiten Satz:
Graz: 26 °C – Wien: 20 °C

In Graz ist es wärmer als in Wien.

In Wien ist es kälter als in Graz.

Gehen Sie auf die Komparativformen von *warm*
und *kalt* nur kurz ein. Hier stehen zunächst die
Vergleiche mit *genauso ...wie* und *als* im
Zentrum. Die Regeln für die Bildung des
Komparativs kommen in 5b.

Anschließend üben die KT mit den vorgegebenen Paaren 3-5 in Partnerarbeit.

Varianten

– Die einfachste Variante sind Antworten auf
die Frage: *Wie ist das Wetter in ...* oder *Wie
viel Grad sind es in ...?* Ein KT fragt, der
Lernpartner antwortet und stellt dann seinerseits eine Frage zu einer anderen Stadt.
Abschließend schreiben die KT die Vergleiche mit *genauso warm/kalt wie* oder
wärmer/kälter als. Lernungeübte KT sollten
sich auf diese Variante beschränken.

– Lerngeübte KT antworten ausführlicher:

Wie ist das Wetter in ...?

*Es ist gut/schlecht. Die Sonne scheint/Es
regnet/Es ist warm/kalt* etc.

Wenn lerngeübte KT mit den Sätzen der
Übung früher fertig sind, vergleichen sie
weitere Städte und Temperaturen.

5

Nachdem die KT die Monate in 5a zugeordnet
haben, berichten sie, in welcher Jahreszeit und
welchem Monat sie geboren sind, z. B.: *Ich bin
im Februar geboren, das ist im Winter.* Wiederholen Sie an dieser Stelle auch die Geburtsdaten, die die KT in L. 11 gelernt haben.
Schreiben Sie zunächst einige Beispiele an die
Tafel: *Ludwig: geboren am 11.4.1970. Heike:
geboren am 27.6.1981* etc.

Dieses Mal nennen die KT anstelle der
Ordnungszahlen die Monate.

Varianten

– Ein KT schreibt Daten an die Tafel, die ihm die KT zurufen, z. B. *Ich bin am 11. Mai 1971 geboren.* Der KT an der Tafel schreibt: *Marco ist am 11.5.71 geboren* etc.

– Weitere Variationsmöglichkeiten: *Wann sind die KT nach Deutschland gekommen?/Wann hat der Kurs angefangen? – Im Mai/Juni .../Im Sommer/Herbst ...*

Erläutern Sie auch die zu den Jahreszeiten bzw. Monaten gehörende Präposition *in* und lassen Sie die KT eine zusammenfassende Übersicht über alle bisher gelernten temporalen Präpositionen mit Beispielsätzen schreiben: *um, bis, von ...bis, nach, vor* (s. dazu auch Grammatikanhang, § 4 a)

Mit dem Vergleich der Jahreszeiten in 5b werden die Regeln für den Komparativ eingeführt. Verweisen Sie zunächst auf den Infokasten und schreiben Sie die Adjektive mit Komparativ an die Tafel. Markieren Sie die Komparativsignale farbig:

hell – heller als   *viel – mehr als*

kalt – kälter als   *gern – lieber als*

kurz – kürzer als   *gut – besser als*

Verweisen Sie auf den Umlaut bei einigen Adjektiven mit *a, o* und *u*, geben Sie auch ein Beispiel für *o: groß – größer.* Anschließend vergleichen die KT mit Hilfe der Vorgaben.

6

Sofern genügend Nationalitäten im Kurs vertreten sind, fragen sich die KT in Partnerarbeit zu den Jahreszeiten und dem Wetter im Heimatland, ansonsten werden Gruppen mit KT gleicher Nationalität gebildet, die ein Mini-Referat vorbereiten. Lerngeübte KT schreiben zusätzlich einen kleinen Text über das Wetter in ihrem Heimatland. Geben Sie einige Leitpunkte vor:

Sind die Unterschiede bei den Jahreszeiten groß? – Ist das Wetter immer gleich? – Wie ist der Sommer? – Wird es im Winter sehr kalt/Wird es im Sommer sehr heiß? etc.

Als Modell bietet sich AB-Übung 11 an.

KV 22/23 Kopiervorlage 22 ist ein Wechselspiel für das Wetter. Kopiervorlage 23 für lernungeübte KT ist ein Domino für Adjektive und Komparativ.

Alles klar: Ü 2-3, Ü 5

Arbeitsbuch: Ü 5-17

Vertiefungsübungen Ü 7: Wetterwörter verbinden, Ü 9a: Himmelsrichtungen, Ü 10: Jahreszeiten, Ü 14: Wetter vergleichen, Ü 16: Komparativ

Erweiterungsübungen Ü 11 Sommer und Winter in Deutschland, Wortschatz, Ü 17 Komparativ ergänzen

B Situationen im Kurs

Lernziele und Lerninhalte:

Sprechen: höfliche Bitten, vergleichen, ein Wettspiel

Hören: vergleichen: Wie sprechen die Personen?

Hier lernen die KT, wie man den Komparativ in geeigneten Unterrichtssituationen anwenden kann.

1

Nach dem ersten Hören diskutieren die KT, wie die Leute sprechen: zu schnell/nicht langsam genug, zu undeutlich/nicht deutlich genug/zu leise, nicht laut genug. Nach dem zweiten Hören ordnen die KT die Sätze den Hörtexten zu. (Lösung: Text 1: lauter – Text 2: deutlicher – Text 3: langsamer – Text 4: genauer)

Variante

Erläutern Sie, dass man das Modalverb *können* auch für höfliche Fragen benutzt und machen Sie dazu z. B. folgende Übung: Bereiten Sie ein Arbeitsblatt mit Fragen und Bitten vor, z. B.:

Ich brauche ein Blatt Papier.

Gib mir bitte einen Kugelschreiber.

Mach das Fenster zu! etc.

Aufgabe der KT ist es, in Partnerarbeit höfliche Bitten mit *können* zu formulieren. Notieren Sie auch passende Reaktionen:

Ja, gerne – Bitte sehr – Tut mir leid, ich ... etc.

2

Die KT formulieren ihre Antworten in zwei Varianten: *Die Frau spricht langsamer als der Mann – Der Mann spricht schneller als die Frau etc.* (Lösungen: Text 1: Mann/schnell – Frau/langsam – Text 2: Mann/leise – Frau/laut – Text 3: Mann/deutlich – Frau/undeutlich – Text 4: Frau/viel – Mann/wenig)

Lassen Sie die KT weitere Fragen beantworten:

Text 1: *Wo wohnen die Personen?*

Text 2: *Wie viele Geschwister haben die Personen?*

Text 3: *Was sind die Personen von Beruf?*

Text 4: *Wer findet Hamburg besser?*

3

Die Aufgaben dieser Übung lassen sich als Wettspiel gestalten. Gruppen- oder Partnerarbeit.

Aufgabe 1: Weitere Zungenbrecher finden Sie u.a. unter der Internetadresse http://www.praxis-jugendarbeit.de/index.html, Link: Spielsammlung/Wort und Sprache.

Aufgabe 2: Variieren Sie die Aufgabe auch mit anderen Buchstaben. Geben Sie ein Zeitlimit vor, z. B. eine Minute oder eine Anzahl zu findender Wörter mit dem passenden Buchstaben. Wer z. B. zuerst 10 Wörter gefunden hat, hat gewonnen. Lerngeübte KT suchen nur Wörter einer Wortgruppe, Nomen, Verben oder Adjektive.

Aufgabe 3: Auch die Suche nach Themen in den Lektionen kann variiert werden, z. B.: *Wo haben die KT Berufe geübt? – Wo haben sie Einkaufsdialoge gespielt?* etc.

4

Jeweils zwei oder drei KT stellen sich nebeneinander auf, ein weiterer KT vergleicht die Größen mit *größer als* oder *kleiner als*.

Varianten

– Die KT vergleichen ihre Heimatländer: Welches Land ist größer/kleiner? – In welchem Land/welcher Hauptstadt leben mehr Menschen? – Welches Land hat mehr/ weniger Industrie? etc. Anschließend berichten die KT über das Heimatland ihres Lernpartners im Kurs.

– Für lerngeübte KT. Die KT vergleichen ihr Heimatland mit Deutschland. Geben Sie geeignete Fragen oder Stichworte vor: Fläche, Hauptstadt, Industrie, Klima.

– Die KT schreiben zwei oder drei Sätze mit Komparativ: Was wünschen sie sich für den Deutschkurs bzw. für ihre Sprachkenntnisse? Mögliche Antworten: Ich möchte mehr sprechen/Ich möchte weniger Fehler machen etc. Als Modell kann AB-Übung 18 dienen.

Arbeitsbuch: Ü 18

C Unterwegs mit dem Zug

Lernziele und Lerninhalte:

Sprechen:	eine Fahrkarte kaufen, Fragen und Antworten: Zugabfahrt
Hören:	eine Fahrkarte kaufen, Bahnhofsdurchsagen
Lesen:	eine Zugfahrt
Wortschatz:	Zugreisen
Grammatik:	*um* und *durch* plus Akkusativ

In dieser Übung lernen die KT Redemittel für den Fahrkartenkauf, sie erhalten Informationen zur Landeskunde und sie lernen mit *um* und *durch* weitere Präpositionen mit Akkusativ.

1

Bei 1b decken lerngeübte KT den Text ab und ergänzen die Tabelle nur nach dem Hören, lernungeübte ziehen auch den abgedruckten Dialog heran, um die Aufgabe zu lösen. Außerdem sollten sie zusätzliche Fragen erhalten, um die Tabelle zu ergänzen: *Wann fährt der Zug ab? – Wann kommt er an? – Wie viel kostet die Fahrkarte? – In welcher Klasse fährt der Mann?*

Anschließend fasst ein lerngeübter KT die Informationen aus dem Dialog in eigenen Worten zusammen.

Variante

Die KT suchen nach Sonderangeboten u.ä. bei der Bahn. Geben Sie geeignete Arbeitsaufträge, z. B.:

– Wie viel kostet die BahnCard25/BahnCard50, welche Vorteile bietet Sie? Für wen ist die BahnCard geeignet?

– Wie viel kostet ein Länder-Ticket (z. B. das Niedersachsen-Ticket), mit welchen Zügen darf man (nicht) fahren?

– Welche Angebote hat die Bahn für Familien und Gruppen?

– Welche Angebote gibt es für die Region Ihres Kursortes? etc.

KT, die schon länger in Deutschland leben, und KT, die neu in Deutschland sind, können voneinander profitieren. Bilden Sie Gruppen, in denen KT und mit unterschiedlicher Aufenthaltsdauer in Deutschland gemischt sind. Sofern an Ihrem Kursort ein Computerraum vorhanden ist, ist eine Internetrecherche möglich, z. B. unter http://www.bahn.de/p/view/index.shtml. Andernfalls beauftragen Sie die KT, für einen der nächsten Tage Prospekte mit Sonderangeboten der Bahn in den Unterricht mitzubringen.

2

In dieser Übung wiederholen die KT Uhrzeiten und sie lernen bzw. festigen wichtigen Wortschatz zum Thema Bahn. Fragen Sie KT in Ihrem Kurs, die mit öffentlichen Verkehrsmitteln zum Kurs kommen, wann Busse und Bahnen am Wohnort abfahren und wann sie am Kursort ankommen.

3

Insbesondere lernungeübte KT sollten bei dieser Übung zusätzlich unterstützt werden. Als Vorbereitung bieten sich die AB-Übungen 19-21 an sowie klar. 4 an.

Lassen Sie die KT darüber berichten, wo sie selbst Fahrkarten kaufen: am Bahnhof, im Reisebüro, am Automaten oder im Internet. Welche Vorteile/Nachteile gibt es bei den verschiedenen Möglichkeiten? Kaufen KT z. B. lieber am Automaten, weil sie dann nicht Deutsch sprechen müssen?

4

Die Aufgaben zu den Hörtexten sind geeignet, selektives Hören zu üben (insbesondere 1-3).

Machen Sie die KT darauf aufmerksam, dass für die Lösung der Aufgabe jeweils nur eine Information relevant ist, dass die Texte aber noch weitere Informationen enthalten. (Lösungen: 1/F – 2/R – 3/F – 4/R)

Spielen Sie die Texte ein weiteres Mal vor, nachdem die KT die Aufgabe gelöst haben. Sie heben die Hand, wenn die für die Lösung der Aufgabe entscheidende Information kommt.

5a

Der Lesetext bietet landeskundliche Informationen über den Schwarzwald, außerdem werden die Präpositionen *um* und *durch* eingeführt.

Information zur Landeskunde

Der Schwarzwald ist das größte und höchste deutsche Mittelgebirge. Er liegt im Südwesten von Baden-Württemberg und erstreckt sich von Karlsruhe im Norden bis fast an die Schweizer Grenze im Süden. Der höchste Berg ist mit 1493 m der Feldberg im Südschwarzwald. Bekannte Seen sind der Titisee, der Feldsee und der Mummelsee. Der größte See ist der Schluchsee, der ein Stausee ist.

Der Schwarzwald lebt heute zum großen Teil vom Tourismus. Eines der bekanntesten Touristenziele sind der Ort und der See Titisee. Im Sommer ist der Schwarzwald ein beliebtes Ziel für Wanderer, im Winter für Skifahrer.

Die Höllentalbahn führt von Freiburg nach Donaueschingen. In Titisee gibt es eine Abzweigung zum Schluchsee. Mit einer Steigung von 278 m über dem Meeresspiegel (Freiburg) auf 885 m (Hinterzarten) über dem Meeresspiegel über ca. 25 km gehört sie zu den steilsten Eisenbahnstrecken in Deutschland.

5b/6

Schreiben Sie die Präpositionen an die Tafel, nachdem die KT sie im Text unterstrichen haben und markieren Sie den Akkusativ:

durch das Höllental – durch viele Tunnel – um den Ort – um den See – um den Schluchsee.

Weisen Sie darauf hin, dass die KT mit *für* aus Lektion 11 bereits eine Präposition mit Akku-

sativ kennen und erläutern Sie die Präpositionen *um* und *durch* anhand einer kleinen Skizze an der Tafel. Für *um* können Sie einen Kreis zeichnen mit einem Pfeil darum, für *durch* einen Tunnel, durch den ein Pfeil geht.

Anschließend lösen die KT 6. Geben Sie weitere Beispiele für die Verwendung von *um* und *durch*: *Am Samstag laufen viele Leute gerne durch die Stadt. – Das Auto fährt um die Ecke* etc.

Die Präposition *um* kennen die KT bereits als temporale Präposition bei Uhrzeiten. Damit bietet sich Gelegenheit, den KT bewusst zu machen, wie unterschiedlich Präpositionen in den verschieden Sprachen sind und dass eine direkte Übersetzung oft unmöglich ist.

Alles klar: Ü 4

Arbeitsbuch: Ü 19-24

Vertiefungsübung Ü 21: Fahrkartenkauf

D Landschaften und Leute
Lernziele und Lerninhalte:

Sprechen: berichten, welche Orte man schon kennt und welche man gerne kennen lernen möchte

Lesen: zwei Personen berichten über Bregenz und Borkum

Die beiden abschließenden Texte liefern weitere landeskundliche Informationen.

1

Nachdem die KT die Aufgabe zum Globalverstehen in 1a gelöst haben, sollten sie noch einmal überlegen, welche Wörter in den Texten zu den Bildern passen. So wird den KT bewusst, dass die Zuordnung der Fotos bereits nach der Lektüre der ersten beiden Zeilen der Texte möglich ist. Lassen Sie KT dann überlegen, wo sich eine solche globale Lesestrategie, bei der man den Text nur kurz überfliegt, einsetzen kann – z. B. beim Durchblättern einer Zeitung, Zeitschrift oder von Prospekten oder beim ersten Blick auf eine Gebrauchsanweisung, um Abbildungen und Erklärungen zuzuordnen. Weisen Sie die KT darauf hin, dass sie im Alltag auch

in ihrer Muttersprache in einem Text oft nur schnelle Orientierung suchen, für die ein detailliertes Verständnis bis zum letzten Wort nicht erforderlich ist.

Sofern Sie eine große und genaue Landkarte haben, lassen Sie die KT Bregenz und Borkum darauf suchen.

Im Anschluss an 1b schreiben die KT in Gruppen *W*-Fragen zu den Texten.

Varianten

– Für lerngeübte KT. Die KT lesen die Texte noch einmal und notieren Schlüsselwörter im Heft. Anschließend geben sie die Texte anhand der Schlüsselwörter mündlich wieder.

– Beauftragen Sie die KT, im Internet oder in Ferienprospekten weitere Informationen zu den Orten zu suchen.

2

Geben Sie für diese Übung weitere Unterstützung: *Warum finden die KT das Gebirge oder das Meer interessant? – Sie wollen schwimmen, wandern, Ski fahren, das Meer/die Alpen/Schnee sehen, Bergsteigen* etc.

Notieren Sie wie in den Sprechblasen vorgeschlagen geeignete Satzanfänge an der Tafel, damit die Übung stärker gelenkt ist; die KT sollen die Wechselpräpositionen nur mit Dativ benutzen – z. B.:

Ich war schon einmal/noch nie am Bodensee /im Schwarzwald/am Meer/in Berlin.

Mir gefallen .../Ich finde ... schön/Ich möchte in .../am ... Ferien machen o.ä.

Zunächst schreiben die KT zwei oder drei Sätze in Einzelarbeit, individuelle Unterstützung durch KL, anschließend berichten sie im Kurs. KL notiert die Lieblingsorte an der Tafel, so dass sich die KT darüber austauschen können, welche Orte und Regionen besonders beliebt sind.

Wenn die KT berichten, wo sie schon gewesen sind, sollten gerne KT zu Wort kommen, die schon länger in Deutschland leben.

Lassen Sie die KT auf Ihrer Landkarte oder auf der Karte auf der Umschlag-Innenseite

Regionen in Deutschland, z. B. Mittelgebirge, Alpen, Nordsee, Ostsee suchen.

Information zur Landeskunde

Bregenz (27.000 Einwohner) liegt am Ostufer des Bodensees und ist die Hauptstadt des österreichischen Bundeslandes Vorarlberg. Die Festspiele im Juli und August bieten Schauspielaufführungen, Opern und Konzerte. Die bekannteste Spielstätte ist die Seebühne, die 7.000 Zuschauern Platz bietet.

Borkum (5.300 Einwohner) ist mit ca. 31 km² die größte der sieben ostfriesischen Inseln. Seit 1830 ist die Insel Badeort.

Arbeitsbuch: Ü 25, Ü 26: Flüssig sprechen

Arbeitsbuch – Deutsch plus: Ü 27: Urlaubsplanung

Arbeitsbuch – Wörter lernen: Ü 28-30 Lerntipp: Wörter mit Bildern lernen

Phonetik – das *r*, siehe Seite 122 in den *Handreichungen*

Flüssig sprechen
Alles klar Ü 6

Schön ist es natürlich, wenn Sie für diese Nachsprechübung ein Foto vom Schwarzwald zeigen können. Der Text ist nicht neutral gesprochen, sondern fast im Stil eines Werbetextes für den Schwarzwald. Sie können anschließend an diese Nachsprechübung die TN nach diesem Modell eigene kleine Texte über ihre Lieblingsregion schreiben lassen. Aufgabe ist es dann die Texte so der Klasse vorzutragen, dass man Lust bekommt, dorthin zu fahren.

Das *Flüssig sprechen* im Arbeitsbuch (Ü26) übt die Redemittel für ein Gespräch am Fahrkartenschalter.

Zusammen leben

Auftaktseite

Lernziele und Lerninhalte:

Sprechen: über Wohnungen/die eigene
                 Wohnung sprechen
Schreiben: über ein Haus schreiben
Wortschatz: Haus und Hof

Arbeitsbuch: Ü 1-6
Vertiefungsübung Ü 4a: Präpositionen, Ü 5: Wortschatz Häuser
Erweiterungsübung Ü 3b: Wie viele Personen
wohnen in einem Haus
Portfolioübung Ü 6: Beschreibung des Hauses, in
dem man wohnt

A Die Nachbarn

Lernziele und Lerninhalte:

Sprechen: Dialoge mit den Nachbarn, Nach-
                 barschaft, Smalltalk
Hören: Dialoge mit den Nachbarn, Dialoge
                 auf einem Hoffest
Lesen: eine Einladung zu einem Hoffest

Kannbeschreibungen GER/Rahmencurriculum:
Kann die wesentlichen Mitteilungen eines Hausbe-
wohners am Schwarzen Brett verstehen.
Kann einfache und kurze Mitteilungen für Mit-
bewohner verfassen.
Kann mit einer Postkarte/E-Mail zu einer Feier ein-
laden.
Kann sich für eine Einladung bedanken und zusagen
oder freundlich absagen.

Arbeitsbuch: Ü 7-14
Erweiterungsübung Ü 13c: eine Einladung für ein
Abschiedsfest schreiben

B Probleme im Haus

Lernziele und Lerninhalte:

Sprechen: Dialog mit dem Hausmeister
Schreiben: Ein Brief an die Hausverwaltung
                 (formeller Brief)
Projekt: Mülltrennung
Grammatik: *denn*

Arbeitsbuch: Ü 15-17

C Auf dem Spielplatz

Lernziele und Lerninhalte:

Sprechen: eine Geschichte weiter-
                 erzählen/vorlesen,
                 Kinderbetreuung in Deutschland
                 und im Heimatland vergleichen
Hören: Unterhaltung von zwei Müttern auf
                 dem Spielplatz
Wortschatz: Kinderbetreuung

Kannbeschreibungen GER/Rahmencurriculum:
Kann sich nach Betreuungseinrichtungen erkundigen.

Arbeitsbuch: Ü 18, Ü 19: Flüssig sprechen
Vertiefungsübung Ü 18 a/b: Perfekt

Arbeitsbuch – Deutsch plus: Ü 20-21
Ein Straßenfest

Arbeitsbuch – Wörter lernen: Ü 22-25
Lerntipp: Kreuzworträtsel machen

Phonetik: *h*, Vokal + *h*

Kopiervorlagen in den Handreichungen:
KV 24 A/B: Wechselspiel: Zwei Briefe
KV 25: Der formelle Brief (Vorlage)

Themen dieser Lektion sind Nachbarschaft, formelle
Briefe und Kinder/Kinderbetreuung. In der
Grammatik wird die Konjunktion *denn* eingeführt.

Auftaktseite

Lernziele und Lerninhalte:

Sprechen: über Wohnungen/die eigene
Wohnung sprechen

Schreiben: über ein Haus schreiben

Wortschatz: Haus und Hof

1/2

Die KT betrachten zunächst die Fotos und die
Wortliste und klären ab, welche Wörter sie
kennen. Die abgedruckten Wörter sind eine
Erweiterung des Wortschatzes zu Haus und
Wohnung, den die KT aus Lektion 3 kennen.
Anschließend hören sie den Text und kreuzen
die Wörter an. (Lösung: Haustür – Balkon –
Aufzug – Treppe – Klingel)

Dann schreiben die KT Texte über die Fotos.
Wiederholen Sie noch einmal die lokalen Präpositionen (s. Lektion 9).

Varianten

– Die KT arbeiten in Gruppen. Ein KT in jeder
Gruppe beschreibt ein Foto: *Was ist vor dem
im Haus/hinter dem Haus/im Haus?* Die
anderen KT zeigen auf den jeweiligen Fotos
die genannten Gegenstände oder sie schreiben sie in der genannten Reihenfolge.

– Partnerarbeit. Jeder KT schreibt sechs Wörter
aus der Liste von 1 mit Artikel und Plural-
form auf Lernkarten. Anschließend nennt ein
KT ein Wort, der andere KT wiederholt das
Wort mit Artikel und Pluralform. Wenn die
Lösung korrekt ist, bekommt er die Karte.
Gewonnen hat, wer zuerst alle sechs Lern-
karten seines Lernpartners erhalten hat.

– Kettenübung mit Ball. KT 1 sagt einen Satz
zu Foto 1, z. B. *Vor dem Haus steht ein Auto*
und wirft den Ball KT 2, der einen Satz zu
Foto 2 sagt usw.

3

Abschließend berichten die KT über das Haus,
in dem sie selbst wohnen. Geben Sie weitere
Fragen vor: *Wie viele Wohnungen gibt es in
Ihrem Haus?/Wie viele Stockwerke hat das
Haus?/Gibt es einen Garten/einen Hof?* etc.

Variante

Schon früher haben die KT mit Wörternetzen
gearbeitet. Hier bietet es sich an, die KT mit
dieser Lerntechnik weiter vertraut zu machen.
Bereiten Sie ein Arbeitsblatt vor, z. B.:

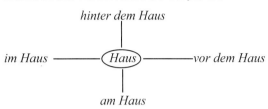

Die KT arbeiten in Gruppen. Jede Gruppe bearbeitet einen Unterpunkt des Wörternetzes und
sucht drei oder vier passende Wörter, die auf
einer OHP-Folie ergänzt werden.

– Die KT machen ein Interview mit ihrem
Lernpartner und berichten anschließend im
Kurs.

– Die KT schreiben einen kleinen Text über
ihren Lernpartner. KL sammelt die Texte ein
und verteilt sie neu. Jeder KT liest den Text,
den er/sie erhalten hat, vor. Die anderen KT
raten, über welchen KT hier berichtet wird.

Arbeitsbuch: Ü 1-6

Vertiefungsübung Ü 4a: Präpositionen, Ü 5:
Wortschatz Häuser

Erweiterungsübung Ü 3b: Wie viele Personen
wohnen in einem Haus

Portfolioübung Ü 6: Beschreibung des Hauses,
in dem man wohnt

A Die Nachbarn

Lernziele und Lerninhalte:

Sprechen: Dialoge mit den Nachbarn,
Nachbarschaft, Smalltalk

Hören: Dialoge mit den Nachbarn,
Dialoge auf einem Hoffest

Lesen: eine Einladung zu einem Hoffest

In diesem Block geht es um Nachbarschaft. Die
KT tauschen sich über die eigene Nachbarschaft
aus und lernen Redemittel für small talk.

1

Zunächst klären die KT die abgebildeten
Situationen: Wo sind die Personen, wer spricht

mit wem? Anschließend hören sie die Dialoge und ordnen sie zu. Danach lesen die KT die Dialoge mit verteilten Rollen im Plenum.

Bevor die KT die Dialoge wie in 1c vorgeschlagen variieren, ordnen sie die Dialogvariationen den Situationen A-C in 1b zu. Im Falle lernungeübter KT geschieht dies mit Unterstützung durch KL. Anschließend Partnerarbeit.

Machen Sie die KT auf die Redemittel aufmerksam, durch die die Dialoge höflich werden, bzw. auf die Struktur der Dialoge:

– Wie fangen die Leute das Gespräch an? (*Entschuldigung, ich möchte nicht stören/Guten Tag, ich glaube ...* etc.)

– Wie fragen sie/Was macht die Fragen bzw. die Gespräche höflich? (*Kann ich Ihnen helfen?/Können Sie vielleicht ..?/Sie stören überhaupt nicht./Wollen Sie nicht hereinkommen* etc.?) – Wie bedanken sie sich?/Wie beenden sie das Gespräch? (*Vielen Dank!/Gern geschehen.*) etc.

Für lernungeübte KT empfehlen sich als Vorentlastungen die AB-Übungen 7-9. Bei den meisten Dialogvariationen genügt es, wenn die KT lediglich die Wörter austauschen. Beachten Sie, dass der letzte Vorschlag (in den Urlaub fahren/Blumen gießen) Redemittel erfordert, die über die abgedruckten Dialoge hinausgehen. Lerngeübte KT variieren die Dialoge weiter, für Dialog C z. B.: die Mutter/der Vater hat keine Zeit, er/sie muss mit Marko noch zum Arzt u.ä.

2

Diese Übung bietet Gelegenheit zu einem interkulturellen Vergleich. Knüpfen Sie an die Situationen in 1 an. Wer hat ähnliche Erfahrungen gemacht, bei wem ist das Verhältnis zu den Nachbarn gut, bei wem weniger gut? – Wer kennt seine Nachbarn überhaupt nicht? etc.

Weiten Sie die Diskussion aus: Wie ist das Verhältnis zu den Nachbarn im Heimatland? Wo liegen die Unterschiede gegenüber Deutschland etc.?

3

Zunächst lesen die KT die Einladung und lösen die Aufgabe. Erläutern Sie, dass in Deutschland im Sommer in vielen Städten Stadtteil-, Straßen- oder auch Hoffeste stattfinden. Fragen Sie die KT, ob es auch in ihrer Nachbarschaft solche Feste gibt und ob sie schon einmal ein solches Fest besucht haben.

Varianten

– Die KT schreiben in Gruppen Einladungen für Straßenfeste. Geben Sie den KT den Auftrag, auf den Einladungen außer Datum und Adresse auch angebotene Spezialitäten zum Essen und evtl. 1-2 „Highlights" zu nennen, z. B.: Eine Schulklasse der Grundschule macht eine Theateraufführung, Künstler aus der Nachbarschaft zeigen ihre Bilder, Flohmarkt, eine afrikanische Trommelgruppe macht Musik, eine Gruppe aus Brasilien tanzt Samba o.ä.

Die fertigen Einladungen werden in der Klasse vorgelesen und es wird abgestimmt, welche Einladung die interessanteste ist.

– Projekt in Gruppenarbeit. Die KT organisieren ein Hof- oder Straßenfest. Machen Sie Vorgaben, z. B. Dauer des Fests, Essen, Zahl und Zeitpunkt von Veranstaltungen etc. Die KT verteilen Aufgaben, erstellen ein Programm und es wird wieder abgestimmt: Welches Straßenfest ist am interessantesten?

4

Die Redemittel dieser Übung sollen den KT Hilfsmittel an die Hand geben, mit anderen in Kontakt zu kommen. Lassen Sie die KT die Sätze auch laut lesen, nachdem sie 4a gelöst haben. (Lösung: 5 – 3 – 6 – 7)

Übung 4b zunächst in Gruppenarbeit. Jede Gruppe bearbeitet zwei oder drei Sätze. Lernungeübte KT schreiben pro Satz lediglich eine Antwort mit Unterstützung durch KL, lerngeübte KT schreiben mehr. Anschließend werden die Antworten als Vorbereitung für 5 an der Tafel gesammelt.

5

Die KT bewegen sich im Raum. Bauen Sie die Aktivität schrittweise auf. Zunächst üben die KT nur mit zwei Sätzen, z. B. *Schönes Wetter heute – Sind Sie auch neu in der Schossstraße?* Nach einigen Minuten kommen zwei weitere Sätze hinzu etc. Lernungeübte KT sollten am Anfang Zettel zur Hand haben. Wenn sie sich sicher fühlen, machen sie ohne die Zettel weiter.

Variante

Arbeiten Sie mit einer Musik-CD. Solange die Musik läuft, bewegen sich die KT im Raum, wenn die Musik stoppt, sprechen sie mit dem KT, der gerade in ihrer Nähe ist.

Alles klar: Ü 1

Arbeitsbuch: Ü 7-14

Erweiterungsübung: Ü 13c: Einladung zu einem Abschiedsfest

B Probleme im Haus

Lernziele und Lerninhalte:

Sprechen:	Dialog mit dem Hausmeister
Schreiben:	ein Brief an die Hausverwaltung (formeller Brief)
Projekt:	Mülltrennung
Grammatik:	*denn*

Formelle Briefe liegen zwar über dem Niveau A1 nach dem Gemeinsamen europäischen Referenzrahmen, da Migranten im täglichen Leben oft aber schon sehr schnell mit formellen Briefe konfrontiert werden (Behördenkorrespondenz, Schulen, Vermieter, Hausverwaltung etc.), werden sie bereits hier eingeführt und in den folgenden Bänden vertiefend behandelt.

1

Einleitend geht es um einige Probleme, die in der Wohnung oder im Haus auftreten können. Nachdem sie 1a gelöst haben, berichten die KT, ob sie selbst schon ein derartiges Problem hatten und wie es gelöst wurde.
Notieren Sie anschließend Redemittel aus den Sprechblasen in 1b, mit denen die KT ein Problem gegenüber dem Hausmeister oder der Hausverwaltung formulieren können, an der Tafel, z. B.:

Guten Tag, ich habe ein Problem .../ Herr/Frau ..., bei mir funktioniert die Heizung nicht.

Sie sollten die Anliegen auch als Telefongespräche spielen lassen, denn oft genug müssen die Mieter bei der Hausverwaltung oder dem Vermieter anrufen, bevor etwas repariert wird.

Erarbeiten Sie gemeinsam mit den KT geeignete Dialogbausteine, z. B.:

Hausverwaltung:

- *Guten Tag, Hausverwaltung Müller. ... am Apparat. Was kann ich für Sie tun?*
- *Wir sagen dem Hausmeister Bescheid. Er ruft Sie dann für einen Termin an.*
- *Wir rufen die Firma ... an. Die Firma meldet sich dann bei Ihnen.*
- *Der Hausmeister ist heute Nachmittag in Ihrem Wohnblock. Er kommt dann vorbei.*
- *Wann sind Sie zu Hause? etc.*

Mieter:

- *Guten Tag, hier spricht ... Ich habe ein Problem.*
- *Wann können Sie kommen?*
- *Ja, morgen um ... Uhr geht es.*
- *Nein, tut mir leid. Ich bin erst ab ... Uhr zu Hause. etc.*

Anschließend spielen die KT die Dialoge.

2

Die Mülltrennung ist in Deutschland sehr unterschiedlich. Deshalb sollten die KT einen Abfallkalender vom Wohn- bzw. Kursort mitbringen, um sich über die geltenden Regeln zu informieren. Außerdem enthält der Abfallkalender vermutlich geeigneten Wortschatz für Abfallbehälter (graue/grüne Tonne, gelber Sack u.ä.) sowie für Verpackungsmaterial und andere Abfälle. Sofern ein Computerraum vorhanden ist, ist auch eine Internetrecherche möglich.

Lassen Sie die KT auf dem Infoplakat zunächst verschiedene Abfallbehälter für Restmüll, Papier etc. zeichnen. Vielleicht enthält auch der Abfallkalender geeignete Bilder. Dann kleben

Zusammen leben

die KT diese auf das Plakat und listen bei den Behältern passende Gegenstände auf. Die KT können auch Fotos aus Lebensmittelprospekten oder Prospekten von Drogeriemärkten nutzen, die neben die Behälter auf dem Infoplakat geklebt werden.

Variante

Die KT informieren sich auch darüber, wie z. B. Giftmüll, Möbel und Elektrogeräte am Wohn- bzw. Kursort entsorgt werden können und ergänzen die Informationen auf dem Plakat.

3

Der Inhalt des Briefes bezieht sich auf das vorangegangene Projekt. Zunächst machen sich die KT durch die Frage zum Globalverstehen mit dem Text in 3a vertraut, anschließend sind weitere Fragen zum Detailverstehen möglich, die die KT auch in Gruppen erarbeiten können: *Wer schreibt den Brief? Wer bekommt den Brief? Was soll die Hausverwaltung machen?*

Mit 3b lernen die KT den Aufbau und die Struktur des formellen Briefes näher kennen. Partnerarbeit, gemeinsame Besprechung der Lösungen im Plenum. Anschließend markieren die KT die sprachlichen Mittel, die diesen formellen Brief höflich machen: Anrede, Gruß, Frage mit *Können Sie bitte ...?*, Dank.

KV 24 Kopiervorlage 24 enthält 2 Briefe – einen formellen und einen informellen – mit je zehn Teilen, die auf zwei Blätter verteilt sind. Jedes Blatt enthält je eine Hälfte eines Briefes. Teilen Sie die Kopien so aus, dass die Lernpartner unterschiedliche Kopien haben. Aufgabe der KT ist es dann, die Teile den Briefen zuzuordnen und in die korrekte Reihenfolge zu bringen. Abschließend werden die vollständigen Briefe im Plenum vorgelesen. Diese Übung soll es den KT erleichtern, sich mit den Merkmalen formeller und informeller Briefe vertraut zu machen und sie bietet Unterstützung für strukturiertes Schreiben.

(Lösung:

Hamburg, 12.6.10

Liebe Martina,

viele Grüße aus Hamburg! Wir sind zu meinem Bruder gefahren.

Gestern haben wir eine Hafenrundfahrt gemacht und dann haben wir die Speicherstadt besichtigt.
Heute Abend gehen wir aus. Wir wollen Fisch essen.
Liebe Grüße von Heike

Berlin, 17.6.10

Betreff: Licht im Treppenhaus

Sehr geehrter Herr Ullmann,

wir haben ein Problem.
Leider funktioniert das Licht im Treppenhaus nicht. Wir haben schon mit dem Hausmeister gesprochen, aber es ist nichts passiert. Können Sie bitte einen Reparaturservice bestellen?

Mit freundlichen Grüßen

Ahmet Usta)

4a

Einführung von *denn*. Bereits in den früheren Lektionen sind auch *und, aber* sowie *oder* vorgekommen; *und* z. B. bereits auf der allerersten Seite: *Ich bin John Smith und ich komme aus England* (s. Lektion 1, Auftaktseite, Ü 3), *aber* z. B. in Lektion 3: *In der Küche ist ein Tisch, aber da sind keine Stühle.* (Lektion 3, Ü A.1 a)

Schreiben Sie diese Sätze sowie den Satz: *„Einige Nachbarn stellen den Müll neben die Tonnen, denn die grauen Mülltonnen sind immer voll"* aus dem Brief an die Tafel und markieren Sie die Konjunktionen.

Hauptsatz 1	*Konjunktion*	*Hauptsatz 2*
Ich bin John Smith	*und*	*ich komme aus England etc.*

Erläutern Sie die Regeln für die Satzstellung bei Konjunktionen, die Hauptsätze verbinden. Ziehen Sie auch die Darstellung auf der *Gewusst* wie-Seite heran. Folgender Tafelanschrieb eignet sich, um zu erläutern, wann man nach *und* das Subjekt weglassen kann:

Hauptsatz 1	*Konjunktion*	*Hauptsatz 2*
Ich bin John Smith	*und*	*(ich) komme aus England.*

Es ist möglich, dass die KT bei der Besprechung von *denn* Fragen zu der Konjunktion *weil* stellen. Diese wird in *Pluspunkt Deutsch* Band 2, Lektion 2 eingeführt.

Bereiten Sie ein Arbeitsblatt mit Sätzen vor, in denen die KT die passende Konjunktion ergänzen, z. B.:

Abends trinke ich oft Tee _____ ich esse ein Brot mit Käse.

Die Wohnung ist groß, _____ sie hat keinen Balkon.

Er ruft den Hausmeister an, _____ die Heizung ist kaputt etc.

Anschließend schreiben die KT die Sätze mit *denn* in der Übung.

4b

Achten Sie darauf, dass die Briefe nicht zu umfangreich werden. Die KT sollten sich auf die Vorgaben in 4a beschränken. Als Modell bieten sich die Übung klar.2, die bereits einen Vorschlag für das Problem: *Die Klingel ist kaputt* enthält, sowie die AB-Übung 16 an. Sammeln Sie mit den KT auch gemeinsam Lösungsvorschläge, die in die Briefe aufgenommen werden:

Das Licht funktioniert nicht: Elektrofirma bestellen./Die Klingel ist kaputt: bitte bald reparieren. (s. klar. 2)/*Kinderwagen: Aufzugsfirma bestellen.*

Bilden Sie Gruppen, die nach Lernstärke getrennt sind. Lerngeübte KT schreiben mehrere Briefe, lernungeübte KT, für die der formelle Brief eine große Herausforderung darstellt, beschränken sich in derselben Zeit auf einen Brief mit individueller Unterstützung durch KL. Erinnern Sie die KT an die höflichen Redewendungen, die in einem formellen Brief nicht fehlen dürfen.

Lerngeübte KT können auch einen Brief zu einem weiteren Thema schreiben, z. B.:

– Problem: im Keller ist nicht genug Platz für Fahrräder – Vorschlag: vor dem Haus/im Hof Fahrradständer aufstellen

– Problem: im Nachbarhaus ist eine Kneipe - vor dem Haus ist es nachts sehr laut/man kann nicht schlafen

– Vorschlag: Hausverwaltung schreibt Brief an den Kneipenbesitzer

KV 25 Die Vorlage für formelle Briefe mit Linien in Kopiervorlage 25 soll es lernungeübte KT erleichtern, ihr Schreiben zu strukturieren.

Alles klar: Ü 2,4
Arbeitsbuch: Ü 15-17

C Auf dem Spielplatz
Lernziele und Lerninhalte:

Sprechen: eine Geschichte weitererzählen/vorlesen, Kinderbetreuung in Deutschland und im Heimatland vergleichen

Hören: Unterhaltung von zwei Müttern auf dem Spielplatz

Wortschatz: Kinderbetreuung

In diesem Block wird mit Situationen auf dem Spielplatz ein Thema behandelt, das vor allem für KT mit kleinen Kindern von Bedeutung ist. Außerdem geht es um Kindergärten und Kinderbetreuung in Deutschland im Allgemeinen.

1

Klären Sie mit den KT zunächst unbekannten Wortschatz. Anschließend beschreiben die KT mit Hilfe der Satzbausteine das Bild. Lassen Sie hier KT mit kleinen Kindern zu Wort kommen. Diese berichten über die Spielplätze in der Umgebung ihrer Wohnung und über die Spielgeräte. Schreiben Sie einige Stichwörter an die Tafel, die KT diskutieren ob/inwiefern diese zu „Spielplatz" passen, z. B.: *Kontakte – Spaß – Stress – Erholung – viele Kinder – laut.*

Sofern die KT über genügend Wortschatz verfügen, können Sie mit den KT auch ein entsprechendes Assoziogramm erarbeiten:

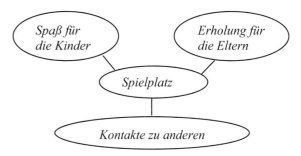

So haben Sie einen Ausgangspunkt, für einen Gedanken- und Erfahrungsaustausch über Spielplätze, von dem vor allem KT mit kleinen Kindern profitieren können.

2

Anschließend hören die KT das Gespräch und lösen die Aufgabe (Lösung: A). In diesem Dialog werden modellhaft die Situationen der beiden Mütter einander gegenübergestellt: Die deutsche Mutter möchte wieder arbeiten, wenn das Kind in den Kindergarten kommt, die afrikanische Mutter weiß noch nicht, ob ihr Sohn in den Kindergarten soll, sie beklagt, dass ihr Kind noch nicht genug Deutsch spricht. (Lösung 2b: 1R, 2F, 3F, 4R, 5F, 6R, 7F)

Lassen Sie die KT darüber sprechen, welche Vorteile Kindergärten sowohl für die Eltern als auch für die Kinder haben. Sammeln Sie dafür mit den KT Stichwörter zum Begriff *Kindergarten*, sodass sie im weiteren Verlauf Material haben, um Sätze zu bilden, z. B.: *Kontakt zu anderen Kindern – Kontakt zu anderen Eltern – Deutsch lernen – Vorbereitung für die Schule – die Eltern haben mehr Zeit für sich – sie können arbeiten.*

3

Fortsetzung des Dialogs zwischen den beiden Müttern. Bereiten Sie für lernungeübte KT mit Ausgangspunkt in den Sprechblasen ein Arbeitsblatt vor, das die KT unterstützt, wenn sie eine mögliche Fortsetzung der Geschichte erzählen, z. B.:

Die Mütter trinken	*Kouma geht mit ihrem Sohn nach Hause.*
Sie gehen am nächsten Tag zusammen	*die Mütter sprechen zusammen.*
Die Kinder streiten und	*zum Kindergarten/ins Schwimmbad.*
Regen kommt und Die Kinder spielen und	*Renate lädt Kouma ein. Kaffee.*

Nachdem die KT die Satzteile zugeordnet haben, erzählen sie.

Lerngeübte KT können dafür evtl. Adverbien wie *vielleicht, wahrscheinlich,* benutzen.

Variante

Die Gruppen schreiben mit Hilfe von zwei oder drei Bildern eine kleine Geschichte, die dann im Plenum vorgelesen wird.

Danach hören die KT die Fortsetzung des Gesprächs in 3b und vergleichen mit ihrer eigenen Geschichte (Lösung: Renate und Kouma gehen nächste Woche in den Kindergarten (Bild 1). – Regen kommt (Bild 6). – Renate lädt Kouma ein (Bild 4).)

4

Lernungeübte KT beschränken sich darauf, die Sätze zu verbinden und die Geschichte dann entsprechend der Arbeitsanweisung vorzulesen (Lösung: 1C, 2F, 4D, 4G, 5A, 6B, 7E). Lerngeübte KT verbinden die Sätze und notieren dann Stichwörter. Anschließend schließen sie das Buch und geben die Geschichte auf Basis ihrer Notizen wieder.

5

Mit dem Infotext in 5a lernen die KT einige Grundzüge der Kinderbetreuung in Deutschland kennen. Außerdem dient die Übung dem interkulturellen Vergleich.

Geben Sie den KT als Leitfaden einige Verständnisfragen: *Ab wann gehen die Kinder in den Kindergarten? Wer bezahlt für die Kita? Was macht eine Tagesmutter?*

Fordern Sie KT mit kleinen Kindern bei 5b auf, über ihre eigenen Erfahrungen mit der Kinderbetreuung zu berichten und evtl. über die Betreuungsmöglichkeiten am Kurs- bzw. Wohnort zu informieren. Ausgangspunkt kann evtl. das Betreuungsangebot sein, das Ihre Institution für die Kinder der KT hat.

Der Vergleich der Kinderbetreuung kann dazu beitragen, das interkulturelle Verständnis zu fördern: Die KT machen sich im Gespräch die Unterschiede zwischen den Ländern bewusst, sie lernen, Vorteile und Nachteile in Deutschland und im Heimatland zu benennen, sie können sich über die Rolle der Familie in den verschiedenen Ländern Gedanken machen etc.

Variante

Projekt: Einige Tage, bevor die Übung gemacht wird, informieren sich die KT über Betreuungsangebote und -einrichtungen vor Ort. Bilden Sie Gruppen, z. B.: Eine Gruppe recherchiert kommunale Angebote, eine zweite kirchliche, eine dritte Elterninitiativen und eine vierte evtl. Kinderbetreuung bei Trägern von Integrationskursen.

Information zur Landeskunde

Jedes Kind ab drei Jahren hat bis zum Schulbeginn einen Rechtsanspruch auf einen Kindergartenplatz. Außerdem strebt die Bundesregierung an, „bis 2013 für bundesweit im Durchschnitt 35 Prozent der Kinder unter drei Jahren einen Betreuungsplatz in einer Kindertageseinrichtung oder der Kindertagespflege zu schaffen." – „Ab dem 1. August 2013 soll der Rechtsanspruch auf einen Betreuungsplatz für alle Kinder, die das erste Lebensjahr vollendet haben, eingeführt werden." (Bundesministerium für Familie, Senioren, Frauen und Jugend (Hrsg.): „Ausbau und Qualität der Kinderbetreuung", April 2009, S. 3 und S. 4)

Internetadressen für weitere Informationen:

– Ausbau und Qualität der Kinderbetreuung: *http://www.bmfsfj.de/bmfsfj/generator/RedaktionB MFSFJ/Broschuerenstelle/Pdf-Anlagen/ausbau-und-qualit_C3_A4t-der-kinderbetreuung-flyer,property=pdf,bereich=bmfsfj,sprache=de,rw b=true.pdf.*

– Sozialgesetzbuch, § 24: *http://www.sozial-gesetzbuch-sgb.de/sgbviii/24.html*

Alles klar: Ü 3

Arbeitsbuch: Ü 18, Ü 19: Flüssig sprechen
Vertiefungsübung Ü 18 a/b: Perfekt

Arbeitsbuch – Deutsch plus: Ü 20-21
Ein Straßenfest

Arbeitsbuch – Wörter lernen: Ü 22-25
Lerntipp: Kreuzworträtsel machen

Phonetik – *h*, Vokal + *h* , siehe Seite 122 in den Handreichungen

Flüssig sprechen:

Alles klar Ü 5

Smalltalk ist eine wichtige Fertigkeit und die ersten Sätze dafür haben die TN in dieser Einheit gelernt. Wichtig ist natürlich, dass Smalltalk-Sätze mit einiger Leichtigkeit gesprochen werden, denn der Kommunikationspartner wird in der Regel nicht die Geduld haben, mehrfach nachzufragen, was gemeint ist. Deshalb lohnt es sich diese Sätze wirklich flüssig, „wie im Schlaf", sprechen zu können. Eine etwas ungewöhnliche „Hausaufgabe" könnte auch sein, die Gelegenheit für ein kleines Smalltalk-Gespräch zu suchen. Am nächsten Kurstag können die TN von ihren Erfahrungen berichten.

Das *Flüssig sprechen* im Arbeitsbuch (Ü 19) festigt die Redemittel, mit denen die TN über Probleme im Haus sprechen können.

Station 4
Start A1 – ein Modelltest

Am Ende der Integrationssprachkurse steht der Deutsch-Test für Zuwanderer, der den KT bescheinigt, dass sie entweder die Niveaustufe A2 oder B1 erreicht haben. Der hier abgedruckte Modelltest für die Prüfung *Start Deutsch 1* kann dazu dienen, die KT an die Prüfungssituation zu gewöhnen, bzw. ihnen Prüfungstechnik zu vermitteln und als (Selbst-) Kontrolle, ob die KT das Niveau A1 tatsächlich erreicht haben. In den Bänden A2 und B1 von *Pluspunkt Deutsch* erfolgt eine gezielte Vorbereitung auf den Deutsch-Test für Zuwanderer.

Mit dem erfolgreichen Ablegen der Prüfung dokumentieren die KT Folgendes:[1]

Sie können nach Bestehen der Prüfung zum Beispiel

– in Alltagssituationen kurze, ganz einfache Fragen, Anweisungen und Mitteilungen verstehen, aber auch Ansagen auf dem Anrufbeantworter, öffentliche Durchsagen sowie kurze Gespräche,

– für sie relevante Informationen aus schriftlichen Kurzmitteilungen, öffentlichen Hinweisschildern und Kleinanzeigen entnehmen,

– Zahlen, Mengen, Uhrzeiten und Preise nennen und verstehen,

– Formulare in Bezug auf einfache und persönliche Angaben ausfüllen,

– kurze persönliche Mitteilungen schreiben,

– sich im Gespräch vorstellen und einfache Fragen zu ihrer Person beantworten,

– im Alltag gebräuchliche Fragen und Bitten formulieren und darauf reagieren.

Die Prüfung *Start Deutsch 1* ist wie folgt aufgebaut:

Hören	ca. 20 Minuten (3 Teile)
Lesen	ca. 25 Minuten (3 Teile)
Schreiben	ca. 20 Minuten (2 Teile)
Sprechen	ca. 15 Minuten (3 Teile)

Punkte werden wie folgt vergeben:

Hören: Jede richtige Lösung bringt einen Punkt, d.h. in diesem Prüfungsteil sind maximal 15 Punkte zu erzielen.

Lesen: Jede richtige Lösung bringt einen Punkt, d.h. in diesem Prüfungsteil sind maximal 15 Punkte zu erzielen.

Schreiben: Teil 1: maximal 5 Punkte

Teil 2: Erfüllung der Aufgabenstellung, pro Leitpunkt: 0, 1,5 oder 3 Punkte, maximal 9 Punkte

Kommunikative Gestaltung des Textes: 0, 0,5 oder 1 Punkt.

Insgesamt können im Teil Schreiben 5 + 9 + 1 = 15 Punkte erreicht werden.

Sprechen: Teil 1: maximal 3 Punkte, Teil 2: maximal 6 Punkte, Teil 3: maximal 6 Punkte; gesamt: 15 Punkte.

Insgesamt kann man in der Prüfung 60 Punkte erreichen. Diese Punktzahl wird mit 1,66 multipliziert, sodass sich als maximale Punktzahl 100 Punkte ergibt. Dadurch können kaufmännisch gerundet die folgenden Prädikate vergeben werden:

Ergebnispunkte	*Prädikat*
90-100	sehr gut,
80-89	gut
70-79	befriedigend
60-69	ausreichend
0-59	teilgenommen

Um die Prüfung zu bestehen, braucht man mindestens 60%[2].

Die Aufgabentypen (multiple choice) und Richtig/Falsch beim HV und LV sind den KT aus den Lektionen hinlänglich bekannt. Für Schreiben, Teil 1 sind die Formulare in den Lektionen 1 AB, 2 (Alles klar), 7 (Überweisungsformular) und 11 (Meldestelle) Vor-

---

[1] s. http://www.goethe.de/lrn/prj/pba/bes/sd1/deindex.htm

[2] Alle Informationen über Punktzahlen aus: telc, Modelltest A1 – Deutsch, 2009, Michaela Perlmann-Balme, Peter Kiefer, *Start Deutsch. Deutschprüfungen für Erwachsene, A1, A2, Prüfungsziele, Testbeschreibung.* München (Goethe-Institut), 2004, S. 12, 43, 47, 52 und 60. Hier finden Sie auch weitere Informationen zur Bewertung und zum Prüfungsablauf. S. auch: *Goethe-Institut, Start Deutsch 1 – Start Deutsch 2 – Durchführungsbestimmungen, 2009* (http://www.goethe.de/lrn/prf/pro/A1_A2_SD_DuchfBestimm_kurz.pdf)

bilder, für Schreiben Teil 2 das Entschuldigungsschreiben an die Schule (Lektion 8), die Postkarte aus Wien (L. 10) und der Brief an die Hausverwaltung (L. 14). Der Prüfungsteil Sprechen, Teil 1 wird immer wieder geübt, indem die KT persönliche Informationen geben, die Teile 2 und 3 (um Informationen bitten und Informationen geben, Bitten formulieren und darauf reagieren) u.a. in L. 5 (Uhrzeiten) und in Lektion 11 (Behördensituationen).

Stellen Sie bei der Erläuterung der Testteile Schreiben und Sprechen noch einmal die früher erarbeiteten Redemittel zusammen.

Es gibt verschiedene Möglichkeiten, den Test einzusetzen. Je nach Gruppe können Sie diesen Test am Ende des Kurses komplett machen lassen (dies entspricht realistischen Prüfungsbedingungen), oder Sie verteilen die einzelnen Testteile gegen Ende des Kurses auf mehrere Tage.

Besonders für lernungeübte KT empfehlen sich für die Lösung der Aufgaben Tipps:

Hören
- Nicht alle Informationen in den Hörtexten sind für die Aufgabe wichtig. Die KT müssen also nicht alles verstehen. Für sie ist wichtig: Was muss ich für die Aufgabe verstehen? Z. B. eine Zahl, eine Uhrzeit, einen Ort.
- Nur eine Lösung ist richtig!

Lesen
- Beim Leseverstehen ist es wie beim Hörverstehen: Man muss nicht jedes Wort verstehen. Die KT lesen die Texte und die Aufgaben genau und überlegen: Welche Informationen in den Texten sind für die Aufgaben wichtig?
- Die KT lesen zuerst die Texte bzw. Anzeigen und dann die Sätze bzw. Situationen und entscheiden: Was passt zusammen und was nicht?

Lesen und Schreiben allgemein
Die KT sollten an dem Tag, bevor diese Prüfungsteile gemacht werden, auf den *Gewusst wie*-Seiten der Lektionen noch einmal alle relevanten Redemittel sammeln.

Schreiben, Teil 1
Zuerst lesen die KT das Formular: An welchen Stellen fehlen Informationen? Anschließend lesen sie den Text und tragen die Informationen in das Formular ein (s. auch *Gewusst wie*-Seite L. 7 – Überweisungsformular.)

Schreiben, Teil 2
Weisen Sie darauf hin, dass der Brief auch eine Anrede und einen Gruß mit Unterschrift braucht (s. auch *Gewusst wie*-Seiten L. 8 – Entschuldigungsbrief, L. 10 – informeller Brief/Postkarte, L. 14 – formeller Brief.)

Sprechen, Teil 1
Die KT sollten am Tag, bevor dieser Prüfungsteil gemacht wird, zu Hause noch einmal alle für die Prüfung relevanten Informationen notieren und laut lesen. (s. auch *Gewusst wie*-Seiten L. 1 – Sich vorstellen, L. 2 – Adresse/ Telefonnummer/Muttersprache/Nationalität, L. 5 – Hobbies.)

Sprechen, Teil 2 und 3
Passende Redemittel finden die KT auf folgenden *Gewusst wie*-Seiten: L. 5 – Uhrzeit, L. 6 – Sagen, was man gern oder nicht gern isst, L. 9 – Den Weg beschreiben und nach dem Weg fragen, L. 11 – Um Hilfe bitten und auf die Bitte reagieren, L. 13 – Nach Informationen fragen.

Lösungen

Hören:

Teil 1: 1 A, 2 C, 3 C, 4 A, 5 B, 6 B

Teil 2: 7 Falsch, 8 Richtig, 9 Falsch, 10 Falsch

Teil 3: 11 A, 12 A, 13 C, 14 C, 15 B

Lesen:

Teil 1: 1 Richtig, 2 Richtig, 3 Richtig, 4 Falsch, 5 Falsch

Teil 2: 6 B, 7 B, 8 B, 9 A, 10 A

Teil 3: 11 Richtig, 12 Richtig, 13 Falsch, 14 Falsch, 15 Richtig

Hinweise zum Phonetikanhang

Lektion 1 – Rhythmisch sprechen

Die Sprachen der Welt unterscheiden sich in ihrem Rhythmus, es gibt sogenannte silbenzählende Sprachen, wie z. B. das Französische oder viele ostasiatische Sprachen. In diesen Sprachen sind die Silben alle in etwa gleichmäßig lang und werden in einem fließenden Rhythmus gesprochen. Das Deutsche ist eine sogenannte akzentzählende Sprache. In diesen Sprachen wechseln betonte und unbetonte Silben ab und der Rhythmus ergibt sich aus diesem Wechsel von betonten zu unbetonten Silben.

Es ist wichtig, dass die Lerner sich an diesen Rhythmus des Deutschen gewöhnen. Er ist die Basis für alle weiteren phonetischen Übungen und ein Verständnis vom Rhythmus hilft auch die gesprochene deutsche Sprache (sei es in einem Hörverstehenstext oder im „wirklichen" Leben) zu verstehen.

Es ist hilfreich, diesen Rhythmus, der unsichtbar im Kehlkopf produziert wird, in sichtbare Bewegung umzusetzen. Dadurch werden viele theoretische Erklärungen (die auf diesem Sprachniveau auf Deutsch noch nicht gegeben werden können) überflüssig. Außerdem lockert es den Unterricht auf und macht Spaß, sich zum Sprechen zu bewegen.

Im ersten Schritt lassen Sie Dialogsätze aus 1 klatschen. Jede Silbe wird gleichmäßig geklatscht. Das hilft den Lernern die Silben zu erkennen. Im Gegensatz zu vielen anderen Sprachen ist das im Deutschen nämlich nicht so einfach, so sind die beiden Buchstaben „gu" eine Silbe ebenso wie die fünf Buchstaben in „geht's".

Im zweiten Schritt sollen dann die schweren (betonten) und leichten (unbetonten) Silben durch unterschiedlich starkes Klatschen unterschieden werden. Beachten Sie, dass die beiden Zeilen unterschiedliche Rhythmen haben, die erste einen Wechsel zwischen einer betonten und einer unbetonten Silbe (mit einem Bruch beim Sprecherwechsel), die zweite enthält mehr unbetonte Silben zwischen den betonten.

Lektion 2 – Der Wortakzent

Jedes deutsche Wort hat einen Wortakzent, d.h. eine Silbe, die besonders hervorgehoben wird. Sie wird ein bisschen lauter gesprochen, manchmal etwas höher oder tiefer und immer besonders deutlich. Diese Silbe ist für die Aussprache eines Wortes besonders wichtig. Insbesondere Sprecher aus Sprachen, die keinen Wortakzent kennen (wie z. B. die ostasiatischen Tonsprachen), müssen sich immer wieder mit dieser Eigenheit des Deutschen beschäftigen, ebenso wie Sprecher, in deren Muttersprache es einen festen Wortakzent gibt, z. B. immer auf der letzten Silbe, wie im Französischen oder immer auf der ersten Silbe wie im Ungarischen. Diese Kursteilnehmer müssen sich an das neue Akzentschema des Deutschen gewöhnen.

Es ist hilfreich, den Wortakzent ebenso wie den Rhythmus ganzer Sätze mit Bewegung zu üben: *Klatschen, Fingerschnipsen, Gehen, Springen, ein Auge zukneifen* (der Fantasie sind keine Grenzen gesetzt). Schreiben Sie jeweils zu Anfang der Stunde ein paar längere neue Wörter an die Tafel. Die Lerner überlegen sich in Partnerarbeit eine „Inszenierung" für ein Wort und führen sie vor.

das	***Fens***	*ter*
kleiner Schritt	**Hüpfer**	kleiner Schritt

oder:

die	***Leh***	*re*	***rin***
leises Klatschen	**Augen-zwinkern**	leises Klatschen	leises Klatschen

Lösung 2a: Deutschland – Europa – Afrika – Asien – Amerika – Australien

Lektion 3 – Die Vokale *a e i o u*

In dieser Einheit geht es um eine erste Annäherung an das Vokalsystem des Deutschen. Das Deutsche hat im Vergleich zu vielen anderen Sprachen ein sehr ausgebautes Vokalsystem (16 Vokale im Lautsystem). Hier werden zunächst einmal die Vokale *a, e, i, o, u* als lange und kurze Vokale präsentiert, jeweils die ersten drei Wörter in der Zeile haben einen langen, die letzten drei Wörter einen kurzen Vokal. Es geht hier aber noch nicht um die Unterscheidung (das ist Thema in Einheit 5) sondern um die Zuordnung von Klang und Schreibbild. Das ist besonders für Sprecher aus arabischen Sprachen wichtig.

Die Lerner hören zunächst in 1 die Beispielwörter und sprechen sie nach. In 2 müssen sie in einem Vokaldiktat die Vokale erkennen und ergänzen. Wenn Ihre Lerner Schwierigkeiten haben, die Laute von der CD zu erkennen, können Sie auch das Diktat selbst vorlesen und die Vokale sehr deutlich sprechen.

Wichtig ist auch, dass die Lerner den ganzen Text noch einmal selbst sprechen, denn hören können und sprechen können hängt eng zusammen.

Lösung 2a:

Guten Tag, wie ist Ihr Name?
Guten Tag, mein Name ist Kleev.
Wie bitte?
Moment, ich buchstabiere: KLEEV.
Wohnen Sie schon lange hier?
Ja, schon zehn Jahre.
Was sind Sie von Beruf?
Lehrer.

Lektion 4 – Das *er* und das *e* in der Endung

Die Vokale in der Endung, das schwache *e* [ə] und das schwache *a* [ɐ] sind sehr wichtig für eine gut verständliche Aussprache.

Wichtig ist, dass Sie zunächst den Wortakzent markieren lassen, denn diese beiden Laute kommen nur in unbetonten Silben vor.

Für viele Lerner, die Probleme mit dem deutschen *r* haben, ist es eine große Erleichterung, wenn sie erkennen, dass viele geschriebene r gar nicht als *r* realisiert werden müssen (und dürfen).

In Übung 1 und 2 geht es um die korrekte Aussprache, die in der Regel den Lernern wenige Schwierigkeiten bereitet. In Übung 3 sollen sie dann die Endung nicht einfach nachsprechen, sondern die Schrift in richtige Aussprache umsetzen. Das provoziert meist noch einmal wieder Fehler, da das geschriebene r dazu verleitet ein *r* zu sprechen, ebenso wie das geschriebene *e* dann häufig wieder als *ä* [ɛ] oder *e* [e] realisiert wird.

Lösung 1a: der Va̱ter – die Mu̱tter – der Bru̱der – die Schwe̱ster – die Geschwi̱ster – die To̱chter – die E̱ltern

2a: die Ta̱nte – die Ni̱chte – der Ne̱ffe – die Cou̱sine – der O̱nkel – die Fami̱lie

Lektion 5 – Lange und kurze Vokale

Die Unterscheidung der Vokale in lange und kurze Vokale ist eine für das Deutsche grundlegende. Beachten Sie dabei, dass diese Unterscheidung (fast) nur für die Vokale gilt, die den Wortakzent tragen. Wichtig ist auch zu wissen, dass man zwar immer von langen und kurzen Vokalen spricht, dass die Vokalpaare sich aber nicht nur in der Länge unterscheiden. Besonders deutlich ist das beim *e* und *o*. Ein langes *e* wird geschlossen gesprochen [e], ein kurzes wird offener, als *ä* gesprochen [ɛ]. Ebenso ist das lange *o* ein gespanntes, geschlossenes „rundes“ *o* [o] wohingegen das kurze *o* offener gesprochen wird als [ɔ]. Man kann das sehr schön mit einem Gummiband verdeutlichen: wenn man das geschlossene, gespannte *e* spricht, spannt man das Band, wenn man das geöffnete *ä* spricht, lässt man es locker.

Tipp: Sie können den Kursteilnehmern Gummibänder (längere Haushaltsgummis) verteilen und die Wörter in Übung paarweise sprechen lassen: *der Tag* (Gummi wird lang gezogen), *wann* (Gummi wird locker gelassen).

Übung 2 führt zwei wichtige visuelle Hilfen ein. In 2a geht es um die Markierung der Vokale, ein Strich für einen langen Vokal und ein Punkt für einen kurzen Vokal. Diese Markierung der Vokale finden Sie in Pluspunkt in allen Wortlisten. Es ist wichtig, dass die Lerner diese Notation verstehen. Beachten Sie, dass in jedem Wort immer nur der wichtige Vokal markiert wird, nämlich der Vokal des Wortakzents.

In 2b werden zwei Handbewegungen eingeführt, mit denen Sie die Aussprache der Vokale begleiten können und die Sie im Unterricht als leicht verständliche Korrekturgeste verwenden können.

Lösung:

Mo̱ntag – Di̱enstag – Mi̇ttwoch – Donnerstag – Fre̱itag – Sȧmstag – So̱nntag

Lektion 6 – Die Umlaute *ä ö ü*

In dieser Einheit geht es um die Umlaute *ä*, *ö* und *ü*. Das *ä* macht in der Regel keine Schwierigkeiten, das *ö* und *ü* dafür umso häufiger.

Eine Schwierigkeit liegt darin, dass die Schrift nahe legt, dass das *ö* etwas mit dem *o* zu tun hat und das *ü* mit dem *u*. Aus phonetischer Sicht ist das nicht sinnvoll. Es ist sehr schwierig, die Aussprache des *ü* ausgehend vom *u* zu erklären.

Ganz einfach ist es dagegen, wenn man das *ü* vom *i* ausgehend erklärt: Sprechen Sie ein *i* und runden Sie die Lippen, es ergibt sich automatisch ein *ü*. Ebenso kann man mit dem *ö* verfahren. Achten Sie darauf, dass die Lerner ein gespanntes *e* sprechen und dann die Lippen runden, es ergibt sich ein *ö*.

Diese „Mundgymnastik" hilft, sich diese beiden, insbesondere für Osteuropäer schwierigen Laute einzuprägen.

Lösung:

1a: der Käse – das Hähnchen – zwei Äpfel – die Getränke

das Brötchen – schön – die Köchin – ich möchte

das Müsli – die Tüte – wünschen – Tschüss

2b: 1. Büttner – 2. Bühler – 3. Miller
3b: 1. Werner – 2. Köhler – 3. Höhne

Lektion 7 – Die Diphthonge *ei au eu*

Der Gang durch das Vokalsystem des Deutschen wird abgerundet durch die Behandlung der Diphthonge *ei, au* und *eu*, die meist eher ein Leseproblem als ein Ausspracheproblem darstellen. Besonders wichtig ist es, darauf hinzuweisen, dass das *e* in dem *ei* immer als *a* gesprochen wird [aɪ].

Auch kann eine Gegenüberstellung von dem langen *i*, das als *ie* geschrieben wird und dem Diphtong *ei* hilfreich sein. Das ist besonders einprägsam mit Wortpaaren, in denen sich die Bedeutung unterscheidet: *reisen – Riesen, leider – Lieder, weiter – wieder*.

Lassen Sie dann das Diphthong-Diktat schreiben. Wenn die Teilnehmer Schwierigkeiten haben, die Laute von der CD genau zu hören, lesen Sie den Diktattext sehr deutlich vor.

Wichtig ist, dass die Lerner anschließend an das Diktat den Text selbst sprechen.

Die Übung 3 übt die Diphthonge noch einmal in kommunikativ sinnvollen Minidialogen. Achten Sie an dieser Stelle sehr genau auf die korrekte Aussprache.

Lösung 2a:

Müssen Sie früh aufstehen?
Ja, manchmal muss ich früh aufstehen.

Arbeiten Sie draußen?
Ja, manchmal arbeite ich draußen, manchmal arbeite ich aber auch im Haus.
Arbeiten Sie alleine?
Ja, oft arbeite ich alleine.
Reisen Sie viel?
Nein, ich muss leider nicht reisen.
Brauchen Sie ein Auto?
Ja, manchmal muss ich etwas einkaufen, dann brauche ich ein Auto.
Arbeiten Sie heute?
Nein, heute habe ich Urlaub.

Lektion 8 – Das *pf* und das *z*

In den Einheiten 8, 9, 10, 13 und 14 werden einige Konsonanten behandelt, bei denen es häufig Lese- und/oder Ausspracheprobleme gibt. In Einheit 8 zwei typische Leseprobleme. Das *pf* wird von vielen Lernern in zwei Laute zerlegt, so dass das Wort Kopf drei Silben bekommt: *Ko-pe-fe* und schlecht verstanden wird. Deshalb ist es sinnvoll, erst die Silben der Wörter zu klatschen und die Aussprache der Wörter mit Klatschen zu begleiten.

Wichtig ist der Hinweis, dass das *p* sehr schwach gesprochen wird, der wichtigere Laut in der Kombination ist das *f*. So sprechen viele Deutsche am Anfang eines Wortes in der Kombination *pf* das *p* nicht oder kaum: das Pferd wird dann zum Ferd.

Das *z* ist meistens kein phonetisches Problem, sondern ein Problem der Zuordnung von Laut und Schrift: In vielen Sprachen wird der Buchstabe *z* als weiches *s* [z] gesprochen. Diese Aussprache wird fälschlicherweise auf das Deutsche übertragen. Das Problem ist meist durch eine einmalige phonetische Übung nicht gelöst. Es kann deshalb hilfreich sein, ein kleines Plakat mit einem typischen z-Wort im Klassenraum aufzuhängen. Das Plakat kann auch nett illustriert sein, z. B. ein Zebra mit Zahnschmerzen, eine Zeitung mit Informationen o. Ä. Jedes Mal, wenn im Kurs in der folgenden Zeit ein *z* falsch ausgesprochen wird, zeigen Sie nur kurz auf das Plakat und rufen auf angenehme, unkomplizierte Weise die Regel ins Gedächtnis.

Lektion 9 – Das *ch*

Das *ch* ist meist sowohl ein Leseproblem (Wann spricht man den Ich-Laut, wann den Ach-Laut?) als auch ein Ausspracheproblem. Meistens ist es der Ich-Laut, der nicht weich genug gesprochen wird und wie ein Ach-Laut klingt, oder der mit dem *sch* verwechselt wird.

Beginnen Sie deshalb mit dem Ach-Laut. Die Regel, nach *a, o, u* und *au* spricht man den Ach-Laut, ist nicht ganz korrekt. Die Endung *-chen* wird immer mit dem Ich-Laut gesprochen, auch wenn sie auf ein *a, o, u* oder *au* folgt. Für die Lerner wäre das an dieser Stelle aber verwirrend.

Der Ich-Laut macht vielen Lernern Probleme. Die korrekte Aussprache lässt sich am besten vom *j* [j] herleiten, das die meisten Lerner sprechen können. Die Stellung der Sprechwerkzeuge stimmt überein, der einzige Unterschied ist, dass das *ch* stimmlos ist, während das *j* stimmhaft ist.

Ergänzend sind in 2b die bereits bekannten Wörter aufgeführt, in denen das *chs* als *ks* gesprochen wird.

Auch in einigen wenigen Fremdwörtern wird das *ch* anders ausgesprochen, z. B. in Chef als *sch* oder in Chor als *k*. Weisen Sie im Einzelfall darauf hin, wenn Sie diese Wörter neu einführen.

Lösung 3a: das Buch, der Koch, die Sprache, Sprachen, Sprachen

Lektion 10 – Das *nk* und das *ng*

Bei dem *nk* spricht man nicht die beiden Buchstaben *n* und *k*, sondern das *n* wird zu einem [ŋ]. In der Regel macht das *nk* keine Probleme. Es ist hier nur aufgeführt, um das *ng* davon abzugrenzen.

Bei dem *ng* werden auch die beiden Buchstaben *n* und *g* gesprochen, sondern sie werden zusammen als [ŋ] ausgesprochen. Das macht in der Endung meist kein Problem, zwischen zwei Silben wird [ŋ] jedoch häufig zu einem [ŋg]. Besonders auffallend ist es bei dem sehr frequenten Partizip von „gehen": [gəgaŋgən]. Deshalb finden Sie als Abschluss dieser Phonetikeinheit eine kommunikativ orientierte Sprechübung, in der beide Partner dieses Partizip ständig verwenden müssen.

Lektion 11 – Wortgruppen sprechen

Der Wortakzent sollte mit allen neuen Wörtern regelmäßig wiederholt und eingeübt werden und deshalb sehr präsent sein. In dieser Einheit geht es um Wortgruppen. In Wortgruppen wird nicht jedes Wort betont, meistens das wichtigste, das das die meiste Information trägt. In Nomen-Verbgruppen ist das normalerweise das Nomen. Auf diese Regel soll in dieser Übung hingewiesen werden.

Die Lerner sprechen die z.T. schwierigen Wörter erst einmal nach. Dann hören sie in 1b die Wortgruppen in einem normalen Sprechtempo und entscheiden, welches Wort betont ist.

Lösung:

das <u>Auto</u> anmelden

<u>Kindergeld</u> beantragen

die <u>Wohnung</u> anmelden

ein Formu<u>lar</u> ausfüllen

ein Formu<u>lar</u> abholen

den <u>Miet</u>vertrag abgeben

die Ge<u>halts</u>abrechnung abgeben

das Ge<u>burts</u>datum eintragen

Anschließend sprechen sie die Wortgruppen flüssig mit der richtigen Betonung nach. Zum Abschluss sollen diese Wortgruppen noch einmal in einer kommunikativ orientierten Sprechübungen angewendet werden.

Ein Nebeneffekt dieser Phonetikübung ist, dass der wichtige Behördenwortschatz eingeübt und flüssig gesprochen wird.

Natürlich ist bei Wortgruppen der Wortakzent nicht so eindeutig wie bei Einzelwörtern. So kann man natürlich auch sagen: Ich möchte das Auto <u>an</u>melden. Allerdings ist das dann eine besondere Betonung, die ausdrückt, dass das „anmelden" in Kontrast zu etwas steht, z. B. in dem Sinne: ich möchte das Auto nicht <u>ab</u>melden, ich möchte es <u>an</u>melden.

Lektion 12 – Wortakzent bei Komposita

Zusammengesetzte Nomen, Komposita, sind eine typische Struktur des Deutschen. In der Einheit wurde schon darauf aufmerksam gemacht, dass der Artikel sich nach dem Grundwort, dem letzten Wort, richtet. Hier werden die Komposita noch einmal unter phonetischen Gesichtspunkten betrachtet: Der Wortakzent liegt (fast immer) auf dem 1. Wort, dem Bestimmungswort.

Für viele Lerner ist es nicht einfach diese langen Wörter flüssig zu sprechen. Sie können deshalb zunächst auch wie in Einheit 2 die Silben klatschen lassen und die betonte und die unbetonten Silben durch kräftiges und schwaches Klatschen unterscheiden lassen.

Lösung: 1a

der Winter – der Mantel – der Wintermantel
die Dame – das Kleid – das Damenkleid
der Computer – das Spiel – das Computerspiel
das Baby – die Wäsche – die Babywäsche
der Herr – der Friseur – der Herrenfriseur

Lektion 13 – Das *r*

Zum Abschluss des A1-Bandes werden noch zwei schwierige Konsonanten geübt. In Einheit 13 das *r*.

Wenn man als Ziel des Aussprachetrainings nicht eine perfekte deutsche Aussprache, sondern eine angenehm verständliche Aussprache hat, dann kann man unterschiedliche *r* zulassen. Das Zäpfchen-*r* ebenso wie das Reiber-*r* oder das Zungen-*r*. Beim Zungen-*r* sollte man die Lerner nur darauf hinweisen, dass das Zungen-*r* im Deutschen nicht so stark gerollt wird wie in anderen Sprachen.

Für Lerner aus vielen ostasiatischen Sprachen, die kein *r* kennen, ist das Zungen-*r* in der Regel nicht so sinnvoll, da es leichter mit dem *l* verwechselt werden kann.

Die Gurgelübung, wie im Kursbuch beschrieben hilft die Position des *r* und die beteiligten Sprechwerkzeuge kennenzulernen. Außerdem trainiert sie die Muskeln. Es ist wichtig, dass die Lerner Geduld aufbringen um diesen neuen Laut in ihr Repertoire aufzunehmen. Sie sollten in dieser Einheit lernen, wie sie diesen Laut produzieren können und wie sie üben können. Bis sie den Laut beim spontanen Sprechen richtig sprechen, bzw. überwiegend richtig sprechen, werden einige Monate vergehen.

Die Nachsprechübung in 1a ist vom Einfachen zum Schwierigen aufgebaut. Das *r* ist in der Kombination mit dem *g* oder *k* leichter zu sprechen, da *g* und *k* an einer ähnlichen Stelle produziert werden. Auch die vierte Zeile, in der das *r* nach dem Ach-Laut gesprochen wird, gibt eine Hilfestellung das *r* zu sprechen.

Besonders schwierig ist es, das *r* am Silbenanfang zu sprechen. Wenn dies am Anfang nicht gelingt, sollte man diese Zeile nicht erzwingen, sondern lieber die ersten Zeilen üben und nach ein paar Wochen noch einmal auf diese Zeile zurückkommen.

Die Übung 1b erinnert noch einmal an die Endung -*er*, in der das *r* nicht gesprochen wird. Die ganze Endung wird als schwaches *a* [ɒ] gesprochen.

Lektion 14 – Das *h*

Das *h* ist für einige Lerner ein Problemlaut, z.T. wird es zu stark (in Richtung Ach-Laut) gesprochen, z.T. wird es z. B. von polnischen Muttersprachlern gar nicht gesprochen.

Um den Laut zu verdeutlichen ist eine Kerze sehr hilfreich. Wer kann aus einer Entfernung ein *h* (keinen Ach-Laut!) so sprechen, dass sich die Flamme deutlich bewegt? Natürlich ist eine Kerze aufwändig und sie können diese Übung auch mit einem Blatt Papier machen, das sich bewegen muss, oder einem Spiegel, der sich beschlagen muss oder Sie können die Teilnehmer einfach auf ihre Handfläche sprechen lassen, so dass sie den Lufthauch spüren.

In 2a sind Wortpaare präsentiert, die sich in der Aussprache nur durch das *h* unterscheiden. Die Lerner hören von der CD eins der Wörter und müssen ankreuzen, welches sie gehört haben.

Lösung 2a: 1. hier 2. aus 3. Eis 4. halt 5. Hände 6. Hund

Ebenso wie bei den *r* gibt es auch bei den *h* einige, die man im Schriftbild sieht, die aber nicht als *h* gesprochen werden, es ist das Dehnungs-h nach einem Vokal, das anzeigt, dass dieser Vokal lang gesprochen wird.

Lassen Sie in 3b die Wörter im Kasten erst daraufhin markieren, welche *h* man spricht und welche nur den Vokal dehnen. Dann erst sollten die kleinen Minidialoge gesprochen werden.

h wird gesprochen: *Hemd, Heft, Honig, Handy, Hähnchen, Hackfleisch*

h wird nicht gesprochen und dehnt den Vokal: *Fahrrad, Hähnchen, Stuhl*

	1+1	= elf	2 + 4
= eins	15 - 7	= zwölf	12 + 6
= zwei	2 + 2	= dreizehn	20 - 8
= drei	14 + 5	= vierzehn	4 - 3
= vier	6 + 7	= fünfzehn	9 + 8
= fünf	5 - 2	= sechzehn	10 + 10
= sechs	4 + 3	= siebzehn	6 + 5
= sieben	17 - 7	= achtzehn	17 - 2
= acht	9 - 4	= neunzehn	9 + 7
= neun	18 - 4	= zwanzig	
= zehn	3 + 6		

Berufe-Memory

Cornelsen

Tischler	Ärztin	Sekretärin	Verkäufer
Bauarbeiter	Lehrerin	Friseur	Köchin
Taxifahrer	Bäcker	Kranken-schwester	Program-mierer
Kellner	Gärtner	Manager	Bank-kauffrau

ich

er/sie   **du**   **sie/Sie**

ihr

wir

Cornelsen

Fragen Sie Ihren Partner / Ihre Partnerin und beantworten Sie seine/ihre Fragen zu den Personen.

Beispiel:

Woher kommt Magda?	Sie kommt aus…
Welche Nationalität hat sie?	Sie ist …
Welche Sprache spricht sie?	Sie spricht …
Was ist sie von Beruf?	Sie ist …

Name	Woher kommt …?	Nationalität?	Sprache?	Beruf?
Anna	Russland	Russin	Russisch	Ingenieurin
Ahmet	Türkei	Türke	Türkisch	Kellner
Patrizia	Brasilien	Brasilianerin	Portugiesisch	Krankenschwester
Pavel	Tschechien	Tscheche	Tschechisch	Friseur

Name	Woher kommt …?	Nationalität?	Sprache?	Beruf?
Matthias				
Ondoro				
Magda				
Julija				

Fragen Sie Ihren Partner / Ihre Partnerin und beantworten Sie seine/ihre Fragen zu den Personen.

Beispiel:

Woher kommt Anna?	Sie kommt aus…
Welche Nationalität hat sie?	Sie ist …
Welche Sprache spricht sie?	Sie spricht …
Was ist sie von Beruf?	Sie ist …

Name	Woher kommt …?	Nationalität?	Sprache?	Beruf?
Anna				
Ahmet				
Patrizia				
Pavel				

Name	Woher kommt …?	Nationalität?	Sprache?	Beruf?
Matthias	Deutschland	Deutscher	Deutsch	Gärtner
Ondoro	Kenia	Kenianer	Kisuaheli	Programmierer
Magda	Polen	Polin	Polnisch	Lehrerin
Julija	Ukraine	Ukrainerin	Ukrainisch	Sekretärin

Was ist wo? Wer wohnt wo? Wer arbeitet wo?
Fragen Sie Ihren Partner / Ihre Partnerin und ergänzen Sie das Haus.

Fragen Sie Ihren Partner / Ihre Partnerin:

Wo wohnen Herr und Frau Renz?

Wo wohnt Esther?

Wo wohnt Frau Marks?

Wo arbeitet der Augenarzt?

Wo ist das Elektrogeschäft?

Beantworten Sie die Fragen von Ihrem Partner / Ihrer Partnerin:

Die Studenten wohnen im Dachgeschoss links.

Der Zahnarzt arbeitet ...

Studenten

_____

Herr Siebold

_____

Zahnarzt

_____

Familie Schlüter

_____

Obst- und Gemüseladen

_____

Cornelsen

3

Was ist wo? Wer wohnt wo? Wer arbeitet wo?
Fragen Sie Ihren Partner / Ihre Partnerin und ergänzen Sie das Haus.

Fragen Sie Ihren Partner / Ihre Partnerin:

Wo wohnen die Studenten?

Wo wohnt Herr Siebold?

Wo ist der Obst- und Gemüseladen?

Wo arbeitet der Zahnarzt?

Wo wohnt Familie Schlüter?

Beantworten Sie die Fragen von Ihrem Partner / Ihrer Partnerin:

Herr und Frau Renz wohnen im dritten Stock links.

Der Augenarzt arbeitet …

Frau Marks

Herr und Frau Renz

_____

_____

Augenarzt

Esther

_____

_____

Elektrogeschäft

Cornelsen

3

	richtig
falsch	**kalt**
warm	**groß**
klein	**dunkel**
hell	**laut**
ruhig	**neu**
alt	**schön**
hässlich	**weiß**
schwarz	**gut**
schlecht	

Lesen Sie den Text und ergänzen Sie wie im Beispiel.

Ursula Schulz stellt ihre Familie vor.

Mein Mann heißt Samuel. Wir haben zwei Kinder: Marianne ist meine Tochter und Lukas ist mein Sohn. Die Schwester von Samuel heißt Ariane. Sie ist meine Schwägerin. Der Bruder von Samuel heißt Max. Er ist mein Schwager. Die Eltern von Samuel heißen Jürgen und Regina. Jürgen ist mein Schwiegervater und meine Schwiegermutter heißt Regina.

Jürgen = _____   Regina = _____

Samuel = *ihr Mann*

Ariane = _____   Max = _____

Ursula Schulz

Marianne = _____   Lukas = _____

Die Familie aus der Sicht von Samuel.

Jürgen = _____   Regina = _____

Ursula = *seine Frau*

Ariane = _____   Max = _____

Samuel Schulz

Marianne = _____   Lukas = _____

Fotos: oben: © iStockphoto, code6d (RF)
unten: © Fotolia, Barskaya (RF)

5

Der Film	fängt	um 19 Uhr	an.

Am Wochenende	stehe	ich	spät	auf.

Wann	hört	der Film	auf?

Wir	kaufen	heute	im Supermarkt	ein.

Er	ruft	um halb sieben	Dimitri	an.

Ich	komme	ins Kino	mit.

Das Kind	räumt	das Zimmer	nicht gern	auf.

Am Abend	sehen	die Eltern	fern.

Meine Nachbarin	holt	die Kinder	von der Schule	ab.

Wo	findet	der Kurs	statt?

Fahrt	ihr	am Wochenende	weg?

Cornelsen

5

Samstagabend ins Kino gehen 20.15 Uhr	 wann?　keine Zeit
morgen Nachmittag joggen gehen 15.30 Uhr	 wann?　Tennis spielen
Montagmittag zusammen kochen 12.00 Uhr	 wann?　Arzttermin
Freitagnachmittag zusammen Hausaufgaben machen 16.15 Uhr	 wann?　Eltern kommen
morgen einen Ausflug machen 10.45 Uhr	 wann?　Deutschkurs

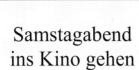

6

Kopie A

1 Was essen und trinken die Leute zum Frühstück, zum Mittagessen und zum Abendessen? Fragen Sie Ihren Partner / Ihre Partnerin und beantworten Sie seine/ihre Fragen.

Beispiel:

Was isst Karin zum Mittagessen? Und was trinkt sie?
Zum Frühstück isst Roberto Müsli. Er trinkt einen Tee.

2 Und Sie? Notieren Sie und fragen Sie Ihren Partner / Ihre Partnerin.

	Frühstück	**Mittagessen**	**Abendessen**
Karin	Toast mit Butter und Marmelade, Kaffee		Brot mit Butter und Wurst, Apfelsaft
Frau Widmer		Pfannkuchen mit Zimt und Zucker, Tomatensalat, Orangensaft	
Herr Luhmann			Tomaten, eine Gurke, Brot mit Butter und Käse, Mineralwasser
Roberto	Müsli, Tee	Hähnchen mit Reis, Mineralwasser	
ich			

Kopie B

1 Was essen und trinken die Leute zum Frühstück, zum Mittagessen und zum Abendessen? Fragen Sie Ihren Partner / Ihre Partnerin und beantworten Sie seine/ihre Fragen.

Beispiel:

Was isst Roberto zum Frühstück? Und was trinkt er?
Zum Mittagessen isst Karin Spaghetti mit Tomatensoße. Sie trinkt einen Apfelsaft.

2 Und Sie? Notieren Sie und fragen Sie Ihren Partner / Ihre Partnerin.

	Frühstück	**Mittagessen**	**Abendessen**
Karin		Spaghetti mit Tomatensoße, Apfelsaft	
Frau Widmer	ein Brötchen mit Honig, Kakao		Kartoffelsalat, Mineralwasser
Herr Luhmann	Joghurt, Kaffee	Bratwurst mit Kartoffeln, Bier	
Roberto			ein Brot mit Schinken, ein Brot mit Käse, Tee
ich			

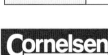

Kopie A

<u>**1**</u> **Was wollen die Leute heute machen? Was müssen sie machen? Fragen Sie Ihren Partner / Ihre Partnerin und beantworten Sie seine/ihre Fragen.**

Beispiel:

Was will Ahmet heute machen?   Er will heute …
Was müssen Alina und Peter heute machen?   Sie müssen …

<u>**2**</u> **Was wollen und müssen Sie heute machen? Notieren Sie Ihre Aktivitäten und fragen Sie Ihren Partner / Ihre Partnerin.**

Beispiel:

Was willst du / wollen Sie heute machen?   Ich will …

	wollen	**müssen**
Özlem	fernsehen	die Wohnung putzen
Sergej und Elena	spazieren gehen	einkaufen
Ahmet		
Alina und Peter		
ich		

- -

Kopie B

<u>**1**</u> **Was wollen die Leute heute machen? Was müssen sie machen? Fragen Sie Ihren Partner / Ihre Partnerin und beantworten Sie seine/ihre Fragen.**

Beispiel:

Was will Özlem heute machen?   Er will heute …
Was müssen Sergej und Elena heute machen?   Sie müssen …

<u>**2**</u> **Was wollen und müssen Sie heute machen? Notieren Sie Ihre Aktivitäten und fragen Sie Ihren Partner / Ihre Partnerin.**

Beispiel:

Was willst du / wollen Sie heute machen?   Ich will …

	wollen	**müssen**
Özlem		
Sergej und Elena		
Ahmet	Fußball spielen	Hausaufgaben machen
Alina und Peter	die Stadt besichtigen	arbeiten
ich		

Finden Sie für jeden Satz die passende Präposition. Legen Sie die Karte mit der richtigen Präposition auf das Bild.

Er geht _____ den Kindern einkaufen.

Er geht _____ Arzt.

Er geht _____ Post.

Der Mann geht _____ dem Haus.

Er ist _____ Arzt.

Er fährt _____ Paris.

Er ist _____ der Chefin.

Er kommt _____ Arzt.

Präpositionen-Schlange

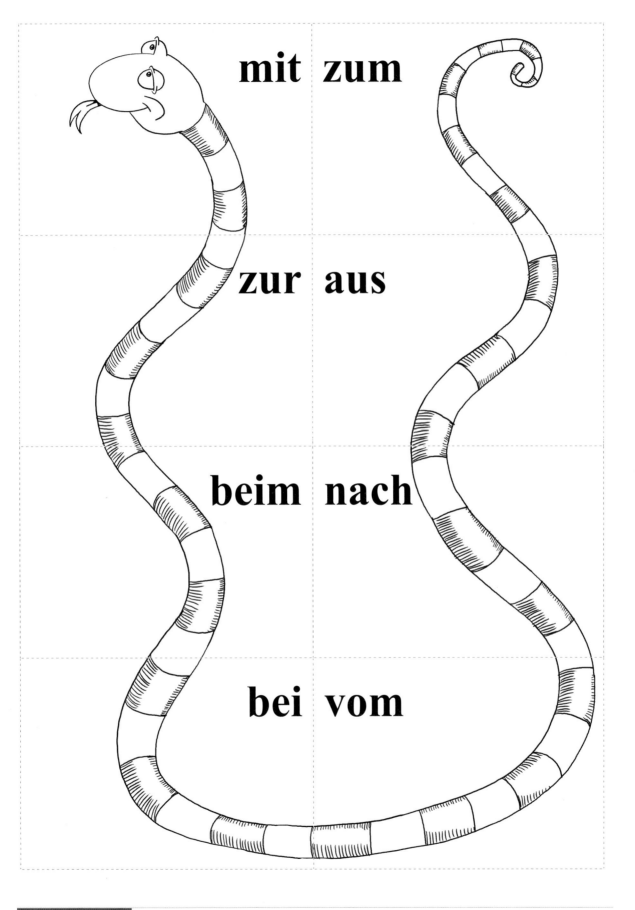

mit zum

zur aus

beim nach

bei vom

Cornelsen

	Arbeit
geber	Haus
arzt	Hals
schmerzen	Kranken
haus	Krank
schreibung	Körper
teil	Not
ruf	Praxis
gebühr	Schmerz
tablette	Versicherten
karte	Sprech
zeiten	

Cornelsen

Sie brauchen:

1 Würfel, 4 Spielfiguren, 24 Aufgabenkarten

Spielregeln:

1. Immer vier Personen aus dem Kurs spielen zusammen.
2. Alle vier Spielfiguren beginnen auf dem Feld „Start".
3. Jede/r Teilnehmer/in hat eine Münze. Werfen Sie die Münze der Reihe nach.
4. Bei „Zahl" gehen Sie ein Feld weiter, bei „Kopf" zwei Felder.
5. Sind Sie auf einem Feld mit Ausrufezeichen (!) angekommen? Nehmen Sie eine Aufgabenkarte und lösen Sie die Aufgabe.
6. Richtig? Gehen Sie ein Feld weiter. Falsch? Gehen Sie ein Feld zurück.
7. Sind Sie als Erste/r im Ziel? Herzlichen Glückwunsch – Sie haben gewonnen.

START	*!*		*!*	
!		*!*		*!*
	!		*!*	
!		*!*		*!*
	!		*!*	
!		*!*		*!*
	!		*!*	*ZIEL*

8

Der Akkusativ. Wie war das noch? Lektion 8: Kopiervorlage 15B Pluspunkt Deutsch A1

Kaufen Sie einen Fernseher? *Ja, ...*	Kaufen Sie einen Tisch? *Ja, ...*	Hast du ein Auto? *Ja, ...*	Brauchst du ein Handy? *Nein, ...*
Brauchen Sie eine Schmerztablette? *Ja, ...*	Brauchen Sie eine Brille? *Nein, ...*	Kaufst du Möbel? *Ja, ...*	Brauchen Sie Tomaten? *Nein, ...*
Brauchen Sie eine Krankschreibung? *Ja, ...*	Brauchen Sie ein Rezept? *Nein, ...*	Brauchst du einen Kugelschreiber? *Ja, ...*	Brauchst du dein Handy? *Ja, ...*
Brauchen Sie Ihre Uhr? *Ja, ...*	Brauchen Sie Ihre Bücher? *Ja, ...*	Kaufen Sie das Auto? *Ja, ...*	Isst du den Salat? *Ja, ...*
Räumst du die Wohnung auf? *Ja, ...*	Holt ihr die Pakete ab? *Ja, ...*	Rufst du mich jeden Tag an? *Ja, ...*	Ruft ihr uns morgen an? *Ja, ...*
Rufen Sie den Chef an? *Ja, ...*	Triffst du heute Abend Frau Müller? *Ja, ...*	Rufst du deine Eltern oft an? *Ja, ...*	Triffst du heute Abend Sascha und Karoline? *Ja, ...*

9

Wo wohnst du? Lektion 9: Kopiervorlage 16 Pluspunkt Deutsch A1

<u>1</u> Zu Übung B/4b und B/4c im KB: Hören Sie und zeichnen Sie den Weg und das Haus in den Plan.

<u>2</u> Zu Übung B/5 im KB: Person A zeichnet ein Haus in den Plan und beschreibt den Weg. Person B zeichnet den Weg in den Plan.

Beispiel:

B Wo wohnst du?

A Das ist ganz einfach. Geh von der Polizei nach links, dann die erste Straße rechts. Mein Haus ist auf der rechten Seite, gleich neben dem Rathaus.

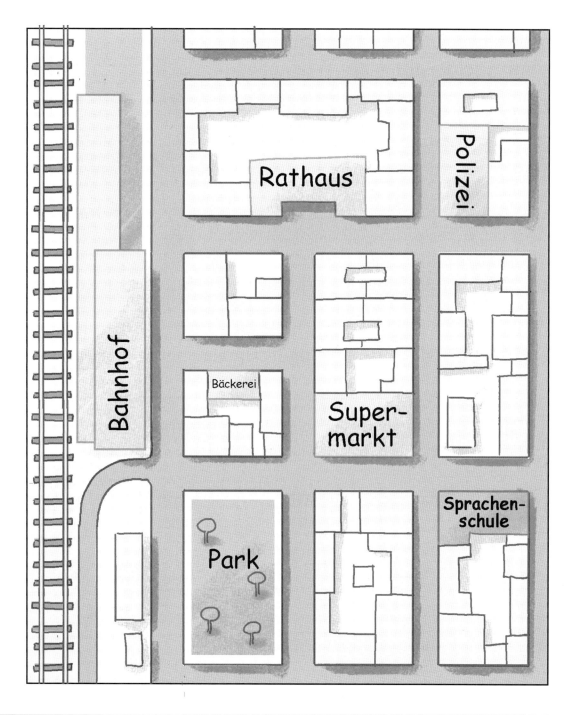

Cornelsen Illustration: Matthias Pflügner

| Wir | haben | gestern im Supermarkt | eingekauft. |

| Habt | ihr | gestern im Supermarkt | eingekauft? |

| Wann | habt | ihr | gestern im Supermarkt | eingekauft? |

| Wohin | seid | ihr | am Wochenende | gefahren? |

| Seid | ihr | am | Wochenende | nach Berlin | gefahren? |

| Am Wochenende | sind | wir | nach Köln | gefahren. |

| Ich | bin | gestern um 21.00 Uhr nach Hause | gekommen. |

| Wann | bist | du | gestern nach Hause | gekommen? |

| Ich | habe | gestern sechs Stunden | gearbeitet. |

| Wie lange | hast | du | gestern | gearbeitet? |

| Ich | habe | gestern Reis, Fleisch und Suppe | gekocht. |

| Was | hast | du | gestern | gekocht? |

1   **Zu Übung A/5: Was hast du / haben Sie gestern gemacht?**

Hast du gestern mit den Kindern	
Hast du gestern Musik	abgeholt?
Hast du gestern Karten	gehört?
Hast du gestern Sport	gekocht?
Haben Sie gestern Essen	gelernt?
Haben Sie gestern Radio	geredet?
Haben Sie gestern die Wohnung	gemacht?
Haben Sie gestern mit Freunden	aufgeräumt?
Haben Sie gestern Deutsch	gespielt?
Haben Sie gestern die Kinder vom Kindergarten	

Hast du gestern mit den Kindern gespielt?   *Ja, ich habe ...*   *Nein, ich habe nicht ...*

2   **Zu Übung B/6 (Variante für lerngeübte KT): Was hast du / haben Sie am Wochenende gemacht?**

mit der Familie	gehen?
bei Freunden	
im Supermarkt	fahren?
auf dem Markt	
Karten	sehen?
einen Film	essen?
ins Kino	
nach Hause	spielen?
in die Disko	
zu Freunden	trinken?
zu meiner Familie	einkaufen?
in die Stadt	
Tee	... kaufen?

11

Tragen Sie Ihre Daten ein. Fragen Sie dann Ihren Partner / Ihre Partnerin und tragen Sie seine/ihre Daten ein.

Beispiel:

Wo haben Sie früher gewohnt?

Wo wohnen Sie jetzt?

Wie heißt die Gemeinde?

Ist die Wohnung Ihre Hauptwohnung?

Wann/Wo sind Sie geboren?

Was ist Ihr Familienstand?

Sind Sie berufstätig?

ANMELDEBESTÄTIGUNG

Neue Wohnung		Alte Wohnung		
Tag des Einzugs		Straße, Hausnummer		
Straße, Hausnummer		Gemeinde		
Gemeinde				
Vermieter				
Die Wohnung ist:	Hauptwohnung	Nebenwohnung		
Familienname	Vorname	männl.		Geburtsdatum
		weibl.		
Geburtsort	Familienstand	berufstätig		Staatsangehörigkeit
		ja	nein	

ANMELDEBESTÄTIGUNG

Neue Wohnung		Alte Wohnung		
Tag des Einzugs		Straße, Hausnummer		
Straße, Hausnummer		Gemeinde		
Gemeinde				
Vermieter				
Die Wohnung ist:	Hauptwohnung	Nebenwohnung		
Familienname	Vorname	männl.		Geburtsdatum
		weibl.		
Geburtsort	Familienstand	berufstätig		Staatsangehörigkeit
		ja	nein	

12

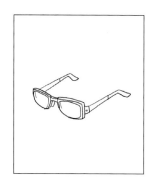

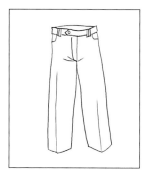

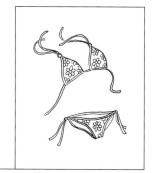

Cornelsen Illustrationen: Matthias Pflügner

der Anzug **"-e**	**die Bluse** **-n**	**die Brille** **-n**	**die Damen-** **hose** **-n**
das Hemd **-en**	**die Herren-** **hose** **-en**	**die Jacke** **-en**	**das Kleid** **-er**
die Tasche **-n**	**der Mantel** **-**	**der** **Pullover** **-**	**der Rock** **"-e**
die Damen- **schuhe** **(Pl.)**	**die Herren-** **schuhe** **(Pl.)**	**die Socken** **(Pl.)**	**das Sweat-** **shirt** **-s**
das T-Shirt **-s**	**die Unter-** **wäsche**	**die Jeans** **-**	**der Bikini** **-s**

Cornelsen

12

BABY	**WÄSCHE**
COMPUTER	**SPIEL**
DAMEN	**BEKLEIDUNG**
DAMEN	**WÄSCHE**
FOTO	**ALBUM**
GESCHENK	**ARTIKEL**
HAUSHALTS	**WAREN**
HERREN	**BEKLEIDUNG**
HERREN	**FRISEUR**
KINDER	**BEKLEIDUNG**
KÖRPER	**GRÖSSE**
LEDER	**WAREN**
MODE	**SCHMUCK**
SCHLÜSSEL	**DIENST**
SCHUH	**REPARATUR**
SPORT	**SCHUHE**

BERUFS	**BERATUNG**
BÜRGER	**AMT**
FAMILIEN	**KASSE**
GEBURTS	**DATUM**
GEHALTS	**ABRECHNUNG**
MIET	**VERTRAG**
WOHNGELD	**ANTRAG**
INFORMATIONS	**BROSCHÜRE**

Sie haben Informationen über das Wetter in Norddeutschland. Ihr Partner / Ihre Partnerin hat Informationen über das Wetter in Süddeutschland. Fragen Sie Ihren Partner / Ihre Partnerin und tragen Sie die Ergebnisse in Ihre Deutschlandkarte ein.

Beispiel:

Wie ist das Wetter in …?   In … scheint die Sonne, es sind 8 Grad.

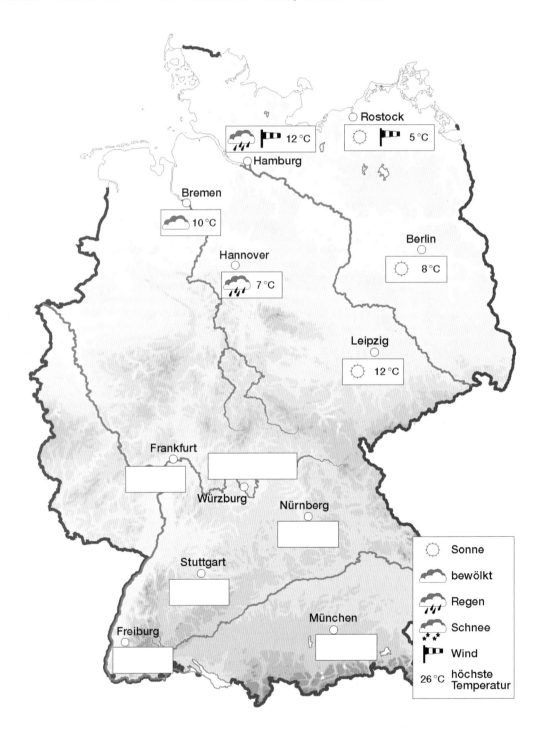

13

Sie haben Informationen über das Wetter in Süddeutschland. Ihr Partner / Ihre Partnerin hat Informationen über das Wetter in Norddeutschland. Fragen Sie Ihren Partner / Ihre Partnerin und tragen Sie die Ergebnisse in Ihre Deutschlandkarte ein.

Beispiel:

Wie ist das Wetter in …?   In … scheint die Sonne, es sind 3 Grad.

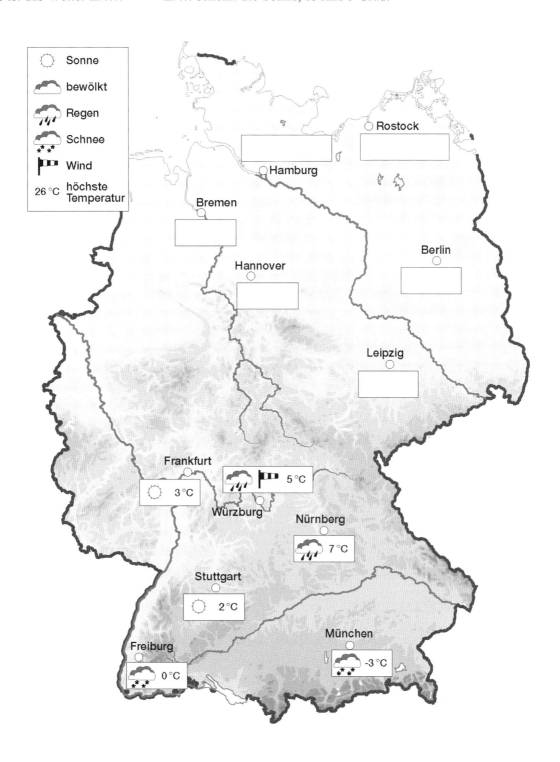

	alt
älter	dunkel
dunkler	gern
lieber	groß
größer	gut
besser	kalt
kälter	klar
klarer	lang
länger	kurz
kürzer	teuer
teurer	viel
mehr	warm
wärmer	

Cornelsen

Ordnen Sie zusammen mit Ihrem Partner / Ihrer Partnerin die Teile von zwei Texten. Text 1 ist eine Postkarte, Text 2 ist ein formeller Brief. Jeder Brief hat zehn Teile. Sie haben fünf Teile von Text 1 und fünf Teile von Text 2. Ihr Partner / Ihre Partnerin hat die anderen Teile.

Text 1

1	2	3	4	5	6	7	8	9	10
	F								

Text 2

1	2	3	4	5	6	7	8	9	10
N									

A bitte einen Reparaturservice bestellen?

B eine Hafenrundfahrt gemacht

C Heute Abend gehen wir aus. Wir wollen

D Leider funktioniert das Licht

E Mit freundlichen Grüßen, Ahmet Usta

F Liebe Martina,

G Hamburg, 12.6.2010

H schon mit dem Hausmeister gesprochen,

I Sehr geehrter Herr Ullmann,

J zu meinem Bruder gefahren.

Cornelsen

Wechselspiel: Zwei Briefe

Ordnen Sie zusammen mit Ihrem Partner / Ihrer Partnerin die Teile von zwei Texten. Text 1 ist eine Postkarte, Text 2 ist ein formeller Brief. Jeder Brief hat zehn Teile. Sie haben fünf Teile von Text 1 und fünf Teile von Text 2. Ihr Partner / Ihre Partnerin hat die anderen Teile.

Text 1

1	2	3	4	5	6	7	8	9	10
	F								

Text 2

1	2	3	4	5	6	7	8	9	10
N									

K aber es ist nichts passiert. Können Sie

L Fisch essen.

M Gestern haben wir

N Berlin, 17.6.2010

O im Treppenhaus nicht. Wir haben

P Betreff: Licht im Treppenhaus

Q Liebe Grüße von Heike

R und dann haben wir die Speicherstadt besichtigt.

S viele Grüße aus Hamburg. Wir sind

T wir haben ein Problem.

Cornelsen